비판 속에 있는 목회자들

목사와 성도의 비판 대처 매뉴얼

비판 속에 있는 목회자들

목사와 성도의 비판 대처 매뉴얼

초판 1쇄 발행 2022년 12월 25일

지은이 | 조엘 R. 비키와 니콜라스 톰슨
옮긴이 | 김효남
발행인 | 배성식
발행처 | 도서출판 언약
편 집 | 김균필
등 록 | 제 2021-000022호
주 소 | 경기도 고양시 덕양구 동세로 138 삼송제일교회 1층(원흥동)
전 화 | 010-2553-7512
이메일 | covenantbookss@naver.com

ISBN | 979-11-978793-2-6 (03230)

디자인 | 참디자인

비판
속에 있는
목회자들

목사와 성도의
비판 대처 매뉴얼

•

조엘 R. 비키 · 니콜라스 톰슨

김효남 옮김

언약
THE PURITAN HERITAGE

한국어판 저자 서문

첫 번째 아담이 에덴동산에서 쫓겨난 이후로 비판은 반드시 고려해야 할 현실이 되었습니다. 특히 지도자들에게는 더욱 그렇습니다. 건설적인 비판은 우리 지도자들 자신이 죄인이라는 사실에서 비롯됩니다. 반면에 파괴적인 비판은 우리가 죄인들을 이끌어 가고 있다는 사실에서 비롯됩니다. 두 번째 아담이 이 세상과 영화롭게 된 자기 백성들의 마음에서 죄를 완전히 소멸하는 그 날까지 비판은 있을 수밖에 없고 어떤 경우에는 비판이 환영받기도 할 것입니다.

사실 이 책은 본래 영어를 사용하는 청중들을 위한 것입니다. 하지만 이 책에 있는 진리는 어떤 특정한 한 문화권이나 지리적인 영역이나 역사적 시기를 초월하여 해당되는 것이 사실입니다. 비판은 가장 거룩한 지도자들과 그들을 따르는 가장 거룩한 이들에게도 남아 있는 부패함과 그들의 근시안적인 관점에서 비롯되는 보편적인 현실입니다. 북미나 아시아나 아프리카, 그 어디든지 비판은 하나님의 백성들을 인도해 가는 영역에서 만날 수밖에 없습니다. 그러나 여러분이 지구의 어떤 곳에 거하며 어떤 문화적 유산을 누리며 살고 있든지 상관없이, 우리가 비판에 유익하게 대처할 수 있도록 만들어 주시는 하나님과 그분의 복음에 대한 진리도 그와 동일하게 보편적입니다. 그러므로 우리는 한국어를 사용하는 형제, 자매들이 이 작품을 읽을 수 있게 되었다는 사실에 대하여 놀랍고 기쁩니다.

사탄이 가장 미워하는 대상은 복음 선포를 통해서 그리스도 안에 있는 하나님의 영광을 보는 사람들입니다. 만약 목사들이 메시지를 왜곡하도록 만들 수 없다면, 사탄은 그들을 낙심시키고 실망하게 만들어서 그들이 목회를 완전히 떠나버리도록 하고자 할 것입니다. 사탄의 무기고에 있는 무기들 중에서 다양한 형태와 모양으로 된 비판이라는 무기를 사용하는 것보다 이 목적을 성취하기에 더 효과적인 전략은 거의 없습니다. 하나님의 옛 언약 속에서 활동했던 지도자들도 이 비판에 직면했습니다. 하나님의 새 언약의 지도자들도 마찬가지입니다. 그러나 은혜언약의 모든 시행에서 분명하게 드러나듯이, 하나님은 우리의 대적이 악을 위해서 사용하려는 것을 취하여 선을 위한 무기로 바꾸시는 일을 하십니다. 어떤 비판이 정의롭든 불의하든 우리가 그것을 하나님과 그분의 말씀에 대한 믿음으로 받으면, 그 비판은 실제로 우리를 더욱 겸손하고 경건하게 만들어 주고, 또 이를 통해 우리가 주인의 손에 들린 날카로운 도구가 되도록 만들어 줍니다. 우리는 개인적인 경험을 통해서 이미 이 사실을 알고 있습니다. 그러므로 우리의 소망과 기도는 이 책을 통해서 여러분들이 비판을 통해 하나님의 은혜롭고 거룩하게 하시는 사역을 경험하는 데 도움을 얻게 되는 것입니다. 그 결과 여러분이 어떤 비판을 만나더라도 신실하고 용기있게 하나님을 섬기게 되기를 바랍니다.

우리 저자들은 은혜 가운데 비판을 대하는 것에 관한 이 책의 한국어판이 많은 목사님들과 교회의 지도자들과 교회의 회원들이 목회의 영역에서 성숙되고, 또 하나님께 영광을 돌리는 데 중요한 도움이 되도록 하나님께서 은혜를 베풀어 주시기를 진심으로 바라마지 않습니다.

역자 서문

　　그리 길지 않은 목회 기간이었지만, 지금까지 목회를 하면서 가장 어렵고 힘든 것이 무엇이었냐고 묻는다면, 제가 들었던 비판과 그 비판에 대처하는 일이었다고 대답할 것입니다. 목회하면서 다양한 불만과 비판을 들었는데, 그중에는 저의 부족 혹은 잘못이나 사려 깊지 못함으로 인한 것도 있었지만, 그렇지 않은 것들도 많았습니다. 오해나 커뮤니케이션의 부족으로 발생한 비판도 있었고, 어떤 경우는 전적으로 부당하고 실체가 없는 것도 있었습니다. 하지만 솔직히 말해서 비판의 진실성이나 실체의 유무와 상관없이 저에게 비판은 언제나 두렵고 어려운 것이었습니다. 비판을 받을 때마다 제 자신을 성찰하기보다는 속에서 원망하는 마음이 일어나고, 마음에서 분함과 억울함이 아우성치는 것을 경험했습니다. 비판을 받을 때 저의 신경이 곤두서고 날카로워지면서, 저의 전 존재가 급속히 방어태세를 갖췄습니다. 그리고 이는 오히려 비판하는 자들을 자극하여 더 크고 지속적인 갈등으로 이어지는 것을 경험했습니다. 그 결과 목회에 대한 동기는 약해져만 갔고, 마음 깊은 곳에서는 원망의 쓴 뿌리가 자라났습니다. 그러자 어느새 성도들을 두려워하여 자신도 모르게 그들과 거리를 두고 있는 저의 모습을 발견했습니다. 그래서는 안 된다는 것을 알았지만, 이미 사탄이 뿌려 놓은 원망과 억울함의 씨앗은 그 뿌리를 내리고 자신의 진지를 구축하고 있었기에, 제 안에는 그것을 무너뜨릴 수 있는 능력이 없었습니다. 이 두려운 악순환이 목회 기간 내내 이어졌습니다.

하지만 문제는 비판 자체에 머물지 않았습니다. 더 큰 문제는 이 비판을 해결하기 위해 도움을 구할 곳이 마땅치 않았다는 것입니다. 누군가에게 조언을 구하려고 해도 제 사정을 다 터놓기도 어려웠을 뿐만 아니라 신앙과 인품과 목회 경험과 성경에 대한 지식이 풍성하여 신뢰할만한 해답을 제시할 수 있는 분을 찾기란 더욱 어려웠습니다. 이 문제에 대해 다루는 책을 찾아보았지만, 그런 책 자체가 거의 없고, 있더라도 실제로 제가 원하는 대답을 찾기 어려웠습니다. 그래서 조엘 비키 목사님과 닉 톰슨 목사님이 함께 쓴 이 책이 발간되었다는 소식을 들었을 때 마음속으로 탄성을 지르지 않을 수 없었습니다. 특히 조엘 비키 목사님은 제가 수년간 가까이에서 지켜보며, 성경과 개혁신학에 대한 그분의 지식은 물론이고, 풍성한 목회 경험과 하나님이 주신 지혜와 거룩한 삶과 인품의 탁월함을 익히 알고 있기에 이 주제에 대해서 글을 쓸 수 있는 가장 합당한 저자들 가운데 한 분이라는 확신을 가지고 있습니다.

이 책을 읽고 번역하는 내내 목회를 하는 동안 제가 얼마나 무지했고, 성경의 가르침과 반대로 행동했는지 절실히 깨달았습니다. 저는 저를 비판하는 이들에게 이 책에서 하지 말라는 거의 모든 행동과 반응을 보였습니다. 그래서 읽는 동안 "조금만 더 일찍 이 책을 읽었더라면 얼마나 좋았을까"라는 생각을 되뇌이고 또 되뇌었습니다. 그래서 더욱 더 저와 같은 고민을 하고 있을 동료 목회자들이 생각났습니다. 목사에게 절대적으로 필요한 책이라는 확신이 들었습니다.

물론 이 책에 제시된 조언과 해법이 쉽다거나, 몇 가지 프로토콜을 지키면 우리가 원하는 결과를 기계적으로 가져온다는 의미는 아닙니다. 거룩한 신자의 삶 자체가 쉽지 않듯, 목사가 죄악된 세상 속에서 일어나는 비판을 대하는 것은 더 어렵고 지난한 것입니다. 하지만 적어도 성경적인 해답을 알고 있다는 것은 얼마나 큰 위로와 힘이 되는지 모릅니다. 우리가 어떻게 행동하는 것이 하나님께서 승인하는 방법인지 안다면, 적어도 우리는 방향은 알고 있는 것입니다. 그리고 신자가 성경적인 방향을 알고 있다면, 그 다음은 우리의 믿음과 성령의 역사의 문제이고 하나님의 은혜의 영역입니다. 적어도 우리는 덜 당황하게 될 것입니다. 최소한 여러분은 저와 같은 어리석은 행동을 피해야 한다는 쯤은 알게 될 것입니다. 그리고 하나님께서 은혜를 베푸시면 우리는 성경적인 방법을 행하게 되고, 그것이 우리의 목회 사역에 어떤 복을 주시는지 경험하게 될 것입니다. 바로 이것이 우리의 믿음의 영역이라는 것입니다.

목회 사역 가운데 자신에게 주어지는 비판으로 인하여 힘겨워하고 있는 이 땅의 모든 목회자 여러분, 이 책을 읽어 보십시오. 한 번만 읽지 말고 두 번 세 번 반복해서 읽어서 하나님께서 저자들에게 주신 지혜를 캐내십시오. 그러면 여러분에게 주어진 비판을 어떻게 다뤄야 하며, 또 왜 우리에게 비판이 필요한지 알게 될 것입니다. 그뿐만 아니라 하나님께서 그 비판을 통해서 여러분을 어떻게 거룩하게 만들고 계신지도 깨닫게 될 것입니다. 그러므로 이 책은 누구보다 바로 여러분을 위한 책입니다.

자신에게 영적인 양식을 주시는 여러분의 목사를 주 안에서 사랑하는 성도 여러분, 이 책을 여러분의 목사에게 선물하십시오. 이 책을 통해 여러분의 목사는 힘을 얻고, 거룩하게 될 것이며, 성도들의 비판을 통해 낙심하기보다는 성장하는 분이 될 것입니다.

자신의 목사에게 불만을 품고 비판하기를 좋아하는 성도 여러분, 여러분들도 이 책을 사서 여러분 자신이 읽어 보십시오. 비판하는 사람도 비판받는 목사도 죽게 만드는 파괴적인 비판이 아니라, 교회와 목사와 무엇보다 여러분 자신의 영혼을 살리는 건설적인 비판을 하게 될 것입니다.

아무쪼록 이 책이 널리 읽기기를 간절히 바랍니다. 목회 사역 가운데 가장 어려운 부분을 다루는 이 책을 읽고서 이 땅의 신실한 모든 목사들이 비판으로 인하여 낙심하고 상처입기 보다는 하나님께서 기뻐하시는 목회 사역의 진정한 기초를 세우게 되기를 간절히 바랍니다.

| 김효남
총신대학교 신학대학원 역사신학 교수 및 은가람개혁교회 목사

추천사

　　가운이나 정장이나 넥타이나 아니면 평상복이나 목사들이 입는 모든 예복에 공통된 디자인이 있습니다. 바로 등에 있는 과녁입니다. 안타깝게도 이 과녁은 종종 화살을 맞은 모습을 상징적으로 보여줍니다. 많은 화살이 정확하게 과녁의 중심에 꽂혔습니다. 모든 화살이 상처를 줍니다. 특히 예상하지 못했던 곳에서 날아온 화살이 그렇습니다. 그리고 상처들은 그 목회 사역이 지속되지 못하도록 위협합니다. 성경적인 근거와 개인적인 경험을 통해서 비키와 톰슨은 어떻게 이 비판의 화살을 다루고 상처를 치료할 수 있을 것인지에 대한 실제적인 방법을 알려줍니다. 옛말에 목사들은 자신이 설교한 것을 실천해야 한다고 했습니다. 그렇게 하지 않으면 그들은 위선자가 되고 맙니다. 동시에 설교자들은 자신이 먼저 실천한 것을 설교해야 한다는 것도 사실입니다. 그렇게 하지 않으면 그들은 단순한 이론가에 머물고 말 것입니다. 『비판 속에 있는 목회자들』은 이론서가 아닙니다. 여기에 설명된 원리들은 성경적입니다. 그뿐만 아니라 이 원리들은 실제로 효과가 있다는 것이 경험적으로 증명되었습니다.

┃마이클 P. V. 바렛
퓨리탄 리폼드 신학교의 교무부총장, 학장, 구약학 교수

비판을 받는다는 것은 힘든 일입니다. 비판은 각각의 목사가 감당하도록 부름을 받은 십자가를 더 무겁게 합니다. 비판의 실은 서로 엮어져 목사의 예복이 됩니다. 그렇다면 어떻게 비판을 그리스도와 같은 방식으로 다룰 수 있을까요? 이 책을 읽으십시오. 이 책에는 우리의 마음과 생각과 행동이 그리스도를 닮은 방식으로 비판에 대응할 수 있도록 훈련시켜 주는 두 가지 핵심적인 요소가 풍성하게 담겨 있습니다. 이 책은 우리의 눈이 우리를 훈련시키는 분을 보게 하고 우리에게 필요한 훈련을 정직하게 다루고 있습니다. 우리 주 예수님은 교관입니다. 그분을 보십시오. 사람들이 그분을 일컬어 귀신들의 왕이라고 부르지 않았습니까? 예수님이 자신들을 위해서 기도할 때 그들은 그분의 손과 발에 못을 박아 버리지 않았습니까? 이러한 행위는 여러분이 들었던 어떤 말보다, 혹은 여러분이 겪었던 어떤 일보다 더 나쁘지 않습니까? 이 교관은 자신의 성령을 통하여 비판이라는 훈련장에 있는 자신의 종들을 훈련시킵니다. 우리는 오직 훈련을 통해서만 성숙해질 수 있습니다. 특히 그 훈련이 고통스러울 때 가장 성숙해집니다. 우리는 교만한 존재이기에 그분을 흥하게 하고 나를 쇠하게 하기는 어렵습니다. 하지만 우리 주님의 영광을 위해서는 유익한 일입니다. 저는 이 책의 저자들 중에 한 사람을 알고 있습니다. 그는 이 훈련장에서 훈련받도록 부르심을 받았

고, 경험을 통해서 하늘 훈련사를 바라보고 신뢰하도록 가르침을 받았습니다. 바로 제 동생입니다. 이 책은 추상적인 이론이 아니라 실제 삶 속에서 훈련받고 얻은 풍성한 유익들을 반영하고 있습니다.

▌제임스 W. 비키
중국 소재 브리티시 콜롬비아주 인증 학교의 감독관, 국제교육상담가

젊은 목사였을 때, 저는 저를 교회 강단위원회에 추천했던 사람이 제 설교에 대해 건설적이지만 직접적으로 비판했던 편지를 받았습니다. 점잖게 표현하자면 저는 그때 화가 났었습니다. 그 편지는 저에게 큰 상처가 되었고, 한 번 읽은 후에 그 편지를 다시 봉해놓고는 제가 하던 일을 계속했습니다. 제가 그 편지를 다시 읽게 되었을 때는 그곳에서 15년째 사역을 하던 때였습니다. 그때 저는 그가 했던 모든 말이 옳았고 도움이 되는 말이었다고 생각했습니다. 물론 제가 편지를 받았던 당시에 그의 조언을 수용할 수 있었을지는 확신할 수 없습니다. 하지만 그 편지를 통해서 저는 비판에 대해서 생각하게 되었습니다. 그리고 비판을 통해 어떻게 유익을 얻으며, 그 비판에 어떻게 대응해야 할 것인지에 대해서도 생각할 기회를 얻었습니다. 이 책은 당시의 저에게 도움이 되었을 것입니다. 그리고 이제 여러분에게 도움이 될 것입니다. 특별히 우리 시대에 목사가 된다는 것은 비판을 받는다는 것을 의미합니다. 그러므로 우리가 비판에 어떻게 반응하고, 그 비판을 어떻게 처리하며, 그 비판에 대하여 방어적이거나 혹은 비판으로 인하여 마비되지 않을 수 있는지, 그리고 그 비판을 통해서 어떻게 배우며, 어떻게 성장할 것

인지는 모두 다 대단히 중요한 사항입니다. 우리는 절망하지도 낙심하지도 않고, 대신 간청하고 고칠 수 있기를 원합니다. 그뿐만 아니라 우리는 하나님을 가장 영예롭게 하면서도 도움이 되는 방식으로 비판하는 방법도 배워야 합니다. 저는 이와 같은 주제들에 대해 쉽지 않은 생각들이 담겨 있는 이 책이 감사합니다. 여러분이 "굳센 겉모습과 따뜻한 마음을" 만들기 위해서 노력할 때 이 책이 도움이 되리라고 생각합니다.

리건 던컨
리폼드 신학교 총장 겸 최고경영자

모든 그리스도의 종들처럼 저 역시 비판이 목회 활동의 한 부분이라는 사실을 일찌감치 배웠습니다. 하지만 지난 몇 년 동안 저는 전에는 경험하지 못했던 수준의 비판을 받았습니다. 논쟁과 고통의 물결 속에서 저는 조엘 비키와 닉 톰슨이 쓴 『비판 속에 있는 목회자들』에 대하여 논평하고 보증해 달라는 요청을 받았습니다. 하지만 제 글은 논평과 보증이라고 하기보다는 저를 결정적으로 섬겨줬던 이 두 사람에 대한 공개적인 감사의 표현이라고 하는 것이 더 좋겠습니다. 풍성한 내용을 담은 이들의 책을 통해서 저는 다른 이들의 작품에서는 거의 발견하지 못했던 평안과 격려와 위로를 경험했습니다. 그리고 제 어두운 시절에 빛이 되었습니다. 목사들이여, 여러분은 이 책을 통해서 교정받고 이 책 속에서 위로를 발견해야 합니다. 모든 복음 사역자들은 이 책을 읽을 필요가 있습니다.

히쓰 램버트
플로리다 잭슨빌 소재 제일침례교회 담임목사

이 책은 목회 사역의 압박과 부담을 경험하는 사람들을 위한 좋은 도구입니다. 성경적으로 건전하고, 신학적으로 탄탄하며, 개인적인 적용이 있는 『비판 속에 있는 목회자들』은 목회 사역 중 많은 도전에 직면해 있는 모든 목사들을 위한 생명줄이 될 것입니다.

스티브 J. 로슨
텍사스 달라스 소재 원패션 미니스트리 대표

저는 2019년 쉐퍼드 콘퍼런스(Shepherd's Conference)에서 "비판을 다루는 데 있어서의 신실함"이라는 조엘 비키의 설교를 들었습니다. 그때 저는 "와, 이 얼마나 큰 축복인가! 이 설교가 책으로 나왔으면 정말로 좋겠군. 그러면 나는 그 책을 정기적으로 읽을 것이고 다른 동료 목사에게도 그 책을 알릴 텐데"라고 말했었습니다. 이 책은 바로 그때 그 설교(뿐만 아니라 더 많은 내용을)를 담고 있습니다. 비판은 목사들을 세우기도 하고 무너뜨리기도 하는데, 우리가 생각하는 것보다 그런 일은 훨씬 자주 일어납니다. 종종 이 차이는 옳든지 그르든지 비판 자체를 통해서가 아니라, 목사가 비판에 어떻게 대응하느냐에 의해서 생겨납니다. 이 책은 여러분이 비판에 대해서 성경적인 방식으로 대응하도록 도울 것입니다. 여러분을 파괴하는 대신 여러분을 세우는 방식입니다. 여러분이 휴가를 떠날 때 이 책을 가방에 넣으십시오. 그리고 여러분이 반드시 읽어야 할 책 목록에 이 책을 추가하십시오. 여러분은 새로운 사람이 되어 목회 사역에 돌아오게 될 것입니다.

│ 콘라드 음베웨
잠비아 루사카 소재 카브와타 침례교회 목사

저는 13년 동안 비키 박사와 동료로 지내 온 사람으로서 이 책에 기록된 내용을 그가 실제로 살아내는 모습을 실시간으로 보는 특권을 가졌습니다. 저는 그를 통해 비판에 대해서 어떻게 반응해야 하는지는 물론이고, 그리스도를 더욱더 닮으려면 비판을 어떻게 사용해야 하는지에 대해서도 배웠습니다.

│ 데이비드 머리
목사이자, 퓨리탄 리폼드 신학교 구약신학과 실천신학 교수,
*Reset: Living a Grace-Paced Life in a Burnout Culture*의 저자

얼마나 유익하고 격려가 되는 책인지요! 우리가 속해 있는 문화는 우리를 지나치게 민감하고, 연약하고, 방어적으로 만드는 반면에 비키와 톰슨은 우리가 모두 대면하는 피할 수 없는 비판에 대하여 목사들을 단련하고 준비시키는 성경적인 지혜를 풍성하게 제공합니다. 모든 목사들과 신학생들이 억울한 감정이 없이 기쁨으로 목회 사역을 견뎌내기 위해서라도 이 책은 그들의 필독서 목록에 반드시 포함되어야 합니다.

마이클 리브스
유니온 신학교 총장 겸 신학교수

.

비판을 겸손하게 받아들이는 것은 매우 어려운 일입니다. 불의한 비판을 겸손하게 받아들이는 것도 역시 어렵습니다. 모든 그리스도인은 이 두 가지 경우를 경험하게 될 것입니다. 그리고 목사들도 공적인 인물이라고 하여 이 비판에 대한 면역을 가지고 있는 것은 아닙니다. 이 좋은 책은 시련이 몰려올 때, (반드시 오게 될 것입니다) 거기서 그들을 구원할 수 있는 책이라는 사실이 증명될 것입니다. 모든 목사들과 신학생들과 직분자들과 지도자들은 이 책에 주어진 건전하고 실제적인 조언을 통해서 유익을 누릴 것입니다. 제가 이 책을 반세기만 먼저 읽었더라면 얼마나 좋았을까요. 아마도 너무나 많았던 저의 잘못된 대응으로 인한 당황스러움을 제가 겪지 않아도 되었을 것입니다. 이 책은 제가 진심으로 사랑하는 한 목사님과 한 유능한 신학생이 제공하는 조언으로서, 삶을 변화시키고 그리스도를 높이며 하나님을 영예롭게 하는 데 도움을 줄 것입니다.

데릭 W.H. 토마스
사우스 캐롤라이나 콜롬비아 소재 제일장로교회 담임목사,
리폼드 신학교 챈슬러 교수, 리고니어 미니스트리즈의 티칭 펠로우

하나님께서 바울에게 육신의 가시를 주셨을 때, 그것은 사도에게 큰 유익을 줄 사탄의 사자였습니다. 하나님께서는 이를 아셨고 또 이를

보장하셨습니다. 이 예시들에서 바울은 그 가시들이 어떤 것이었는지 알려줍니다. 그는 그것이 능욕과 곤고였다고 말합니다(고후 12:10). 목사를 향한 비난은 분명히 곤고한 능욕이지만 하나님께서는 우리가 더 유용한 사람이 되기 위해서 이를 허락하셨으며, 충족하신 은혜의 약속과 함께 주어집니다. 이 유익한 책은 우리가 어떻게 적대감이라는 고통의 열기 속에서 은혜를 경험할 수 있는지 알려주는 치료제입니다. 즉, 성화시키기로 작정된 전능하신 능력을 말하는데, 모든 목사와 교회의 지도자는 이 책을 읽으면서 대단한 유익을 누리게 될 것입니다.

┃ 제프리 토마스
웨일즈 애버리튀스 소재 알브레드 플레이스 침례교회 명예목사, 컨퍼런스 강사, 작가

비판을 수용하고 비판에 대응하는 법에 대하여 비키와 톰슨의 안내서는 교회를 위한 놀라운 선물입니다. 이 책은 처음부터 끝까지 개인적인 체험에 바탕을 둔 지식이 풍성하며, 성경적으로 잘 구성되어 있고, 그리스도 중심적입니다. 만약 여러분이 반대를 경험하거나 반대에 두려움을 느낀다면 이 작은 책은 여러분이 읽어야 할 필독서입니다. 이 책에 대한 저의 유일한 비판점은 이 책이 십 년 전에 출간되지 않았다는 사실입니다.

┃ 채드 반 딕스호른
웨스트민스터 신학교 교회사 교수

목차

한국어판 저자 서문
역자 서문
추천사

머리말   21
서론   25

제1부 비판을 다루기 위한 성경적인 기초   31
　　1. 비판을 다루는 구약성경의 기초   33
　　2. 비판을 다루기 위한 기독론적 기초   59

제2부 비판을 다루는 실제적인 원리   81
　　3. 비판을 현실적으로 받아들이라   83
　　4. 비판을 겸손히 받아들이라   104
　　5. 냉철한 판단으로 대응하라   128
　　6. 은혜로 반응하라   151

제3부 교회 안에서 건설적인 비판을 하기 위한 실제적 원리   177
　　7. 다른 사람들에게 건설적인 비판하기   179
　　8. 건설적인 비판에 열려 있는 교회문화 계발하기   202

제4부 비판을 다루는 신학적인 비전   219
　　9. 관점의 방향을 재설정하라   221

부록   243

머리말

사람들은 책의 표지만 보고 그 책을 판단해서는 안 된다고 말합니다. 책의 두께만 보고 그 책의 가치를 판단하는 것도 금물입니다. 이는 옳은 말입니다. 『비판 속에 있는 목회자들』(*Pastors and Their Critics*)은 조엘 비키 박사가 쓴 주요 저작과 비교하면 그 분량이 얼마 되지 않습니다. 하지만 이 책은 그가 썼던 책 중에서 가장 중요한 책 가운데 하나입니다. 저는 이 책이 그의 주요 저작들처럼 많은 사람에게 도움이 되리라 생각합니다. 그가 이 책을 쓸 때 염두에 두었던 주된 대상인 목회자뿐만 아니라 목사든 일반 성도이든 우리 모든 사람에게 도움이 될 것입니다.

어쩌면 이 책의 제목을 보고 여러분은 씁쓸한 기분이 들었을 수도 있습니다. 분명히 그럴 겁니다. 하지만 이 책은 목사와 다른 독자들이 주 예수 그리스도의 은혜의 맛을 보고 나서 달콤해진 입과 마음을 보여주는 방식으로 비판에 대응하도록 도움을 줄 것입니다.

이 책이야말로 비판을 받는 사람들을 위한 책입니다. 특히 비판을 받는 목사들을 위한 책입니다. 한 번도 비판을 받아 보지 못한 목사가 어디 있겠습니까? 하지만 동시에 이 책은 비판하는 사람들을 위한 책이기도 합니다. 우리 중에 목사를 한 번도 비판해 보지 않은 사람은 또 어디 있겠습니까? 저는 조엘 비키 박사에게 있어서 이와 같은 상황을 보살피는 일은 "주님께서 담당하시는 짐"이라는 사실을 알고 있습니다. 제가 생각하기에 그는 이 사실을 이 책에서 그리 많지 않은 분량으로 쉽게 읽을 수 있도록 지혜롭게 그려냈습니다. 이 책 속에는 탁월한 공동집필자인 닉 톰슨(Nick Thompson)이 특별히 신학생들을 위해서 쓴 유용한 부록도 포함되어 있습니다.

조엘 비키 박사는 목사들의 신학자이면서 동시에 그들을 훈련시키는 사람입니다. 동시에 그 자신이 목사이기 때문에 다른 목사들에게 모델과 멘토의 역할을 해왔습니다. 그러므로 그에게는 우리 모두를 격려할 뿐만 아니라 우리에게 도전이 되는 조언을 해줄 수 있는 역량이 있습니다. 모든 그리스도인을 위한 메시지가 바로 여기에 있습니다. "왜 내가 이토록 부당하게 비판을 받고 있는가?"라고 생각하면서 자신을 불쌍하게 생각하는 목사들을 위한 메시지일 뿐만 아니라, "그들은 나와 같은 은사와 지위를 가지고 있는 사람을 비판할 수 없을 거야"라고 생각하는 자기 확신에 찬 이들을 위한 메시지이기도 합니다. 그뿐만 아니라 일요일 점심 반찬거리로 씹다가, 남은 것은 주중에 뜯어 먹기를 즐기는 비판적인 교회회원을 위한 책이기도 합니다. 우리가 자신을 정직하게 판단한다면 말입니다.

이 책, 『비판 속에 있는 목회자들』에 담긴 조언은 신학생들이 자신의 부르심을 위하여 준비하는 일과 목회 사역을 감당하고 있는 목사들이 안정된 목회를 하는 데 도움을 줄 것입니다. 주님과 그분의 사도들과 선지자들 사이에서도 비판이 존재했듯이, 우리에게도 이 비판이 있을 것이라는 사실을 강조합니다. 우리는 비판에 직면하게 될 것입니다. 우리는 예외를 기대해서는 안 됩니다. 하지만 우리는 우리의 축복에서 시선을 떼지 말아야 합니다. 이는 목회와 우리를 격려하는 사역이 가진 고상한 특권입니다. 주님께서는 우리를 성화시키고 우리가 열매를 맺게 하려고 적대적인 수단들도 사용하실 수 있습니다. 마지막 날에 우리에게 정말로 중요한 유일한 말씀이 있습니다. 이때 아마도 우리는 안도와 상상할 수 없는 기쁨이 뒤섞인 눈물을 흘리게 될 것이고, 주님은 다음과 같이 말씀하실 것입니다. "충성된 종아, 네 주인의 즐거움에 참여할지어다."

저자들의 작품으로 들어가기 전에 저의 개인적인 소감을 이곳에 기록해도 무방하리라 생각합니다. 비록 제가 조엘 비키 박사의 많은 친구들 중에 가장 오래된 친구는 아니겠지만, 1980년 웨스트민스터 신학교에서 개설되었던 존 칼빈의 신학에 대한 세미나 수업을 통해 시작되었던 우정을 지금까지 함께 나누고 있습니다. 그 당시 우리의 만남이 사십 년에 걸친 우정의 시작이 되리라는 것은 우리 둘 다 예상하지 못했습니다. 저는 이 세월 동안 보수적인 네덜란드 전통 교회에 뿌리를 둔 그의 목회 사역이 서서히 부상하여 이 세상 땅끝까지 미치는 사역으로 성장하는 것을 지켜보았습니다.

바로 이런 배경 때문에 저는 『비판 속에 있는 목회자들』을 열렬히 칭찬합니다. 이 기간에 저는 제 친구가 이 책에 기록된 실제 상황과 그 외의 훨씬 더한 비판을 받는 모습을 목격했습니다. 정말 훨씬 더 많았습니다. 그는 강하고 유능한 사람임에도 낙심하고 파괴될 수 있는 경험도 했습니다.

조엘 비키 박사는 이 모든 세월을 거치면서 하나님의 영광만을 바라보기 위해서 수고했습니다. 또 그는 자신의 돌봄 아래에 있던 모든 사람들(그 외의 다른 사람들은 말할 것도 없이)이 그리스도 안에서 믿음의 온전한 확신을 누리고 하나님의 영광에 대한 소망으로 기뻐하게 되는 목사의 관심에 대한 모범이 되고자 했습니다. 그는 결코 이 일을 혼자 하지 않았습니다. 그가 가장 먼저 하였지만, 그는 자신의 아내인 메리로부터 놀라운 지지를 받았고, 그의 자녀들과 친척들이 함께 하였으며, 퓨리탄리폼드 신학교의 동료들과 같은 비전을 품고 교제를 나누던 동료 목사들뿐만 아니라 헌신적으로 그의 사역을 도왔던 그의 교회에 속한 장로들과 하나님의 백성들로부터 힘을 얻었습니다.

그러므로 비판을 어떻게 다루어야 하는지에 대한 주제에 대하여 연설하고 지금처럼 글로 써야 하는 부담은 하나님의 말씀과 하나님의 섭리와 하나님의 종들과 하나님의 백성에 대한 그의 지식에서 나온 것입니다. 그는 『비판 속에 있는 목회자들』을 통하여 이 "주님의 부담"을 능숙하게 풀어냈습니다. 그가 이 책을 통하여 나누는 지혜가 우리의 교만을 겸손하게 만들고 연약한 우리를 강하게 만들며 고난 가운데 있는 우리에게 위로를 주고 서로에 대하여 더 깊은 감성을 가지고 바라보게 만들기를 바랍니다. 바로 이것이 자신의 동료 목사들과 그들의 성도들을 향한 조엘 비키 박사의 소망입니다. 왜냐하면 이것은 분명히 자신이 목숨을 바쳤던 대상인 양떼들의 감독이자 목사이신 그분의 소망이기도 하기 때문입니다.

▎ 싱클레어 B. 퍼거슨

서론

잘 다루지 않는 문제

    그날이 마침내 오고야 말았습니다. 여러분은 신학교를 무사히 졸업했고, 안수를 위한 시험을 통과했으며, 한 지역교회로부터 목사 청빙도 받았습니다. 여러분은 하나님의 부르심을 따르기 위한 첫발을 내디디면서 여러분의 영혼 안에 꿈틀대는 깊은 열정도 경험합니다. 여러분에게는 여러분의 보살핌을 받도록 맡겨진 양들이 여러분의 수고를 통해 믿음과 거룩함으로 세워져 갈 것이라는 소망과 기대도 있습니다. 여러분은 잃어버린 영혼에 복음을 전할 것이라는 거룩한 열망 또한 품고 있습니다. 여러분은 과거에 경험했던 것보다 하나님께 속한 것들에 대하여 훨씬 더 에너지가 넘쳐흐르고 또 흥분하고 있습니다. 목사가 된다는 것이 얼마나 대단한 특권인지에 대해 스스로 생각하고 있습니다.

    하지만 곧 목회 사역의 특권에 대한 이러한 감각은 사라지기 시작합니다. 이런 쇠퇴를 겪는 이유가 무엇일까요? 정오의 태양과 같이 처음에는 밝게만 보였던 미래가 목회에서 발생하는 문제의 구름으로 인하여 어두워졌습니다. 특히 목회 사역에 대한 반대가 문제입니다. 여러분이 안수를 받던 날, 비판을 다루는 것에 관한 생각은 여러분의 머리에 없었습니다. 여러분이 신학교를 다니던 날을 회상하지만, 이와 같은 반대의 말을 어떻게 다뤄야 하는지 배웠던 기억이 없습니다. 하지만 지금 여러분은 여기에 있습니다. 목회를 시작한 지 겨우 몇 달밖에 되지 않았는데, 벌써 부정적인 말을 받는 표적이 되어 버렸습니다. 그들은 어쩌면 여러분의 설교에 대해서 불만이 있을 수도 있고, 아니면 전임자만큼 여러분이 은혜롭지 않다는 사실 때문에 불평할 수도 있습니다. 불만의 원인이 무엇이든, 여러분이 발견하는 것은 그들이 반발하는 말을 하고 있다는 사실입니다. 사실 불신자들이 그렇게 반대할 것은 예상이 되는 일이었습니다. 그런데 내 양들에게서 반발이 나오다니요? 환멸이 일어나기 시작합니다. 하나님을 알고 하나님의 말씀을 선포하며 여러분의 회중들이나 목회적 동료들이 사용하는 가혹한 말에 의해 하나님의 백성들이 상처를 받지 않도록 섬기는 즐거움을 누리는 일은 이제 매일의 싸움이 됩니다.

이런 일은 결코 희귀한 일이 아닙니다. 모든 목사가 사역을 시작한 첫 달에 자신의 성도들로부터 심각한 비판을 경험하게 되는 것은 아니지만, 조만간 모든 목사는 이를 경험하게 될 것입니다. 네덜란드의 오래된 속담에 이런 것이 있습니다. "앞에 서 있는 사람은 곧 뒤에서 발로 차일 것이다."

비판을 받는 것은 공통된 목회적 경험이지만, 대체로 이는 다루어지지 않는 주제입니다. 복음 사역을 위해서 훈련받은 대다수 사람은 이처럼 말로 주어지는 공격을 어떻게 대처하고 반응해야 하는지 배우지 못하고 있습니다. 이런 문제를 도외시한 결과는 심각합니다. 이에 대한 훈련 부족은 곧바로 목회에 대한 환멸로 이어집니다. 심지어 사임에 이르게 되는 경우도 비일비재합니다. 긴 시간 동안 비판을 받는 경우 결국 분노에 휩싸이고 불면증에 시달리며 냉소주의자가 되거나 지쳐 절망에 이르기도 합니다.

우리는 이처럼 거의 다루어지지 않는 문제에 대해서 다루기 위해서 이 책을 썼습니다. 이 주제에 대하여 기록된 도움이 되는 자료도 수록하였습니다. 이 책의 각주가 책 전체에 걸쳐서 분명하게 보여주겠지만, 목회에 대한 비판이 가지는 다양한 측면을 다루는 귀중한 자료들이 있습니다. 하지만 현재까지 성경적이고 개혁주의적 관점으로 기독교 사역에서 접하게 되는 비판의 다양한 측면을 종합적으로 다루는 책은 없는 것 같습니다. 오늘날 목회자들에게 시급하게 필요한 것은 바로 그와 같은 서적입니다.

『비판 속에 있는 목회자들』은 4부로 나누어져 있습니다. 1부에서는 비판을 다루기 위한 성경적 기초를 놓습니다. 창세기에서 요한계시록에 나타나는 말로 된 포격(砲擊)을 넓게 추적하면서 적절한 성경적 배경과 구속사적이고 역사적인 배경 속에 기초를 두고 우리가 오늘날 대면하는 비판에 대해 이해하기 위해 노력할 것입니다. 2부에서는 목회 사역에서 만나는 비판을 다루기 위한 실제적인 원리를 제공하였습니다. 이 부분이 이 책의 대부분을 이룹니다. 그리고 하나님을 영화롭게 하고 그리스도와 같은 방식으로 비판을 수용하고 반응하는 데 꼭 필요한 성경적 지혜를 제시합니다. 3부에서는 교회 안에서 건설적인 비판을 하기 위한 실제적 원리를 제공합니다. 그러면서 목사로서 어떻게 비판할 것이며, 여러분의 지역교회에서 비판에 열린 문화를 육성하는 방법에 관해 토론할 것입니다. 마지막으로 4부에서는 복음 사역을 하면서 비판을 다루기 위한 신학적인 비전을 제시함으로써 결론을 맺을 것입니다. 부록이 이어지는데, 여기에서는 신학교에 있는 동안 비판의 불화살을 준비하는 방법에 대해서 다룰 것입니다.

만약 여러분이 목사가 아니고 목회에 대한 포부가 없다고 하더라도, 이 책은 여러분을 위한 책입니다. 우리가 좁게는 주로 복음 사역에 초점을 맞추고 있기는 하지만, 이 책에서 발견할 수 있는 핵심 진리와 원리는 모든 그리스도인과 모든 직업에도 동일하게 적용되기 때문입니다. 우리 중에 아무도 비판을 받거나 비판하는 일에서 예외인 사람은 없습니다. 그러므로 우리는 여러분이 이 책을 손에 들고 읽기를 권면합니다.

『비판 속에 있는 목회자들』은 함께 수고하여 얻은 공동작품입니다. 하지만 사십 년이 넘는 조엘의 목회적 경험 덕분에 이 책에서 발견되는 거의 모든 실제 상황은 그의 경험입니다. 그는 비판에 직면하고 다루어야 했던 수많은 경험이 있으므로 스스로 생각하기를 이 책이야말로 비로소 자신에게 책을 쓸 자격이 있다고 느끼게 하는 책이라고 다소 유머러스하면서도 진지하게 주장합니다. (계속해서 이에 대해서 분명히 하거나 불필요한 관심을 계속해서 끄는 대신에) 이 책에서 닉(Nick)의 개인적인 경험일 경우에만 이를 표시하기로 했습니다. 그렇게 하면 혼란을 막을 수 있으리라 생각합니다.

이제 읽다 보면 분명해지겠지만, 기독교 사역을 하는 가운데 비판을 대하는 방법과 비판하는 방법을 배우는 것은 실상 마음의 문제인 경우가 대부분입니다. 여기에는 우리가 반드시 배워야 할 고통스러운 교훈이 있습니다. 하지만 이런 교훈들은 쉽고 빠르게 배울 수 있는 것은 아닙니다. 이런 이유로 우리는 여러분들이 이 책을 한 시간 만에 가볍게 읽어나가지 않았으면 좋겠습니다. 대신 기도하는 마음으로 이 책의 내용을 숙고하고 천천히 소화해 나가기를 바랍니다.

저자로서 우리는 이 책에 대하여 공동으로 집필할 기회가 주어진 것에 대해서 감사합니다. 또한 우리의 아내들인, 메리와 테사에게 고맙다는 말을 전하고 싶습니다. 그들은 우리가 이 책을 쓰는 데 집중하는 동안 우리를 비판하지 않고 큰 도움이 되었습니다. 하나님을 섬기는 일에 있어서 진정으로 성장하기를 원하는 목사(혹은 신학생)에게 긍정적인 성향을 가진 배우자가 있다는 것이 얼마나 큰 선물인지요! 또한 우리는 데이브 알맥(Dave Almack)과 P&R에서 우리가 이 책을 집필할 때 우리를 격려하고 아주 효과적으로 협력해 주신 것에 대해서 감사드립니다. 이뿐만 아니라 이 책의 처음 두 장을 쓸 때 도움을 줬던 폴 스몰리(Paul Smalley)에게도 감사하고, 이 책을 편집할 때 도움을 주었던 레이 래닝(Ray Lanning)에게도 감사의 말씀을 전합니다. 마지막으로 우리의 비판자들에게도 감사합니다. 그들이 없었다면 이 책은 지금의 모습으로 탄생할 수 없었을 것이고, 우리도 역시 지금의 우리가 될 수 없었을 것입니다. 여기에도 하나님의 은혜가 있었음은 당연합니다.

우리는 하나님께서 『비판 속에 있는 목회자들』을 사용하셔서 여러분의 영혼과 목회에 그분의 말씀이 가지는 거룩하게 하는 영향력을 불어넣으시기를 기도합니다. 이를 통해 여러분이 비판의 용광로를 기쁨으로 인내하며 통과할 수 있게 되고, 더 연단된 모습으로 나오기를 기도합니다. 다른 십자가와 마찬가지로, 그 어떤 비판도 하나님의 은혜가 여러분을 지탱하지 못할 만큼 무거울 수는 없습니다. 또한 아무리 무거운 비판도 하나님의 은혜가 그 비판의 고통으로부터 여러분에게 유익을 주는 것을 막을 수는 없습니다.

제1부

•

비판을 다루기 위한 성경적인 기초

1. 비판을 다루는 구약성경의 기초

영적인 전쟁을 일으킬 때, 하나님의 백성들은 비판자들이 내뱉는 언어적인 비난에 힘이 빠지면서도 반드시 전진해 나가야 할 때가 종종 있습니다. 이것은 오늘날이나 고대사회나 동일합니다. 불의한 비난은 언약 역사 전체에 걸쳐서 검은 실처럼 엮여 있습니다.[1] 이 책에서 비난에 대한 성경신학을 포괄적으로 전개하는 것은 불가능하지만, 구약성경에 등장하는 몇 가지 눈에 띄는 경우들을 제시하려고 합니다. 이와 같은 예들을 연구할 때, 십자가를 지신 메시아를 따르는 모든 사람들에게도 적용될 수 있는 비판에 대처하는 원리를 발견하게 될 것입니다.

---

[1] 이 책은 건설적인 비판과 파괴적인 비판을 모두 다루고 있지만, 이 장에서는 주로 하나님의 옛 언약의 계시를 통해 드러난 파괴적인 비판에 초점을 둘 것이다. 구약성경에는 건설적인 비판에 대한 많은 예가 등장하는 것도 분명한 사실이다. 예를 들어, 어떤 사람은 이스라엘을 비판하고 책망하는 선지자들의 증언에 대해서 생각한다. 이는 언약을 깨어버린 이스라엘을 향하여 그에 대해 회개하도록 만들기 위함이었다.

타락 이전의 비판: 하나님

불의한 비판의 대상이 되었던 최초의 존재가 누구일까요? 대답을 들으면 놀랄 것입니다. 특성을 왜곡하는 언어적 비난(verbal abuse)이 처음 그 모습을 드러낸 것은 에덴동산이었습니다. 이 파괴적인 비판의 대상은 바로 하나님이었습니다. 6일 동안 우주를 창조하신 후에 하나님께서는 이 창조의 정점으로서 사람을 창조하셨습니다. 하나님은 아담을 그 낙원에 두시고 제사장이자 왕으로서 그 동산을 보살피고 가꾸도록 하셨습니다. 이때 자비로우신 하나님은 자신의 형상을 가진 이 피조물에게 수많은 나무를 제공하시고, 그 나무에서 나는 열매를 먹도록 하셨습니다. 그에게 오직 한 나무의 열매만은 먹지 말라고 명령하셨습니다(창 2:15-17). 생명의 언약(the covenant of life)이라는 끈으로 묶여 있던 하나님과 사람은 죄와 불신이 없는 상태에서 서로 완전한 교제를 누렸습니다.

하지만 타락 이전에 누리고 있던 더할 나위 없는 행복한 상태에 사탄이 침투해 왔습니다. 하나님의 영광을 훼손하고자 하는 사탄의 파괴적인 계획을 수행하기 위해 교활한 짐승인 뱀이 수단으로 선택되었습니다. 그렇다면 뱀은 그 일을 어떻게 수행했을까요? 바로 말로써 했습니다. 속이는 불경건한 말을 사용했습니다. 우리 첫 부모를 유혹했던 그 대화는 비판이라는 모습을 가진 대화였습니다. 비록 이 비판의 말을 들은 것은 아담이었지만, 사실 이 비판은 하나님을 직접적으로 겨냥한 것이었습니다. 뱀의 유혹은 하나님에 대한 거짓말이라는 형태를 입고 찾아왔으며, "하나님의 관대하심과 정직하심"을 공

격했습니다.[2]

뱀은 겉으로 보기에는 악의가 없는 질문을 먼저 던졌습니다. "하나님이 참으로 너희에게 동산 모든 나무의 열매를 먹지 말라 하시더냐"(창 3:1). 그러나 이 질문은 결코 악의가 없는 질문이 아니었습니다. 이 질문을 통해 뱀은 하나님의 말씀이 가진 진실성에 의문을 제기했을 뿐만 아니라(하나님께서 참으로...말씀하시더냐?), 하나님이 금하신 것의 본질을 교묘하게 왜곡시켰습니다. 하나님은 우리의 첫 조상들에게 에덴동산에 있는 모든 나무의 열매를 금지하신 적이 결코 없었습니다. 하나님은 그들에게 다음과 같이 분명하게 말씀하셨습니다. "동산 각종 나무의 열매는 네가 임의로 먹되." 결국 그들에게 금했던 것은 오직 선과 악을 알게 하는 나무의 열매뿐이었습니다(창 2:16-17). 그러므로 뱀의 질문은 하나님을 인색하고 제한하시는 분으로 묘사했던 것입니다.

사탄은 분명하지 않아서 그 의도를 잘 알 수 없는 비판으로 시작했습니다. 하지만 하와의 반응을 통해 그녀의 마음에 하나님의 말씀과 성품에 관하여 의심의 씨앗을 심는 데 성공했다는 사실을 확인하자, 하나님에 대한 사탄의 언어적 공격은 누가 봐도 알 수 있도록 대담해졌습니다. 사탄은 하나님이 거짓말을 하셨다는 것을 분명하게 주장하면서, "너희가 결코 죽지 아니하리라"(창 3:4)라고 선언했습니

---

2 Sinclair B. Ferguson, *The Whole Christ: Legalism, Antinomianism, & Gospel Assurance—Why the Marrow Controversy Still Matters* (Wheaton, IL: Crossway, 2016), 69.

다. 존 칼빈은 "그 뱀이 공개적으로 하나님을 거짓된 분으로 고소한 다"라고 기록하면서, 그 이유는 "죽음을 선언할 때 사용된 말씀은 거 짓이며 속임수라고 그가 주장하기 때문이다"라고 했습니다.[3] 하나님 이 왜 거짓을 말씀하셨는지에 대해서 이 속이는 자가 제시한 이유는 하나님이 인류가 자신의 신성에 버금가는 존재가 되는 것을 원하지 않으셨기 때문이라는 것이었습니다(창 3:5). 사탄이 말하고 있는 본질 적인 내용은 "하나님은 자신의 동기에 의해서 스스로 자신의 말을 믿 을 수 없게 만드는 분이며, 결국 이기심 때문에 거짓말을 하시는 분" 이라는 것입니다.[4] 하나님의 성품을 훼손하여서 그분의 말씀을 신뢰 하는 것에 중요한 의문을 제기했던 것입니다. 사탄은 무한히 거룩하 신 하나님에 대해서 사람을 구속하려 하고 시기심이 많으시며 사랑 이 없는 거짓말쟁이라고 중상모략했습니다.

우리가 거짓된 고소와 우리의 인격을 훼손하는 다른 사람들의 말 로 고통을 당할 때, 우리는 바로 우리의 창조주께서 그 뱀에 의해서 비난당하셨던 이 음침한 동산의 음모에 대해서 생각해야 합니다. 한 피조물이 다른 피조물에 의해서 부당하게 비판을 받는 것과 만물의 창조주께서 피조물에 불과한 존재에게 언어적으로 저격을 당하는 것 은 전혀 다른 것입니다. 인류 역사상 처음으로 비판을 받았던 분은

3 John Calvin, *Commentaries on the Book of Genesis*, trans. John King (Grand Rapids: Eerdmans, 1948), 150 (exposition of Gen. 3:4).
4 Geerhardus Vos, *Biblical Theology: Old and New Testaments* (Edinburgh: Banner of Truth, 1975), 36.

유일하게 비판을 받을 만한 어떤 흠도 없었던 분이었습니다. 사실 우리가 비판받을 때는 심지어 그것이 거짓된 비판일지라도, 보통은 그 비판 속에 진실의 조각 하나쯤은 있는 법입니다. 이 한 조각의 진실이 그 비판에 힘을 실어 줍니다. 하지만 하나님께는 이것이 적용되지 않습니다. "하나님은 사람이 아니시니 거짓말을 하지 않으시고"(민 23:19). 하나님은 빛이시기에 그 안에는 어둠이 조금도 없습니다(요일 1:5). 하나님의 성품에는 비판을 받을 만한 그 어떤 작은 결점도 없습니다. 에덴동산에서 발견하는 것은 가장 집약된 형태로 드러나는 언어적 불의(verbal injustice)입니다.

언약의 역사에서 모욕적인 용어에 대한 첫 번째 이야기는 인류의 타락이라는 결과를 가져왔습니다. 이는 그 이후의 모든 파괴적인 비판의 근원이 되었습니다.[5] 구약성경을 읽을 때 우리는 뱀의 속임수로 어지럽혀진 역사를 발견하게 됩니다. 우리는 사탄과 우리 구세주 사이의 우주적인 전쟁이 지속되는 한 이러한 현상이 지속될 것이라는 사실을 확신할 수 있습니다(창 3:15). 목회 사역을 하는 중에 불의한 비판에 직면하게 된다면, 이와 같은 고난이 개인적이고 분리된 사건이 아니라, 마귀(문자적으로는 "중상모략가")가 주요 대적자로 등장하는 위대한 구속사적(redemptive-historical) 드라마의 한 부분이라는 사실을 반드시 이해하고 있어야 합니다.

---

5 마찬가지로 모든 건설적인 비판도 역시 그 출처는 타락이다. 왜냐하면 죄가 있기 전에는 사람에게서 그 어떤 결점도 없었기 때문이다.

비판받을 때는 이 사실을 의지하기가 쉽지 않겠지만, 그래도 이 진리가 여러분에게 위로가 되어야 합니다. 고백하자면, 저 역시도 인생을 살아가는 동안 이 위대한 구속사적 드라마에 속해 있다는 생각보다 홀로 외롭게 있다는 느낌을 받은 적이 셀 수 없이 많았습니다. 제가 삼십 대였던 시절에 사탄이 매우 실제적인 존재로 다가왔던 때가 있었습니다. 그때 저는 사탄과 저의 몇몇 동료들에게 둘러싸여 사방에서 공격당하고 있다고 느꼈습니다. 당시 저는 이 세상에 나처럼 공격을 당하는 목사는 없을 것이라고 주님을 향하여 절망적인 목소리로 말씀드렸던 기억이 생생합니다. 분명히 제가 겪고 있던 일을 겪었던 사람은 아무도 없었습니다. 외로움, 자기연민, 사탄의 실재, 그리고 절망감이 저를 압도하는 느낌이 들었습니다. 몰아치는 사악한 비판의 강물은 잦아들 기운이 전혀 보이지 않았습니다. 출구가 보이지 않았습니다. 때때로 하나님께서 주시는 휴지기가 있기는 했지만, 자주 뜬눈으로 밤을 새웠습니다. 특별히 새벽 4시 30분까지 잠을 이루지 못하던 어느 날 밤, 그 어떤 수면제보다 저에게 더 도움이 되었던 두 성경 본문이 생각났습니다. "우리에게 있는 대제사장은 우리의 연약함을 동정하지 못하실 이가 아니요 모든 일에 우리와 똑같이 시험을 받으신 이로되 죄는 없으시니라"(히 4:15). 또 다른 본문은 "사람이 감당할 시험 밖에는 너희가 당한 것이 없나니 오직 하나님은 미쁘사 너희가 감당하지 못할 시험 당함을 허락하지 아니하시고 시험당할 즈음에 또한 피할 길을 내사 너희로 능히 감당하게 하시느니라"(고전 10:13). 그 후에 저는 이 구속사적 드라마 속에 있는 저의 영역을 보게 되었고 그것을 이해하게 되었으며 그 마귀에 대해 승리를 거둘 수 있게 되었습니다. 적어도 몇 주간은 그랬습니다. 하나님의 말씀이 사탄의 행동보다 더 강력하다는 것이 얼마나 큰 축복인지요!

제사장적 비판: 모세와 아론

뱀은 교활하기에 하나님 백성들의 기름 부음을 받은 지도자들을 향하여 깎아내리는 거짓말을 전략적으로 발설합니다. 구약성경에서 이런 사탄의 불화살을 모세만큼 겪었던 지도자를 찾기는 쉽지 않습니다. 사역을 시작하던 첫날부터 모세는 자기 백성들에게서 끓어오르는 언어적 모욕을 당했습니다(출 5:21). 그 백성들은 애굽의 노예 생활에서 강력한 능력으로 구원받은 지 채 일주일도 되지 않아서, 하나님께서 지정하신 구원자를 향해서 불평을 쏟아놓고 있었습니다(출 15:24, 16:2-3). 이들이 광야에서 방황했던 사십 년이라는 시간은 이 하나님의 사람을 미워하며 그에 대해 쏟아놓은 불의한 불평으로 얼룩졌습니다. 심지어 모세의 형과 누나도 이에 동참했을 정도였습니다(민 12:1-3, 14:1-4).

민수기 16장에서 우리는 네 명의 사람들을 만납니다. 고라라는 레위 사람과 다단과 아비람과 온이라는 르우벤 지파 사람들이 바로 그들입니다. 이들은 이 언약공동체의 다른 구성원들과 연합하여 모세와 아론의 지도력을 공격했습니다(민 16:1-2). 그들은 시기와 미움이 가득한 채, 이 하나님의 사람들이 맡은 사역에 대하여 파괴적인 비난을 쏟아 놓았습니다.

첫째, 고라와 그의 동료 무리는 아론에 대해서 고소하면서, 아론이 자신의 권위를 오용했고 교만하게도 스스로를 다른 백성들보다 더 높였다고 주장했습니다. "너희가 분수에 지나도다 회중이 다 각각 거룩하고 여호와께서도 그들 중에 계시거늘 너희가 어찌하여 여호와의 총회 위에 스스로 높이느냐"(민 16:3). 아론의 대제사장 사역을 깎아내리기 위해서 이들이 어떻게 진리를 교묘하게 왜곡시키는지 주목하십시오. 고라의 전제 자체는 사실입니다. 하지만 그의 고소는 거짓입니다. 이스라엘은 실로 거룩한 나라입니다(출 19:6). 이 사실은 바로 앞 본문에 나오는 명령에 드러나 있습니다. 이 명령은 백성들의 외투 가장자리에 테두리를 만들어서 그들이 언약을 기억하도록 하고, 하나님의 모든 명령을 행하며, 그들의 하나님께 거룩한 백성이 되라는 명령이었습니다(민 15:37-41). 여기에도 진리는 있습니다. 하지만 그 진리는 오용되었고 나쁜 목적으로 사용되었습니다.[6] 백성들을 따로 구분한다고 해서 그들 가운데 하나님께서 주신 질서나 권위의 구조가 없어지는 것은 아니었습니다. 하나님은 친히 아론을 자기 백성들을 대표하는 대제사장으로 부르셨습니다(히 5:4). 그러므로 여기서 우리는 아론에 대항하여 제기된 "불의한 비판의 표현....불친절하고 거짓된 혐의"를 보게 됩니다.[7] 이와 같은 언어적 비난은 진리의 모습을 왜곡시키는 전형적인 예입니다. 하나님께서 비판자들의 편에 서시는

---

6 물론 이것은 에덴동산에서 뱀이 사용했던 전략이었다.
7 Reymond Brown, *The Message of Numbers: Journey to the Promised Land, The Bible Speaks Today* (Downers Grove, IL: IVP Academic, 2002), 145.

것처럼 보이도록 사람들은 성경을 왜곡시키고 거짓되게 사용할 수 있습니다. 하나님의 백성들의 지도자로서 우리는 고도의 지혜를 사용하여 "성경적인" 비판이라는 이름을 가진 것이 참으로 성경적인지를 구별할 수 있어야 합니다.

고라가 진리를 왜곡하고 자신의 영적 지도자들에게 대항했던 원인은 무엇일까요? 그것은 그가 아론의 지위를 시기했기 때문입니다. 역설적으로 고라는 레위인이었고, 하나님의 성막을 돌보는 고결한 부르심과 고상한 책무를 가지고 있었습니다. 그와 함께했던 이백오십 명의 장정들은 왕자들("princes," KJV) 혹은 회중의 족장들("chiefs of the congregation," ESV)입니다. 이들은 낮은 신분을 가졌거나 "벨리알의 자손들"이 아니었습니다. 이에 대해서 이안 두귀드(Ian Duguid)는 "하나님의 질서에 반역을 꾀한 이들은 그들 가운데 하층민들이 아니라 최상층에 가까운 사람들이었고 스스로 생각하기를 자신들이 최상층이어야 한다고 여겼던 사람들이었다"라고 말했습니다.[8] 바로 이와 같은 이유로 모세는 레위인이 된다는 것이 비교할 수 없는 특권이라는 사실을 강조한 후에, "오히려 제사장 직분을 구하느냐"라고 물었던 것입니다(민 16:10). 고라는 자신의 것이 아닌 것을 갈망했으며, 하나님께서 자신 위에 두신 이들의 능력에 목말라 했고, 그들을 질투했습니다. 참으로 "질투는 스올같이 잔인"합니다(아 8:6).

---

8 Iain M. Duguid, *Numbers: God's Presence in the Wilderness, Preaching the Word* (Wheaton, IL: Crossway, 2006), 201.

이 시기는 불의한 비판의 홍수가 겨우 밀려들기 시작했던 지점에 불과했습니다. 다단과 아비람은 고라와 함께 모략을 세웠지만 모세와 아론의 앞에서 도전하지는 않았습니다. 그들은 지도자들의 등 뒤에서 그들에 대해 험담을 하고 다녔습니다. 그들을 대면하는 "지저분한 일"은 고라에게 맡겼습니다.[9] 그래서 모세는 그들을 불렀지만, 그들은 모세 앞에 나타나기를 거절했습니다(민 16:12). 그들이 제시한 이유는 모세를 직접 겨냥하는 신랄한 비판의 형태였습니다. 그들은 모세를 살인자로 고소했습니다. 모세가 그들을 애굽에서 데리고 나왔는데(14절에서 그들은 애굽을 "젖과 꿀이 흐르는 땅"이라는 확신을 가지고 있었습니다), 그들을 광야에서 죽이기 위해서 그랬다는 것이었습니다. 그렇게 한 후에 모세는 스스로 그들을 다스리는 "왕"이 되려고 한다고 주장했습니다(민 16:13). 게다가 모세는 약속의 땅에 이들을 데리고 가는 일에 실패했습니다. 다른 이들은 모세의 속임수에 눈이 멀어 속아 넘어갔지만, 그들은 그의 허황한 약속에 속아 넘어가지 않을 것이라고 하였습니다(민 16:14).

이스라엘의 이 세대는 광야에서 죽었습니다. 바로 이것이 실상이었습니다. 그들은 결코 약속된 땅에 도착하지 못했습니다. 하지만 그것이 모세의 실패 때문일까요? 모세가 그들을 속였습니까? 절대 그렇지 않습니다. 그들이 가나안 땅에 들어가지 못했던 것은 그들의 불

---

9 Gordon Keddie, *Numbers: According to Promise, Welwyn Commentary Series* (Darlington, UK: Evangelical Press, 2010), 114.

신앙 때문이었습니다(시 95:7-11, 히 4:1-11). 자신의 죄에 대해 회개하는 대신 그들은 지도자를 향해 손가락질했습니다. "모세는 속이며, 권력에 굶주린 살인자"라고 주장했습니다. 이 얼마나 파괴적인 속임수인지요!

여기서 우리는 파괴적인 비판의 이면에 감추어진 죄악된 동기를 발견하게 됩니다. 이와 같은 혐오 발언은 지위 상승과 명성에 대한 갈망(고라)이나 아니면 어떤 사람에 대한 비난을 다른 사람에게 옮김으로써 누군가의 양심을 위로하려는 시도(다단과 아비람)로 탄력을 받을 수 있습니다. 하지만 이런 것은 어느 날 갑자기 튀어나오는 것이 아닙니다. 지도자들은 마음의 문제를 다루는 데 능숙해야 합니다. 모세처럼 말입니다. 그렇게 해야 대적자들이 속임수를 쓸 경우, 그들이 하는 일은 사실상 뱀의 편에 서서 하나님을 대적하는 것이라는 사실을 그들이 알도록 도울 수 있습니다(민 16:11).

하지만 이 두 경우에 모세가 자신을 비판하는 사람들에게 대응하기 전에 먼저 하나님께로 나아갔다는 사실을 주목해야 합니다.[10] 고라가 언어적으로 공격한 후에, 모세는 엎드렸습니다(민 16:4). 이는 모세가 하나님께 겸손히 굴복하고 의존했다는 의미입니다. 다단과 아비람의 끔찍하고 맹렬한 비난이 가해진 후에도 모세는 역시 의로운 분노를 품고 하나님께로 향했습니다(민 16:15). 모세는 하나님의 도우

---

10 이것은 모세의 전체 사역에서 나타나는 특징이다. 그가 부당하게 비판을 받는다고 기록된 모든 지점에서 그는 즉시 기도하였거나(출 5:22, 12:25, 민 14:5) 여호와께서 즉시 그 상황에 개입하셨던 것처럼 보인다(출 16:4, 민 12:4).

심과 지혜를 구하면서 자신의 상황을 하나님께 맡겼습니다. 그렇게 한 후에야 그는 자신의 비판자들을 향하였고 그들을 상대했습니다. 기도 가운데 그가 비판을 받아들인 것과 하나님에 대하여 분명하게 보였던 그의 경외심은 오늘날 하나님의 백성들을 인도하는 사람들에게 모범이 됩니다. 우리는 비판자들을 비난하는 일에는 느리되, 간절히 기도하며 하나님 앞에서 스스로 겸비하는 일에는 민첩해야만 합니다.

하나님은 자기 종들의 간청에 응답하심으로 그들의 정당성을 입증하셨습니다. 하나님은 땅이 고라와 다단과 아비람을 그들의 가족들과 함께 삼키도록 하셨습니다(민 16:32). 또한 하나님은 그들의 중상 모략적인 불장난에 동참했던 250명의 지도자들도 불로 소멸하셨습니다(민 16:35). 여러분은 이렇게 심판하시는 하나님으로 인해 이스라엘 백성들이 자신의 지도자들에 대해서 파괴적으로 비난하던 일을 멈추었을 것으로 생각할 것입니다. 하지만 그들은 이 메시지를 알아차리지 못했습니다. 오히려 그다음 날 이스라엘 회중 전체가 모세와 아론을 향해서 불평하기 시작했습니다. 그들은 이 둘을 대량학살 죄로 고소했습니다. "너희가 여호와의 백성을 죽였도다"(민 16:41). 이 일로 인하여 다시 그들에게 심판이 임하였습니다. 하지만 놀랍게도 모세와 아론은 그 백성들을 위하여 탄원했습니다. 그리하여 이스라엘 전체 회중이 하나님의 진노로 몰살당하는 것을 막을 수 있었습니다(민 16:43-49). 이런 중에서도 모세와 아론은 자신들을 핍박하는 이들을 향하여 깊은 겸손과 사랑을 보였습니다. 만약 우리가 말로 행해지는 비난을 받을 때 주님을 영예롭게 하려면, 우리는 반드시 이렇게 행동해야 합니다.

정치적 비판: 다윗

다윗은 뱀의 중상모략에 대해 잘 알고 있었던 사람으로서 하나님의 백성들 가운데 기름 부음을 받은 또 한 명의 지도자였습니다. 다윗의 인생에서 가장 암울했던 시기 중 하나는 그의 아들 압살롬이 반역을 일으켜 다윗을 죽이고 왕위를 찬탈하려고 했던 사건이었습니다. 이 반역의 소식이 예루살렘에 당도하자 다윗과 그의 신하들은 크게 염려하며 그 성을 떠나 도망쳤습니다(삼하 15장). 이 패망과 함께 찾아온 굴욕 중의 하나는 이 고난이 다윗이 자신의 죄로 인해 주어졌다는 사실을 아는 것이었습니다(삼하 12:10).

설상가상으로 다윗이 예루살렘에서 도망할 때 사울 왕의 친족이었던 시므이가 나와서 "인간화산"이 되어 다윗을 향해 분노를 표출하였습니다.[11] 비록 안전한 거리처럼 보이기는 했지만 시므이는 피난 가는 이들을 향해 험한 말을 하고 돌도 던졌습니다(삼하 16:5-13). 그는 다윗을 "피의 사람" 곧 유혈과 폭력을 가한 죄를 가진 자요, "벨리알의 사람," 곧 무가치하고 사악한 사람이라고 저주하면서, "사울 족속의 모든 피를 여호와께서 네게로 돌리셨도다 그를 이어서 네가 왕

---

11 Dale Ralph Davis, *2 Samuel: Out of Every Adversity, Focus on the Bible Commentary* (Ross-shire, UK: Christian Focus Publications, 2002), 202.

이 되었으나 여호와께서 나라를 네 아들 압살롬의 손에 넘기셨도다 보라 너는 피를 흘린 자이므로 화를 자초하였느니라"(삼하 16:7-8)라고 말했습니다. 특히 시므이의 비판은 다윗이 하지 않은 일을 다윗이 했다고 비난했다는 점에서 특히 부당했습니다. 사울, 이스보셋, 아브넬은 모두 다윗이 보복할 수 있는 범위 내에 있었지만, 다윗은 그들 중 아무도 건드리지 않았습니다.

그런 부당한 비판을 받게 되면 분한 마음으로 자신을 정당화하도록 유혹하는 미끼를 덥석 물지 않을 수가 없게 됩니다. 욕설이나 거짓 비난으로 고통받을 때, 우리의 분노는 훨씬 더 쉽게 타오르는 경향이 있습니다. 내면에 분한 마음을 품고 있을 때, 우리는 우리를 학대하고 괴롭히는 사람들에게 잔인하게 대응할 수 있습니다. 사실, 다윗의 종 아비새는 시므이의 모욕에 대해서 모욕으로 답하고("이 죽은 개," 9절), 칼로 그의 머리를 베겠다고 제안했습니다. 만약 다윗이 이를 허락했다면 그 일은 쉽게 이루어졌을 것입니다. 시므이를 죽이더라도 왕은 정당했을 것입니다. 왜냐하면 하나님의 율법은 "너는… 백성의 지도자를 저주하지 말라"(출 22:28)라고 말씀하고 있기 때문입니다. 하지만 다윗은 복수를 강요하지 않았습니다. 왜냐하면, 다윗은 그 어떤 개인적인 신원(vindication)보다 더 큰 확신, 곧 하나님께서 자신의 주권적인 자비와 징벌하시는 사랑 가운데서 이 일을 명하셨다는 확신이 다윗에게 있었기 때문입니다.

첫째, 다윗은 만물을 다스리시는 하나님의 주권을 기억했습니다. 그리고 이렇게 말했습니다. "그가 저주하는 것은 여호와께서 그에게 다윗을 저주하라 하심이니"(삼하 16:10). 한 번이 아니라 두 번이나 다윗은 "여호와께서 그에게 명령하신 것이니 그가 저주하게 버려두라"(삼하 16:11)라고 말했습니다. 다윗의 의도는 하나님께서 직접 시므이에게 말씀하셔서 이 불의한 비판을 전달하라고 명령하셨다는 것이 아닙니다. 그는 하나님께서 만물을 작정하시되 심지어 자신의 대적의 입에서 나오는 비난까지도 작정하셨음을 인정했던 것입니다. 비록 시므이와 사탄의 죄가 포함되어 있기는 하지만, 다윗은 하나님께서 그것을 허락하셨기에 주어진 연단이라고 받아들였습니다.[12] 시므이에게는 다윗을 이렇게 대할 수 있는 아무런 권리가 없었지만, 하나님께는 다윗에게 고난을 줄 수 있는 권리가 있었습니다. 다윗도 주님을 정당화하고, 주님을 승인하며, 심지어 그 주님께 의지할 뿐만 아니라 이 비난이 주님에게서 오는 것이라는 사실도 인정하면서 하나님의 주권 아래 머리를 숙였습니다. 우리에게 심한 비난이 주어지는 순간에 하나님의 주권 앞에 머리를 숙이지 못할 때가 얼마나 많은지요! 바로 우리가 가장 순종해야 할 그 순간에 말입니다. 정확히 말하면 이런 실패로 인해서 종종 우리는 안식을 빼앗기고, 고통과 괴로움을 경험합니다. 그러므로 사방에서 비판을 당하는 일이 잦았던 마틴

---

12 존 길은 하나님께서는 "명령이나 자신의 교훈을 통해서" 이를 행하시지 않는다고 썼다. 왜냐하면, 백성의 지도자를 대항하여 주장하는 것은 하나님의 말씀과 율법에 반대되기 때문이다(출 22:28). 그뿐만 아니라, 성령의 역사는 죄를 향한 것이 아니라 거룩을 향한 것이기 때문에 그를 움직이고 자극하는 성령의 역사를 통해서 이 일을 하시는 것도 아니라고 말한다. 존 길은 하나님께서는 이러한 일과 관련된 모든 환경을 정하시고, 명하시고, 통치하시는 하나님의 비밀스러운 섭리를 통해서 이 일을 행하신다고 기록했다. *Gill's Commentary* (1852–1854; repr., Grand Rapids: Baker, 1980), 2:285.

루터가 하나님을 하나님 되게 하는 것이 참된 신앙의 절반 이상을 차지한다고 말한 것은 전혀 놀랄 일이 아닙니다.

둘째, 다윗은 온유하게 대응했습니다. 왜냐하면, 그는 하나님의 전지하신 자비와 다른 이의 판결을 기각하시는 공의에 자신을 의탁했기 때문입니다. "혹시 여호와께서 나의 원통함을 감찰하시리니 [13] 오늘 그 저주 때문에 여호와께서 선으로 내게 갚아 주시리라"(삼하 16:12). 하나님은 다윗과 그의 자손들을 부성애를 가지고 대우하시겠다고 약속하셨습니다(삼하 7:14-15). 다윗은 하나님께 있는 아버지로서의 선하심을 어린아이와 같이 신뢰하면서 그분의 연단에 순종했습니다. 다윗의 반응을 통제했던 것은 시므이의 말이 아니라 하나님의 말씀이었습니다. 윌리엄 블레이키(William Blaikie)는 "옳지 않은 것은 내가 감당하고 그것을 바로잡는 것은 하나님의 손에 맡기는 것이 더 낫다. 왜냐하면 하나님은 불공정한 대우를 매우 싫어하시기 때문이다. 또한 그분의 종이 불공정한 대우를 받을 때 하나님은 그것을 보시고 자신의 때와 방식으로 바로 잡으실 것이다"라고 말했습니다.[14]

이 두 원리들은 강력한 능력으로 우리가 비난에 대하여 "참된 위

---

13 여기에는 성경 본문에 대한 쟁점이 있다. 맛소라 사본에는 "내 허물"로 기록되어 있다. 다른 몇몇 히브리어 사본의 여백에 등장하는 것은 "내 눈"으로 기록된 것인데, 랍비들은 이를 "내 눈물"로 해석했다. LXX와 같은 고대 번역본과 대부분의 영어 번역본은 "내 고난"으로 번역하고 있다 (Davis, 2 Samuel, 203-4). "허물을 감찰하다"라는 구절은 성경에 등장하지 않는 것 같다. "고난을 감찰하다"라는 표현은 하나님의 동정심을 가리키는 많은 본문에 등장한다(창 29:32, 31:42, 출 3:7, 4:31, 신 26:7, 삼상 1:11, 왕하 14:26, 느 9:9, 시 9:13, 25:18, 31:7, 119:153, 애 1:7, 9). 그러므로 이 번역이 가장 가능성이 커 보인다.

14 W. G. Blaikie, The Second Book of Samuel (1893; repr., Minneapolis: Klock and Klock, 1978), 247.

대함,"[15] 곧 "예수님께서 온유하게 받아들이시는 것과 매우 닮은 모습"[16]으로 반응할 수 있도록 만들어 줍니다. 우리는 우리를 괴롭히는 사람들을 넘어서 만물을 다스리시는 하나님의 손과 자기 백성들을 위해서 모든 것을 바르게 하실 하나님의 마음을 보는 법을 배웁니다. 물론 악인들이 악담을 퍼부으며 우리를 괴롭힐 때 이런 법을 배우기는 쉽지 않습니다. 하지만 하나님의 약속을 바라볼 때 우리는 경건함 가운데 인내하는 데 필요한 모든 것을 공급받습니다.

심지어 다윗은 승리하여 예루살렘에 돌아오고 난 후에도 시므이에게 복수하지 않았습니다. 시므이를 대적하려는 스루야의 아들들의 조언을 거절하면서, 다윗은 피에 굶주린 "스루야의 아들들," 곧 아비새, 요압, 아사헬을 "나의 원수"라고 불렀습니다(삼하 19:22). 이를 통해 다윗이 말하고자 했던 것은 모욕에 대해서 복수심에 불타는 말을 하고 행동으로 보복하는 사람들은 시므이와 같이 자신의 원수들이라는 사실입니다.

비판에 대한 우리의 대응이 얼마나 경건한지를 판단할 수 있는 진정한 시험은 판이 바뀌어서 우리를 비판하는 자들이 더 이상 우리보다 강하지 않고, 오히려 우리가 더 큰 힘을 가지게 되었을 때 그들을 어떻게 대하는지를 보는 것입니다(시 141:5-6). 그때 우리는 그들에게 은혜와 자비를 베풀 것입니까? 아니면 그들이 우리에게 한 것과 같

---

15 Joyce G. Baldwin, *1 & 2 Samuel: An Introduction and Commentary*, *Tyndale Old Testament Commentaries* (Downers Grove, IL: Inter-Varsity, 1988), 263.
16 Blaikie, *Second Book of Samuel*, 246.

은 비판을 가하여 그들에게 복수하는 기회로 삼겠습니까? 여러분이 반격할 힘이 없을 때 온유함을 베푸는 것과 여러분의 대적이 여러분 앞에서 몸을 숙일 때 관용을 베푸는 것은 전혀 다릅니다. 만약 우리가 우리의 명예를 훼손한 자들에게 복수하기 위해서 우리의 힘을 사용한다면, 우리는 우리 자신을 불명예스럽게 하는 것입니다.

수년간 우리 교회는 한 회원을 대하는 일에 어려움을 겪었습니다. 그는 제가 최근에 했던 설교에서 말했던 어떤 것에 대해서 날카롭게 비판하기 위해 자주 제 서재로 찾아왔습니다. 그는 다음과 같이 말하는 성도였습니다. "목사님의 설교 37분 24초에서 목사님은 X라고 말씀하셨습니다. 하지만 목사님이 Y라고 말하는 것이 더 좋고 성경적이지 않을까요?" 그가 얼마나 자주 오고 구체적으로 지적했었던지, 그가 옳았던 때를 제외하고 그의 방문은 항상 저의 마음을 다소 낙심시켰습니다. 마침내 저는 그가 다음에 올 때, 저에 대한 모든 비판을 모아 두었다가 일 년에 네 번 이하로 저를 찾아달라고 요청하리라고 결심했습니다. 하지만 그가 찾아왔을 때, 그는 "목사님의 설교를 비판하려고 제가 너무 자주 찾아와서 목사님은 저 때문에 지치셨을 것입니다. 목사님께 고백하고 싶은 말씀이 있습니다. 저는 잘못된 마음을 품고 찾아왔었습니다. 목사님의 마음에 저를 용서하실 수 있는 여유가 있으실지 모르겠지만, 제가 정말 죄송하다는 말씀을 드리고 싶습니다." 저는 그 자리에서 펄쩍 뛰고 이렇게 말했습니다. "일어나세요. 형제님. 저는 이미 완전히 용서했습니다." 그리고 저는 그가 잊지 않기를 바라는 마음으로 크게 안아줬습니다.

여러분의 대적이 여러분에게 자기 잘못을 고백할 때 그들이 여러분 앞에서 움츠리도록 하지 마십시오. 여러분이 하나님 앞에서 여러분의 잘못을 고백할 때 하늘 아버지께서 여러분을 그리스도 안에서 받아들이시는 바로 그 정신으로 그들을 받아들이십시오. 그분은 즉각적으로, 값없이, 그리고 완전하게 여러분을 용서하셨습니다(시 32:5). 온유함은 우리의 비판자들을 쉽게 용서합니다. 우리가 온유할 때, 우리는 우리 자신도 어떤 죄인이었는지를 기억합니다.

하지만 온유함이 수수방관하거나 악한 자들이 더 우월한 지위를 가지도록 허락하는 것은 아닙니다. 비록 "악인이 의인 치기를 꾀하고 그를 향하여 그의 이를" 갈더라도, "주께서 그를 비웃으시리니 그의 날이 다가옴을 보심이로다"(시 37:12-13)라고 말씀합니다.

포로기 이후의 비판: 느헤미야

아론과 모세와 다윗은 당시 언약공동체 안에 속한 사람들로부터 제기되는 비판을 받았습니다. 하지만 이 세상에 속한 자들이 여호와의 기름 부음을 받은 자들을 모욕했던 때도 종종 있었습니다.[17] 이에 대한 예시로서 포로기 이후에 살았던 하나님 백성의 위대한 지도자 느헤미야를 살펴보겠습니다. 느헤미야는 기도와 지도력이 탁월하게 조화를 이룬 사람이었고, 폐허가 되어 버린 예루살렘으로 돌아온 이

---

17 아론과 모세와 다윗도 이스라엘 외부로부터 받는 비판이 무엇인지 알고 있었다. 예를 들어, 출애굽기 5장 4-5절에 나오는 모세와 아론에 대한 바로의 거짓된 고발과 사무엘상 17장 43-44절에 등장하는 다윗에 대한 골리앗의 적대적인 비판을 보라.

스라엘 백성들로 그 도시의 성벽을 재건하게 하는 일을 이끌었습니다(느 1-2장). 성벽을 재건하는 일은 하나님의 백성들의 안전한 미래와 명예와 번영을 위한 전략적인 행위였습니다. 예루살렘 거주민들은 이와 같은 느헤미야의 부름에 대하여 엄청나게 단결된 모습으로 응답했습니다. 각각의 가정들이 성벽 일부분을 자신들의 책임으로 감당했습니다(느 3장). 하지만 이스라엘의 하나님을 경배한다고 고백했던 사마리아 사람들과 주변에 살던 이방인들은 이런 그들의 모습을 기뻐할 수 없었습니다.

사마리아의 통치자였던 호론 사람 산발랏은 그 소식을 듣고 분노하면서도 코웃음을 쳤습니다. 그리고는 이렇게 말했습니다. "이 미약한 유다 사람들이 하는 일이 무엇인가, 스스로 견고하게 하려는가, 제사를 드리려는가 하루에 일을 마치려는가 불탄 돌을 흙 무더기에서 다시 일으키려는가"(느 4:2). 암몬 사람 도비야도 이러한 조롱에 동참하며 다음과 같이 말했습니다. "그들이 건축하는 돌 성벽은 여우가 올라가도 곧 무너지리라"(느 4:3). 여기서 우리는 조롱이라는 무기가 전개되고 있는 모습을 봅니다. 이 조롱에는 "실제 총알이 필요하지도 않고 어떤 주장조차도 필요가 없습니다."[18] 하지만 조롱은 "효과적인 무기입니다. 왜냐하면 거의 모든 사람들에게 있는 숨겨진 약점을 공격하기 때문입니다."[19]

---

18 Derek Kidner, *Ezra & Nehemiah: An Introduction and Commentary, Tyndale Old Testament Commentaries* (Downers Grove, IL: Inter-Varsity, 1979), 90.

19 James M. Boice, *Nehemiah: Learning to Lead* (Old Tappan, NJ: Fleming H. Revell, 1990), 77.

이 비판의 대상이 성벽 재건 사역의 모든 측면이었다는 사실에 주목하십시오.

- 일꾼들의 부족한 능력("미약한")
- 그들은 물리적이고 영적인 목적을 달성할 가능성이 없음("견고하게 하려는가," "제사를 드리려는가")
- 시간상의 제약("하루에")
- 부족한 재료("불탄 돌을 흙 무더기에서")
- 일꾼들이 가진 기량의 수준("여우가 올라가도 곧 무너지리라")

산발랏과 도비야는 문자 그대로 좋은 말은 하나도 하지 않았습니다. 그들에게 전체 역사는 재앙이었습니다. 아마 여러분들도 이와 같은 파괴적인 비판을 당한 경험이 있을 것입니다. 강점과 약점에 대한 건설적인 평가가 아니라, 어떤 일을 시도하는 것조차 어리석어 보이게 만드는 전면적인 비난 말입니다. 이러한 비판은 하나님의 백성들을 향한 사탄의 핵심 전략 가운데 하나입니다. 제럴드 빌커스(Gerald Bilkes)는 "사탄은 우리가 더 쉽게 인식할 수 있는 전면적인 공격을 가하는 대신, 정신적으로 그리고 영적으로 우리를 위협하기 위해서 노력한다. 이 효과적인 무기는 신자들이 움직이지 못하게 하는 데 자주 성공한다"[20]라고 했습니다.

---

20 Gerald M. Bilkes, *Memoirs of the Way Home: Ezra and Nehemiah as a Call to Conversion* (Grand Rapids: Reformation Heritage Books, 2013), 107.

이 본문 속에 역설이 있습니다. 바로 성벽 재건축이 막 성공적으로 시작되었다는 사실에 자극받아서 이 파괴적인 비난이 제기되었다는 사실입니다(느 4:1). 제임스 보이스(James Boice)는 다음과 같이 조언합니다. "만약 어떤 가치 있는 일을 하려고 노력하는 중에 반대에 부딪힐 때, 우리가 첫 번째로 알아야 할 사실은 우리가 무언가를 성취하고 있기에 그런 반대에 부딪히고 있다는 것이다."[21] 사탄이 우리의 영적인 실패를 공격하는 일은 드뭅니다. 왜냐하면 그럴 필요가 없기 때문입니다.

이 장을 쓰기 몇 주 전에 저는 익명으로 된 한 이메일을 수신했는데, 그 이메일은 보낸 사람이 "데오필루스"(헬라어로 "하나님을 사랑하는 사람")라는 이름으로 서명되어 있었습니다. 그 메일은 제 평생에 받은 편지 중에 가장 신랄한 것 중의 하나였습니다. 그 편지가 얼마나 불쾌했던지, 여러분이 그 내용의 일부분이나 전체가 사실이라고 생각할 수도 있기에 그 내용에 대해서 말씀드리고 싶지 않을 정도입니다. 사실 저는 아내에게도 차마 그 편지를 읽어줄 용기가 나지 않는다고 말했습니다. 저는 그 사람이 누구인지 안다고 생각했습니다. 하지만 누구인지 확실하게 특정하지 못하는 것은 매우 고통스러운 일이었습니다. 저는 이에 대해서 기도하려고 했지만, 잘 안되었습니다. 그래서 저는 제 아내를 제외하고 이 세상에서 누구보다 저를 잘 아는 아주 가까운 친구에게 전화했습니다. 제가 그 편지의 내용을 그에게 읽

---

21 Boice, *Nehemiah*, 72.

어주었을 때, 그는 저에게 이렇게 말했습니다. "그 편지는 지옥의 밑바닥에서 온 것이군. 그 편지에는 한 조각의 진실도 보이지 않아. 자네의 모습은 전혀 아니야. 즉시 그 편지를 치워버리고 하던 일을 계속하게. 그 어떤 산발랏이나 도비야가 주님의 일을 하지 못하도록 하더라도 거기에 지면 안 되네." 저는 제 친구의 조언대로 그 편지를 치워버렸고, 혹 이 편지의 어떤 부분이 진실이라고 한다면(결코 그런 일이 없기를 바라면서) 용서해 달라고 기도했습니다. 그런 다음 저는 곧바로 하던 일을 계속했습니다.

느헤미야도 이와 동일하게 행동하고 있다는 사실에 주목하십시오. 본문에는 느헤미야가 보인 직접적인 반응은 기록되어 있지 않습니다. 그는 이미 이 위대한 건축 프로젝트에서 필수적인 지도력을 발휘하는 임무를 성실하게 수행함으로써 이미 그들에게 응답한 셈입니다. 그런 비열한 정신을 가진 비판에 대해서 응답하는 것은 시간 낭비라고 생각했던 것 같습니다. 하지만 그는 하나님을 향해 기도했습니다. "우리 하나님이여 들으시옵소서 우리가 업신여김을 당하나이다 원하건대 그들이 욕하는 것을 자기들의 머리에 돌리사 노략거리가 되어 이방에 사로잡히게 하시고 주 앞에서 그들의 악을 덮어 두지 마시며 그들의 죄를 도말하지 마옵소서 그들이 건축하는 자 앞에서 주를 노하게 하였음이니이다"(느 4:4-5). 느헤미야는 언약을 지키시는 하나님이 그분의 백성들을 신원해 주실 것과 그들을 대적하는 악인을 벌해주시도록 기도했습니다. 그런 후에 다시 그는 자기 일을 계속했습니다. "이에 우리가 성을 건축하여... 이는 백성이 마음 들여 일을 하였음이니이다"(느 4:6).

사람들 앞에서 여러분 자신을 방어하는 것이 오히려 시간 낭비인 경우가 있습니다. 최선의 방어는 하나님께 호소하고 나서 주어진 일을 계속하는 것입니다. 만약 사람들이 어떤 프로젝트에 대해서 진실하고 중요한 질문이 있다면, 그때는 모든 수단을 동원해서라도 그들에게 정직하고 예의 바르게 대답하십시오. 하지만 만약 그들이 단지 비방하고 방해하는 것이 목적이라면, 그들 때문에 여러분이 하는 일의 진행이 늦어지지 않도록 하십시오. 주의가 산만하여지지 않도록 하십시오. 여러분의 시선을 주님께 두고 여러분의 손이 그분의 일을 하느라 바쁘게 움직이도록 해야 합니다.

산발랏은 말로써 비난했을 뿐만 아니라 느헤미야에게 해를 끼치기 위해서 그를 꾀어 일터에서 벗어나도록 유혹하려는 시도를 반복했습니다. 하지만 느헤미야는 지혜롭게도 너무 바빠서 내려갈 수 없다고 대답했습니다(느 6:1-4). 마지막으로 산발랏은 느헤미야에게 공개서신을 보냈는데, 이 서신에서 그는 느헤미야가 유대인들로 하여금 페르시아 제국에 대하여 반역하도록 부추겼을 뿐만 아니라 스스로 그들의 왕이 되려고 했다는 혐의로 느헤미야를 고소했습니다(느 6:5-7). 이것은 적대적이고 파괴적인 비판자들이 취하는 전형적인 모습입니다(건설적인 비판자들과 반대되는 모습이기도 합니다). 만약 그 프로젝트를 지연시키려는 목적으로 행하는 그들의 비판이 실패하면, 그들은 그 프로젝트의 지도자에 대한 개인적인 공격으로 전환합니다. 이 경우에는 위험한 정치적인 결과를 수반하는 공격이었습니다. 그들이 제기했던 혐의들은 익명의 소식통에 의한 것이었으며, 모두 다 거짓이었습니다.

느헤미야는 어떻게 대응했습니까? 그는 그 혐의들을 부인했습니다. 하지만 그 고소로 인하여 두려움이 일어났던 것은 인정했으며, 그래서 그는 더 많이 기도했습니다. "이제 내 손을 힘있게 하옵소서"(느 6:9). 개인적인 공격으로 심신을 약화시키는 근심이 일어날 경우, 믿음으로 담대하게 견뎌낼 수 있도록 더 많은 은혜를 얻기 위해 기도하는 것이 지혜롭습니다. 기도를 통해서 우리가 얼마나 뛰어난 지략을 얻을 수 있는지요!

그 결과, 성벽은 겨우 오십이 일 만에 완성되었으며, 이스라엘의 대적들은 낙심하여 패배했고, 하나님은 이 모든 것이 일어나도록 하신 분으로서 공개적으로 영광을 받으셨습니다(느 6:15-16). 이어서 성경적인 개혁과 언약의 갱신과 하나님의 백성들 가운데서 참된 예배가 회복되는 현상이 일어났습니다.

맹렬한 비판을 받으면서도, 우리가 선을 행하되 지치지 않으면, 때가 이르매 거두게 될 것이라는 사실(갈 6:9)을 기억할 때 우리는 힘을 얻습니다. 우리는 한 번에 한 발걸음씩 가시나무 숲을 헤쳐나가고 있다는 느낌이 들 것입니다. 하지만 우리의 지친 팔과 많은 상처를 통해 우리는 다른 사람이 따라올 수 있는 새로운 길을 개척하고 있습니다. 하나님께서 미래에 그 길을 사용하실지 누가 알겠습니까? 하나님은 "우리가 구하거나 생각하는 모든 것에 더 넘치도록 능히 하실" 수 있습니다(엡 3:20). 그리스도는 게으른 분이 아닙니다. 그분은 이 세상 끝날까지 자기 종들 안에서, 그리고 그들을 통해서 역사하십니다(마 28:20). 사역을 감당하면서 인내하십시오. 주 안에서 소망을 가지십시오. 그러면 모세와 다윗과 느헤미야와 같이 여러분들도 하나님께서 선을 위하여 여러분을 기억하고 계신다는 사실을 발견하게 될 것입니다.

2. 비판을 다루기 위한 기독론적 기초

뱀과 하와의 자손 사이에 벌어진 오래된 전쟁은 하나님 아들의 성
육신과 죽음에서 그 절정을 이루었습니다. 언약 역사의 전체가 아담
의 자손으로 태어난 그리스도께서 죄로 말미암아 인류에게 임한 저
주를 뒤집고, 비방하는 마귀와 그의 모든 역사를 파괴하기 위해서 오
시는 그 순간을 향해 달려가고 있었습니다. 모세와 다윗과 느헤미야
보다 위대하신 그분은 자기 백성들을 매임과 포로의 상태에서 해방
하고 하나님 은혜의 땅으로 인도하시는 기름 부음을 받으신 선지자
요, 제사장이요, 왕으로 오셨습니다. 하지만 예수님이 자기 백성들을
해방하고 사탄의 머리를 깨뜨린 방식은 완전히 예상 밖이었습니다.
그분은 자기 백성들을 자유롭게 하고자 그들의 죄를 담당하시고, 로
마의 십자가에서 죽으심으로 어둠의 권세를 깨뜨리셨습니다.

그리스도는 죽음의 값을 치르고 구속을 사셨을 뿐만 아니라, 자기
백성들이 따라야 할 길을 제공하셨습니다. 베드로는 다음과 같이 기
록하고 있습니다. "이를 위하여 너희가 부르심을 받았으니 그리스도

도 너희를 위하여 고난을 받으사 너희에게 본을 끼쳐 그 자취를 따라 오게 하려 하셨느니라"(벧전 2:21). 고난을 겪으신 메시아는 우리의 대표자일 뿐만 아니라 우리의 모범이기도 하셨습니다. 십자가를 지시는 그리스도의 발자취를 따르는 것은 그분의 제자라고 주장하는 사람들에게는 선택사항이 아닙니다(눅 9:23).

우리가 깨닫지 못하는 것은 그리스도께서 당하신 고난의 상당 부분이 언어적인 비난, 혹은 "죄인들이 이같이 자기에게 거역한 일을"(히 12:3) 감내하는 일이었다는 사실입니다. 주님의 기름 부으심을 받은 이들을 이기기 위한 사탄의 주요한 무기 중 하나는 속이는 말입니다. 베드로는 이 추악한 진실을 강조합니다. "그는 죄를 범하지 아니하시고 그 입에 거짓도 없으시며 욕을 당하시되 맞대어 욕하지 아니하시고 고난을 당하시되 위협하지 아니하시고 오직 공의로 심판하시는 이에게 부탁하시며"(벧전 2:22-23). "욕하지 아니하시고"로 번역된 동사는 책망받다, 모욕받다, 무례하게 언급되다, 혹은 거짓되게 고소를 당한다는 의미입니다.[22] 베드로가 신자들에게 "악을 악으로, 욕을 욕으로 갚지 말고 도리어 복을 빌라 이를 위하여 너희가 부르심을 받았으니 이는 복을 이어받게 하려 하심이라"(벧전 3:9)라고 권면할 때도 동일한 어원을 가진 단어를 사용합니다.

만약 예수님이 악을 종결하기 위해서 오셨다면, 왜 그분은 그와

---

22   "λοιδορέω, etc." in *Theological Dictionary of the New Testament*, ed. Gerhard Kittel, Geoffrey W. Bromiley, and Gerhard Friedrich (Grand Rapids: Eerdmans, 1967), 4:293-94.

같은 모욕을 조용히 감당하셨을까요? 이렇게 관용하시는 모습은 악을 대항하여 싸우는 거룩한 전사의 이미지와는 전적으로 반대됩니다. 악에 대하여 싸우기보다는 악에 굴복하는 모습으로 보이기도 합니다. 조나단 에드워즈도 이 문제를 알고 있었습니다. 그는 "많은 사람이 기독교적인 용기의 본성에 관하여 상당히 오해하고 있는 것 같다"라고 말하면서, 이 용기는 "잔인한 맹렬함이나 맹수의 담대함과는" 상당히 다른 것이라고 주장했습니다.[23] 반면에 에드워즈는 그리스도인의 능력은 최우선으로 자신을 통제하고 자신의 죄와 두려움을 정복하는 것을 통해서 드러나며, 다른 사람들을 정복하는 모습을 통해서 나타나지는 않는다고 말했습니다. 에드워즈는 다음과 같이 기록했습니다. "그리스도인의 용기가 우리 밖에 있는 대적들을 견뎌내고 그들에게 대항하는 모습으로 나타나기는 하지만, 우리 안에 있는 대적자들에게 저항하고 그들을 억제하는 모습을 통해 더욱더 분명하게 드러난다. 왜냐하면, 그들은 우리의 최악이자 최강의 대적들이며, 우리를 대항하는 데 가장 큰 이점을 가지고 있기 때문이다. 예수 그리스도의 좋은 군사가 가진 능력은 이 악하고 비이성적인 세상에 속한 모든 풍랑과 상처와 낯선 행위와 놀라운 행동과 사건들 속에서 거룩한 고요와 온유와 친절함을 한결같이 유지하는 것을 통해서 가장 잘 드러난다."[24]

---

23 Jonathan Edwards, *Religious Affections*, in *The Works of Jonathan Edwards*, vol. 2, ed. John E. Smith (New Haven: Yale University Press, 1959), 350.
24 Edwards, 2:350.

적대적인 불길 아래서 자기 절제와 견고함을 예수님보다 더 잘 실천할 수 있는 사람은 없습니다. 그리스도는 최악의 비판에 대해 최선으로 대응하는 법을 배울 수 있는 우리의 가장 좋은 모델이 되십니다. 우리가 복음 사역을 감당하면서 언어적인 공격을 당할 때, 우리의 마음과 정서와 의지는 복음서 속에 기록된 비판에 대한 그리스도의 반응을 닮아야 합니다.

어린양의 침묵

배신당하시고 붙잡히시고 친구들에게 버림받으신 후에 자신을 가장 적대하는 대적들로 이루어진 재판정에 끌려 오신 주 예수님은 자신을 향해서 거짓을 말하는 증인들에게 둘러싸이셨습니다(마 26:49, 55-61). 거짓말쟁이 둘은 이스라엘의 가장 신성한 장소인 성전을 파괴하겠다고 위협했다는 혐의로 예수님을 고발했습니다. 그들은 예수님이 자기 죽음과 부활을 예언하셨던 말씀을 왜곡하였습니다(요 2:20-22). 악의에 가득 찬 비판자들은 종종 우리가 긍정적인 의미로 했던 말을 사용하여 우리를 대항하는 무기로 삼습니다. 끔찍한 상황이었지만 그리스도는 그런 상황이 오리라는 것을 알고 계셨습니다. 어떤 이는 그리스도가 자신을 방어하기 위해서 탁월한 언변을 준비하셨을 것으로 기대했을 것입니다. 앞서 있었던 사두개인들과 바리새인들과의 충돌사건은 말씀으로 싸우는 전쟁에서 누구도 그분을 이길 수 없다는 사실을 보여주었습니다. 하지만 놀랍게도 예수님은 자신을 고발하는 이들의 면전에서는 침묵하셨습니다(마 26:63). 칼빈은 다음과 같이 기록했습니다. "희생제물로 지명되시기 전에, 그분은 자신을 방어하기 위한 모든 열망을 버렸습니다."[25] 그리스도의 마음은 오직 하나님의 뜻을 행하고 자신의 사명을 성취하는 일만을 생각했습니다. 그분은 이를 방해하는 모든 것을 거부하셨습니다.

온유의 옷을 입은 그리스도의 고난

산헤드린 공회가 예수님에게 사형을 선고했을 때, 재판정에 있던 사람들은 돌아가며 그분의 얼굴에 침을 뱉고 그분을 흔들며 때리고 조롱했습니다(마 26:67-68). 아침이 찾아왔을 때, 그들은 예수님을 본디오 빌라도에게 데리고 가서 자신이 왕이라고 주장했다는 죄목으로 그분을 고소했습니다. 그것이 제국에 대한 반역 행위라는 것이었습니다. 이 역시 지독하게 불공정한 행위였습니다. 왜냐하면, 예수님은 정치적인 권세나 이 땅의 왕권을 구하신 적이 전혀 없었기 때문입니다(요 6:15). 오히려 그분은 국가 권세에 합당하게 순복하셨습니다(마 22:21). 이런 중상모략은 그 시대에 있는 하나님의 왕국의 본질에 대해서 가르치신 전체 내용을 잘못 이해한 결과입니다(마 13장). 여기서도 예수님은 아무런 말씀을 하지 않으셨고, 이에 대해서 로마인 총독은 대단히 놀랐습니다(마 27:12-14). 빌라도는 자신이 처할 막다른 최후를 피하고자 스스로 방어하면서, 서로를 향해서는 최악의 범죄를

---

25 John Calvin, *Commentary on a Harmony of the Evangelists: Matthew, Mark, and Luke*, ed. William Pringle (Grand Rapids: Eerdmans, 1948), 3:255 (exposition of Matt. 26:62).

저질렀다고 열을 내며 고발하는 적들의 모습을 보는 일에 익숙했을 것이 분명합니다. 하지만 이 조용하고 평화로운 사람은 그런 혐의가 자신에게 주어지는데도 빌라도 앞에 침묵한 채 서 있었습니다. 빌라도는 이렇게 누구의 영향도 받지 않는 온유함을 어떻게 정의해야 할지 몰랐습니다.

하나님의 고난받는 종이라는 그리스도의 독특한 사명이 있었기에 그분이 처해있던 형편이 특별했다고 주장할 수도 있습니다. 하지만 그리스도가 하나님의 율법의 저주 아래서 당하셨던 영적인 고통은 독특하긴 하지만(갈 3:13), 그분이 당하셨던 사회적인 거부와 육신적인 고난은 비록 정도는 다양할지라도 그분을 따르는 이들도 함께 공유합니다. 언어적인 비난은 십자가를 지는 영역과 함께 찾아옵니다. 바울은 자신과 다른 사도들에 대해서 다음과 같이 기록했습니다. "모욕을 당한즉 축복하고 박해를 받은즉 참고 비방을 받은즉 권면하니 우리가 지금까지 세상의 더러운 것과 만물의 찌꺼기같이 되었도다"(고전 4:12-13). 그리스도는 자신의 나라가 의를 위하여 박해받은 자들에게 속하였다고 말씀하셨습니다. 자신을 따르는 자들에게 다음과 같이 경고하셨습니다. 사람들이 "나로 말미암아 너희를 욕하고… 거짓으로 너희를 거슬러 모든 악한 말을" 할 것이다(마 5:10-11). 악한 세상에서 경건한 삶을 살게 되면 반대를 받을 것이며, 사람들이 우리에 대해서 이야기할 것입니다(딤후 3:12). 그리스도는 우리가 짊어져야 할 십자가를 면제해 주시기 위해서 자신의 십자가를 참으신 것이 아닙니다. 그분은 우리가 자신의 고난에 동참할 때 어떻게 우리가 넉넉히 이길 수 있는지를 우리에게 보여주시기 위해서 십자가를 지셨습니다. 바로 우리가 하나님의 뜻을 행하고 우리의 부르심을 성취하는 것이 생명보다 더 중요하다는 사실에 대하여 증언할 때, 우리도 그리스도처럼 승리합니다(행 20:24).

그리스도가 갈릴리에서 오셨다는 사실을 알고 있던 빌라도는 그분을 팔레스타인 지방의 분봉왕 혹은 통치자였던 헤롯 안디바에게 보냈습니다. 헤롯은 예수님에게 많은 질문을 던졌습니다. 그분이 기적이라도 행하는 것을 보고 싶었기 때문입니다. 제사장들과 서기관들은 빌라도의 옆에 서서, 그리스도가 잘못된 행실을 했다고 강력하게 고소했습니다. 그런데도 예수님은 역시 아무 말씀도 없었습니다. 그래서 헤롯과 그 군인들은 그리스도를 조롱하고는 "빛난 옷을 입혀" 빌라도에게 다시 보냈습니다(눅 23:6-11).

예수님을 다시 돌려받은 빌라도는 예수님을 채찍질했습니다. 이는 심하게 채찍질하거나 후려쳤다는 말입니다(마 27:26). 그런 후에 빌라도의 군사들은 그분의 머리에 씌울 가시면류관을 만들고, 그분의 오른손에는 홀(scepter)의 의미로 갈대를 들고 있게 하였으며, 예수님이 입고 있던 옷을 벗기고 자줏빛 옷을 그분에게 걸쳤습니다. 그들은 비꼬는 말투로 그분을 "유대인의 왕"이라고 부르며 환호하기까지 했습니다(마 27:27-30). 이와 같은 악명높은 증오와 불의의 현장 가운데서도 예수님이 어떤 저항의 말씀을 하셨다는 기록은 보이지 않습니다. 그분의 침묵은 한 번 더 놀랍게 드러납니다. 예수님을 잡으러 왔던 유다와 그와 함께하는 자들은 그리스도가 "나는 있는 자니라(I am)"라고 말씀하심으로 그들을 뒤로 물러나 땅에 엎드러지게 하셨을 때, 그리스도의 왕적인 권능을 목격했습니다. 하지만 그때 그리스도는 어린양과 같이 순종하셨습니다. 그분은 스스로 체포되시고 묶이시며 침묵 가운데 빌라도를 포함한 여러 재판관에게 끌려가도록 허락했습니다. 빌라도 앞에서 그분은 놀랍도록 침묵을 지켰기에 빌라도 자신도 그 사실에 대하여 놀라지 않을 수 없었습니다. 그리스도는 침묵하시면서, "공의로 심판하시는 이에게" 끝까지 자신을 맡겼습니다(벧전 2:23).

우리도 역시 비판에 직면했을 때, 그것도 우리의 수입과 우리의 장래와 우리의 삶을 위협하는 비판에 직면했을 때, 그리스도의 온유한 인내에 대해서 묵상하면 얼마나 큰 용기를 얻을 수 있는지요! 바울은 데살로니가에서 핍박을 당하고 있는 성도들을 위하여, 주께서 "너희 마음을 인도하여 하나님의 사랑과 그리스도의 인내에 들어가게" 해달라고 기도했습니다(살후 3:5). "인내"로 번역된 단어의 문자적인 의미는 어려운 환경 속에서 견뎌내는 것입니다.[26] 바울은 하나님께서 어떻게 그리스도께서 인내로서 핍박을 견뎌내셨는지에 대해서 이 성도들이 시종일관 집중적으로 생각하도록 해주셔서 그들이 그리스도에 대한 믿음으로 말미암아 동일한 일을 할 수 있기를 위해서 기도하고 있습니다. 우리가 그리스도에 대한 믿음을 가지고 묵상할 때,

---

26 Johannes P. Louw and Eugene Albert Nida, *Greek-English Lexicon of the New Testament: Based on Semantic Domains* (New York: United Bible Societies, 1996), 307.

성령은 우리를 만나시고 우리가 다음과 같이 말할 수 있도록 해주십니다. "그분은 나를 위해서 고난 당하셨다. 그러므로 이제는 내가 그분을 위하여 이 비판을 감당할 것이다. 하나님은 자신의 아들을 신원해 주셨다. 그리고 그분은 언젠가 나도 역시 신원해 주실 것이다."

그리스도는 십자가에 달리고 난 후 죽음에 평안히 이르도록 허락되지 않았습니다. 그분은 자신을 둘러싼 무리의 격렬한 모욕을 받으셨습니다. 그들은 그리스도가 성전을 파괴하고 싶어 하셨다는 거짓된 고발을 반복했으며, 십자가에서 내려오라고 조롱했고, 다른 사람들의 구세주와 왕이 되실 수 있는 그분의 능력을 비웃었습니다. 그들은 자신도 모르게 시편 22편 8절을 성취합니다. "그가 여호와께 의탁하니 (여호와께서 그를) 구원하실 걸 그를… 건지실 걸 하나이다" 그리스도와 함께 십자가에 달렸던 두 강도도 그분을 향해서 동일하게 조롱하고 그분을 고발했습니다(마 27:39, 44). 베드로가 말했듯이, 여전히 그분은 욕을 당하시되 맞대어 욕하지 아니하시고 야유에 대하여 정죄로 응답하지 않으셨습니다(벧전 2:23). 그리스도는 하나님을 기다리며 자발적으로 자신의 생명을 내려놓으시는 가운데 묵묵히 고난을 당하셨습니다. 물론 하나님의 말씀이 성취되고 있다는 사실에 대해서 그분을 틀림없이 기뻐하셨습니다.

온유의 옷을 입은 그리스도의 능력

그리스도의 온유와 부드러움은 연약함의 표지가 아니고, 위대한 내적 능력의 표지입니다. 왜냐하면, 오직 강력한 영적인 전사만이 그런 도발 아래서 자신의 영혼을 다스릴 수 있기 때문입니다. 조나단 에드워즈는 모든 역사 가운데 기독교적 능력을 보여주는 최고의 예시는 핍박당하고 죽은 어린양이라고 주장했습니다.

하나님의 대적들과 싸우는 일에서 나타나는 거룩한 불굴의 용기가 무엇인가를 바르게 판단하기 위한 가장 직접적이고 확실한 방법은 하나님의 모든 천사들의 우두머리이자 우리의 위대한 지도자이며 모범이신 분을 바라보는 것이다. 그리고 그분의 용기와 용맹이 그분이 경험하신 가장 큰 갈등과 가장 큰 전투의 현장에서 나타났다는 사실을 보는 것이다... 의심할 바 없이 우리는 하나님의 대의에 있어서 한 거룩한 전사의 불굴의 용기가 가장 완전하고 찬란하게 그 빛을 발하는 것을 보게 될 것이다. 이 대장되신 분의 지휘를 받으며 그분을 따르는 군사들에게 적합한 모범도 바로 여기서 볼 수 있다.

하지만 그리스도께서 그 시간에 자신의 거룩한 담대함과 용맹을 나타내 보이셨는가? 어떤 맹렬한 격정도 보이지 않으셨다. 격정적이고 폭력적인 언사를 통해서 하신 것도 아니다. 그렇다고 대적자들의 용서할 수 없는 사악함을 열정적으로 부정하시거나 그들에게 합당한 말을 평범한 언어로 소리쳐 내뱉으신 것도 아니다. 오히려 그분은 어린 양으로서 도살자에게 가는 고난과 핍박을 당하실 때에도 입을 열지 않으셨다. 털을 깎는 자들 앞에 있는 양처럼 입을 열지 않으시고 침묵하셨다. 이때 그분은 자신을 잔인하게 대적하는 이들을 용서해 달라고 성부께 기도하셨다. 왜냐하면, 그들은 자신이 하는 일이 무엇인지 모르고 있었기 때문이다. 그리스도는 다른 사람의 피를 흘리는 것이 아니라 모든 것을 정복하는 인내와 사랑으로 자신의 피를 흘리셨다. 그분의 제

자들 중 한 사람, 곧 그리스도를 위하여 용기 있는 척하면서 자신은 그리스도를 부인하기보다 차라리 곧 그분과 함께 죽을 것이라고 확신 있게 말했던 그 제자는 칼로 병사를 공격했으나, 그리스도는 온유하게 그를 꾸짖으시고 그 제자가 낸 상처를 치료하셨다.

그리스도의 인내와 온유와 사랑과 용서가 그때보다 더 영광스럽게 드러난 적이 없었다. 또한, 그때 그분은 가장 어린양과 같이 나타나셨고, 비둘기 같은 그분의 정신이 가장 분명하게 드러났다. 그러므로 하나님의 백성들과 하나님에 대한 가장 폭력적이고 비이성적이며 사악한 반대 가운데서, 그리고 이 모든 유혹 속에서 어린양의 겸손과 침묵과 부드러움을 유지하고, 또 비둘기의 무해함과 사랑과 다정함을 유지하는 그리스도의 제자를 본다면, 우리는 바로 여기에 예수 그리스도의 좋은 군사가 있다고 판단하는 것이 지당하다.[27]

참으로 우리는 예수 그리스도 안에서 이사야의 예언이 성취된 것을 봅니다. "그가 곤욕을 당하여 괴로울 때도 그의 입을 열지 아니하였음이여 마치 도수장으로 끌려가는 어린 양과 털 깎는 자 앞에서 잠잠한 양같이 그의 입을 열지 아니하였도다"(사 53:7). 여호와의 고난 당하는 종을 보십시오! 온 세상의 죄를 짊어지고 가시는 하나님의 어린양을 보십시오! 만약 여러분이 그분을 따르고자 하거든, 그분의 은혜로 말미암아 여러분들도 마찬가지로 비판을 받는 중에 조용히 하

---

27 Edwards, *Religious Affections*, in *Works*, 2:350 – 51. 문단 구분은 독자들을 돕기 위해서 추가로 이루어졌다.

나님께 순종함으로 종과 어린양이 되는 법을 배워야 합니다.

사자의 포효

 그리스도께서 고난을 받으시는 동안 하셨던 말씀은 그분이 희생자로서 고난을 당하신 것이 아니라 승리자로서 고난을 당하셨음을 보여줍니다. 그리스도께서 이 땅에서 보냈던 마지막 시간 동안 말씀하셨던 모든 것을 다시 살펴보는 것은 우리의 목적이 아닙니다. 우리의 목적은 그분이 자신의 대적들에 대해서 어떻게 반응하셨는지에 관련된 특정한 말씀만을 살펴보는 것입니다. 앞서 언급했듯이, 그리스도께서는 우리의 죄를 위한 속죄 제물로 죽으셨기에 그분의 고난은 특별합니다. 하지만 그리스도의 고난이 특별한 또 다른 이유는 그 고난이 믿음으로 불의를 인내한다는 것이 어떤 의미인지에 대한 본보기가 된다는 사실입니다. 비록 시련을 겪는 동안 그리스도는 놀랍게도 침묵을 유지했던 것이 사실이지만, 중요한 지점에서는 말씀하셨습니다. 그분의 말씀은 우리가 비판에 직면했을 때 어떻게 말해야만 하는지에 대해서 가르침을 줍니다.

그리스도는 담대하게 자신을 주셨다

 유다가 병정 무리[28]와 함께 겟세마네 동산에 도착했을 때, 예수님

---

28 이 헬라어 단어는 일반적으로 육백 명으로 이루어진 로마보병대에 해당한다. 하지만 여기서는 특정한 임무를 부여받은 한 보병대의 일부분을 가리키고 있다. Leon Morris, *The Gospel according to John*, *The New International Commentary on the New Testament* (1971; repr., Grand

은 숨지 않았고, 이미 알고 있었음에도 누구를 찾느냐고 물으면서 그들을 만나기 위해서 걸어 나왔습니다. 그들이 "나사렛 예수"라고 대답하자, 그리스도는 그들에게 간단히 대답했는데, 이 대답이 얼마나 능력이 있었든지 마음이 강인한 군인들조차도 물러가서 땅에 엎드러질 정도였습니다. 그분이 뭐라고 대답했을까요? 문자적으로 보면, 그분은 "나는 있는 자니라(I am)"(요 18:5)라고 말했습니다. 예수님은 자신이 영원한 "있는 자"이신 주 하나님, 곧 "이제도 있고 전에도 있었고 장차 올 자요 전능한 자라"라고 선언했습니다(계 1:8, 출 3:14, 요 8:58). 잠시 그분의 신적인 본성의 영광이 발하였고 이는 그분의 대적들을 무기력하게 만들었습니다. 군중들은 도망치는 무식쟁이를 잡으러 왔으나 그들이 대면했던 것은 두려움이 없는 지존자였습니다.[29] 이 사악한 사람들은 영광의 주께서 그들과 함께 가시도록 강제할 수 없었습니다. 이는 그분을 죽이는 것보다 더 어려운 일이었습니다. 그리스도는 자신의 생명을 다시 얻기 전에 죽을 것이라고 말씀했던 대로, 자발적으로 자신의 생명을 내려놓았습니다(요 10:18).

우리가 강력한 대적들로부터 오는 악의에 찬 비난에 직면했을 때, 그리스도가 어떤 분이시며, 그리스도 안에 있는 우리가 누구인지 아는 힘을 가지고 우리도 그렇게 할 수 있습니다. 비록 세상은 우리를 악행을 하는 악마처럼 묘사하거나 우리의 가치를 깎을지라도, 우

Rapids: Eerdmans, 1992), 741.

29 Morris, 743 - 44.

리 주님께서는 위대한 "나는 있는 자니라(I AM)"가 되시며, 우리는 그분의 몸인 교회의 지체입니다. 우리의 사랑스러운 구세주의 뜻이 아니라면 누구도 우리를 해롭게 할 수 없습니다. 말로도 할 수 없기는 마찬가지입니다. 설령 우리가 순교자로 죽는다고 할지라도 그리스도 안에서 우리는 단순한 희생자가 아니라 언제든지 "넉넉히 이깁니다"(롬 8:37).

군사들이 잠깐 뿜어져 나왔던 신성한 영광을 본 충격에서 회복된 후에, 예수님은 자신이 누구인지 말씀하시고는 다시 다음과 같이 말씀하셨습니다. "(너희가) 나를 찾거든 이 사람들이 가는 것을 용납하라"(요 18:8). 그분은 자신이 곧 당하게 될 심한 고난에서 제자들을 보호하기를 원하셨습니다. 왜냐하면, 성부께서 그리스도에게 주신 이들 중에 하나라도 잃을 수 없었기 때문입니다. 베드로는 이 상황을 해결하려는 자신만의 생각이 있었습니다. 그래서 칼을 휘둘러 대제사장 종의 귀를 잘랐습니다. 하지만 그리스도는 베드로에게 칼을 칼집에 집어넣으라고 명령하시고는 자기 원수에 대한 놀라운 사랑을 보이시며 그 종의 귀를 치료해 주셨습니다(눅 22:51, 요 18:10-11).

그리스도가 두려움과 자신의 안전에 대한 근심에 휩싸여 있으리라고 예상될 때, 그분의 마음에서는 다른 사람들을 위한 사랑이 흘러 넘쳤습니다. 육신적인 위험은 말할 것도 없고, 비판도 우리에게 자기중심적인 생각이 들도록 마음을 위축시키는 경향이 있습니다. 우리의 세계는 우리가 가진 문제로 축소되어 버립니다. 우리는 인생이 너무 힘들다고 넋두리함으로써 우리의 이기심을 정당화합니다. 하지만 그리스도의 성령은 우리를 상하게 하는 자기연민에서 벗어나도록 도울 수 있습니다. 그분은 다른 사람의 필요에 우리가 관심과 노력을 줄 수 있도록 우리의 마음을 관대하게 하고 우리에게 그런 능력을 주실 수 있습니다. 우리가 보살피는 사랑하는 사람들이든지 아니면 우리의 대적들에도 마찬가지입니다. 여러분이 부당한 비판을 받을 때, 다른 사람을 사랑하는 일에 헌신함으로써 그 마귀에게 반격을 가하십시오. 여러분의 환경이 여러분을 다스리지 않도록 그리스도를 바라보십시오. 자기를 부인하는 사랑을 가지고 다른 사람들을 섬기는 일을 계속하십시오.

제가 두 번째 교회를 섬기던 어느 날 저녁에 교단 신학생이 되기를 원했지만, 거절당했던 학교 선생님이 저를 방문했습니다. 저는 그분이 제가 그 교회의 목사로 부임한 것에 대해서 질투하고 있다는 사실을 알고 있었습니다. 하지만 저는 그의 입에서 쏟아져 나오는 비판을 감당할 준비가 전혀 되어 있지 않았습니다. 그는 나의 모든 지식이 제 머리에만 있을 뿐, 제 마음에는 미치지 않았으며, 하나님의 백성들을 위로하기 위해서 개혁주의적이고 경험적인 설교를 하는 법을 알지 못하며, 저야말로 진정으로 양의 옷을 입은 늑대라는 말을 하였습니다. 요약하면, 제가 위선자이며 제가 목회 사역을 하는 것이 옳은지 심각하게 생각하는 것이 좋겠다는 것이었습니다. 당시 저는 그의 말에 압도되었음에도 최대한 온유하게 대응했지만, 그날 저녁에 그가 떠나고 난 다음에 저의 뇌리에서는 "그의 말이 옳으면 어떡하지?"라는 의문이 떠나지 않았습니다. 그날 밤 주님께서 "이는 그(빌라도)가 그들의 시기로 예수를 넘겨 준 줄 알았다"라는 마태복음 27장 18절 말씀을 통해서 저의 영혼을 잠잠하게 해 주시기까지 네 시간이나 씨름해야 했습니다. 나의 주님은 지금 내가 조금 경험하고 있는 것을 더 크게 경험하셨으며, 그분은 죄가 없음에도 끔찍한 시련을 당하고 버림받으셨다는 사실을 알게 되자, 은혜가 밀려와서 저는 평안한 쉼을 누릴 수 있게 되었습니다. 다음날 저는 하나님의 은혜로 말미암아 우리 교단의 학교 교사들에게 사랑을 가지고 말할 수 있게 되었습니다. 그 가운데는 저를 찾아와서 비난했던 분도 앉아 있었습니다. 그뿐만 아니라, 그날 행사 이후에 그분과 은혜롭게 대화를 나눴습니다. 감사하게도 몇 년 후에 그분은 저에게 전화를 걸어서 자신이 그런 방식으로 저를 비판했던 것에 대해서 용서를 구했습니다.

그리스도는 담대하게 불의를 드러내셨다

어린양과 같은 그분의 모든 침묵에도 불구하고, 주 예수님은 여전히 자신의 대적들의 악한 행위에 대하여 그들을 책망하는 일을 멈추지 않으셨습니다. 그분은 자신을 비난하는 자들을 향하여 이렇게 말씀하셨습니다. "너희가 강도를 잡는 것 같이 검과 몽치를 가지고 나왔느냐 내가 날마다 너희와 함께 성전에 있을 때에 내게 손을 대지 아니하였도다 그러나 이제는 너희 때요 어둠의 권세로다"(눅 22:52-53). 만약 예수님이 범죄를 저질렀더라면, 그분이 성전 마당에서 공개적으로 가르치실 때 왜 그분을 붙잡지 않았겠습니까? 그분을 붙잡은 시기를 보면, 그들의 시도가 불의하다는 사실을 보여주며, 그들이 어둠 권세의 영향력 아래서 움직이고 있음이 증명됩니다. 이에 대하여 필립 라이큰(Philip Ryken)은 다음과 같이 말했습니다. "그들은 비겁하게도 한밤중에 비밀리에 찾아왔다."[30]

나중에 대제사장이 그리스도의 가르침에 대해서 조사할 때, 그리스도는 만약 그들이 정말로 진리에 관해서 관심이 있다면, 자신의 가르침은 이미 공개적으로 알려졌고 쉽게 확인할 수 있다고 말했습니다. 그리스도는 정의에 대한 고대 유대인들의 원리에 호소했습니다. 바로 고소를 당한 사람은 재판정에서 자신의 무죄함을 증명할 필요가 없고, 그의 유죄는 반드시 증인들의 증언을 통해서 확립되어야 한다는 것입니다.[31] 예수님이 대제사장의 질문에 대하여 이와 같은 방식으로 대답한다는 이유로 한 관리가 그분을 쳤을 때, 예수님은 다음과 같이 말씀하시며 저항하셨습니다. "내가 말을 잘못하였으면 그 잘못한 것을 증언하라"(요 18:19-23). 다시 그리스도는 자신을 정의롭게 대하도록 요구하고 있었습니다. 그리고 이렇게 함으로써 그들의 진행 과정이 얼마나 불의한지를 강조했습니다.

고요하고 온유한 영혼은 우리가 불의에 저항하는 말을 막지 않습니다. 비록 우리가 우리를 고소하는 자들에게 분노하지 말아야 하고 종종 그들의 비판을 조용히 인내해야 하는 것은 사실이지만, 때때

---

30 Philip G. Ryken, *Luke,* vol. 2, *Chapters 13–24*, Reformed Expository Commentary (Phillipsburg, NJ: P&R, 2009), 519.

31 Morris, *Gospel according to John*, 755 – 56; George R. Beasley-Murray, *John, Word Biblical Commentary 36*, 2nd ed. (Nashville: Thomas Nelson, 1999), 324 – 25.

로 우리는 불의한 행위와 불법적인 과정에 대해서는 목소리를 높여야 합니다. 하나님의 종으로서, 우리는 사람들이 자신의 행위에 대해서 책임을 지도록 요청해야 하고, 진리로 그들의 양심을 압박해야 합니다. 그래서 그들이 자신의 죄에 대해서 깨닫고 회개하도록 해야 하며, 또 다른 사람들이 유사한 불의를 당하지 않도록 하기 위한 사회적이고 합법적인 전례를 마련하려고 노력해야 합니다. 우리가 이렇게 행동해야 하는 이유는 우리의 개인적인 복수심이나 우리의 생명을 우리의 부르심보다 더 사랑하기 때문이 아니라, 하나님에 대한 사랑과 동료들을 위한 관심 때문이어야 합니다. 사도 바울은 불의한 사법적 절차를 진행하는 위정자들을 대면했고(행 16:35-39), 자신이 붙잡혔을 때는 자신의 법적 권리를 주장했습니다(행 22:24-26). 이것은 그리스도를 닮는 것과 반대되는 것이 아니고, 열방에 정의를 주시려고 오신 예수님의 마음에 대한 표현입니다(사 42:1).

그리스도는 담대하게 자신의 위엄을 선언하셨다

그리스도는 또한 자신을 핍박하는 사람들 앞에서 자신의 참된 정체성에 대하여 훌륭하게 고백하셨습니다. 대제사장이 그리스도에게 하나님의 아들 그리스도인지에 관해서 물었을 때, 예수님은 이렇게 대답했습니다. "내가 그니라 인자가 권능자의 우편에 앉은 것과 하늘 구름을 타고 오는 것을 너희가 보리라"(막 14:62). 그리스도의 삶 가운데 바로 이 시점에서 이루어진 그분의 고백은 복음의 역설이 무엇인지 보여줍니다. 왜냐하면, 인간적인 관점에서 볼 때 그리스도는 "제

압당하셨고, 자신도 구원하지 못하셨기" 때문입니다. 하지만 정확하게 바로 이 지점에서 그분은 성육신하신 하나님의 아들이자 하나님의 기름 부으심을 받은 자로서 "최고의 통치를 하고 계십니다."[32] 본디오 빌라도 앞에서 그리스도는 자신이 군사력이 아니라 진리의 힘으로 전진해 나가는 영적인 왕국의 왕이라고 고백했습니다(요 18:33-37).

우리 주님의 발자취를 따라 비판을 받는다고 해서 우리가 예수 그리스도를 고백하지 못하는 일이 있어서는 결코 안 될 것입니다(딤전 6:12-14). 세상은 우리에게 그리스도에 대한 증언을 포기하라고 위협합니다. 하지만 우리는 "어린 양의 피와 우리들이 증언하는 말씀으로써" 세상과 마귀를 이깁니다(계 12:11). 비록 우리가 우리 개인을 향하여 중상모략하는 혐오스러운 이들을 조용히 인내해야 하지만, 우리는 담대하게 세상 앞에서 그리스도를 증언해야 합니다. 그리스도가 가장 약할 때 그러하셨듯이, 우리도 가장 약할 때라도 예수 그리스도가 최고의 주인이 된다는 사실을 주장해야 합니다.

그리스도는 아버지께 담대하게 기도하셨다

십자가 위에서 하신 그리스도의 일곱 마디 말씀은 잘 알려져 있습니다. 여기에서 이에 대한 자세한 주석을 다루지는 않겠습니다. 조롱

---

32 Walter W. Wessel and Mark L. Strauss, "Mark," in *The Expositor's Bible Commentary*, rev. ed., Tremper Longman III and David E. Garland (Grand Rapids: Zondervan, 2010), 9:959.

하는 군중들이 예수님을 향해서 수많은 분노의 말을 쏟아놓는 동안, 복음서들은 죽어가는 그리스도에게서 나온 그 어떤 대꾸도 기록하지 않고 있습니다. 대신 그리스도는 자신의 어머니와 회개하는 강도를 향해서 위로와 사랑의 말씀을 하셨고(요 19:26-27, 눅 23:43), 자신의 고뇌와 승리에 대한 소망을 표현하셨습니다(요 19:28,30). 또한 주님은 자신의 아버지께 원수들을 용서해 달라고 기도하셨는데(눅 23:34), 이는 죄인들을 향한 그분의 자비를 보여줍니다. 하나님은 그 진노하심이 모든 죽음보다 더 무서운 분이십니다. 바로 이 하나님께서 죄를 알지 못하는 그분을 우리를 위한 죄가 되도록 하셨던 그 가장 어두운 때에도(고후 5:21) 예수님은 시편에 나오는 말씀을 붙잡으시고(막 15:34, 눅 23:46),[33] 하나님에 대한 흔들리지 않는 신뢰를 보이시며 자신의 아버지께 부르짖었습니다.[34] 칼빈은 "비록 그가 난폭한 유혹의 격렬한 공격을 받았더라도, 그분의 믿음은 결코 흔들리지 않았다"라고 기록했습니다.[35] 그분이 가졌던 슬픔의 무게는 그분이 가졌던 하나님에 대한 믿음과 이웃에 대한 사랑 외에 그분의 거룩한 영혼에서 아무것도

---

33 Psalms 22:1; 31:5.

34 Calvin, *Commentary on a Harmony of the Evangelists*, 3:319 (마 27:46에 대한 주석). 칼빈은 다음과 같이 기록했다. "그리스도께서 우리를 만족시키시기 위해서는 그분께서 친히 하나님의 심판대 앞에서 죄인이 되시는 것이 필수적이었다. 그 진노가 모든 죽음보다 더 나쁜 바로 그 하나님께서 재판장이라는 것을 느끼는 것보다 더 두려운 것은 없다. 마치 하나님으로 자신을 대적하게 만들어서 자신이 이미 파멸의 대상이 된 것 같은 유혹이 그리스도께 주어졌을 때, 그분은 두려움에 사로잡혔다... 그리스도께서 자신의 육신과 영으로 우리의 정죄를 당하셔야 한다는 조건 하에 그분이 중보자의 직분을 담당하셨다고 생각하는 사람은 그분이 마치 범죄를 당하신 하나님께서 그분을 고난의 소용돌이 속으로 던져 넣으신 것 같은 죽음의 슬픔과의 씨름을 지속하고 계신다는 사실을 결코 이상하게 생각하지 않을 것이다."

35 Calvin, 3:321 - 23 (27:50에 대한 주석).

끄집어낼 수 없었습니다.

우리가 불의한 비판을 받고 우리의 인격에 대한 개인적인 공격을 당할 때, 우리는 기도에 몰두함으로 그리스도를 본받는 것이 옳습니다. 이런 기도는 유창하게 말할 필요가 없습니다. 그리스도께서 십자가에서 하신 기도는 아주 짧고 간단합니다. 깊은 고민 가운데 죽어가는 한 사람에게 어울립니다. 그뿐만 아니라 그분의 기도는 우리가 시편을 기도하도록 권면합니다. 칼빈이 말했듯이, 시편은 우리에게 기독교인들이 하는 경험의 온전한 해부도를 제공합니다.[36] 그리스도에게 그랬듯이, 시편은 육신과 영혼에 유익하며, 내적이고 영적인 고난뿐만 아니라 외적이고 육신적인 고난에도 유익합니다. 성령께서 주신 시편 기자들의 말씀을 통해서 우리는 깊은 곳에서부터 하나님께 부르짖고 애통해하는 법을 배웁니다. "여호와여 어느 때까지니이까"(시 13:1-2). 동시에 하나님을 신뢰하며 그분의 구원을 기뻐하는 법도 배웁니다(시 13:5-6). 시편은 신자들에게 소망과 힘을 주는 더 넓고 하나님 중심적이며 구속사적 관점에서 우리의 고난을 보도록 합니다. 자신의 버림받음에 대해서 찢어지는 마음으로 "나의 하나님 나의 하나님 어찌하여 나를 버리시나이까"라고 소리치며 시작하는 시편 22편조차도 하나님의 고통받는 자의 승귀를 통해서 하나님의 나라가 일어나고 성장할 것이며, 열방 가운데서 예배자들을 불러 모을

---

36 John Calvin, *Commentary on the Book of Psalms*, trans. James Anderson (Grand Rapids: Eerdmans, 1948), 1:xxxvii.

것이라는 확신에 찬 기대로 결론을 맺고 있습니다. 시편으로 기도하고, 시편을 찬송하십시오. 그러면 하나님께서 비판으로 인하여 아픈 여러분의 마음을 찬양으로 변화시키실 것입니다. "너는 여호와를 기다릴지어다 강하고 담대하며 여호와를 기다릴지어다"(시 27:14).

예수님이 그토록 끔찍한 고난을 당하는 것을 목격하고, 또 그분이 어떻게 반응하는지를 지켜본 후에 백부장은 감동을 받아 이렇게 말했습니다. "이 사람은 진실로 하나님의 아들이었도다"(막 15:39). 만약 사람들이 공정하지 않고 신랄한 비판에 대한 여러분들의 반응을 자세히 관찰한다면, 그들의 입에서 "참으로 이 사람은 하나님의 자녀구나"라는 말이 나올까요? 우리 모두는 넘어질 때가 너무나 많습니다. 하지만 참된 경건은 우리가 비판에 대해서 어떻게 반응하는지를 통해서 그 모습을 드러냅니다. 특히 우리의 비판자들과 우리의 하나님께 어떻게 말하는지를 보면 압니다. 그리스도가 성부를 신뢰했던 것처럼 우리도 하나님을 신뢰하는 가운데 십자가에 못 박혔던 메시아가 걸었던 길을 걸어갑시다. 성령께 의지하여 그리스도의 죽음과 삶이 우리를 통해 나타나서 온 세상이 그것을 보도록 합시다.

제2부

·

비판을
다루는
실제적인
원리

3. 비판을 현실적으로 받아들이라

목회 사역에서 주어지는 비판을 다룰 때는 현실에 대해 건강하게 인식하는 것이 필수적입니다. 지금 비판을 다루기 위한 실제적인 원리에 대해 시작하면서 우리가 생각해야 할 요점으로 이 내용을 제시한다는 것이 낯선 느낌이 들 수도 있습니다. 그럼 실제 현실과 언어적인 비판을 적절하게 수용하는 것 사이에는 어떤 관계가 있을까요?

목사들이 가질 수 있는 비성경적인 이상주의가 있습니다. 우리는 목회 사역을 낭만적으로 생각하고 우리가 신실하기만 하면 아무도 우리를 비판하지 않으리라 생각할 수 있습니다. 자신의 목사를 압도적으로 지지하고 긍정적으로 받아들이는 목가적인 이미지를 가진 회중의 모습을 마음 한가득 품고 있습니다. 이런 모습이 당연하지 않습니까? 어쩌면 더욱더 현실적인 경우로서 스스로 자신을 고상한 존재로 생각하여 잠재의식 속에서 우리가 정당한 비판을 받을 수 있는 범주에서 벗어나 있다고 생각할 수도 있습니다. 이와 같은 이상적인 관점을 가진 많은 목사는 다른 사람들이 발설하는 평범한 불만을 듣는 것만으로도 무너집니다.

이와 동일하게 비관주의도 위험합니다. 비관주의가 가진 부정적인 성향 때문입니다. 비관주의는 이상주의와 같이 위험할 뿐만 아니라 그처럼 비현실적이기도 합니다. 이 비관주의적 관점은 비판을 필수적인 악으로 봅니다. 목사가 이를 악물고 견뎌내야 하는 어떤 것으로 본다는 것입니다. 비판 속에는 아무런 선한 것이 없으며, 당연히 아무런 선한 것이 나올 수도 없다고 봅니다. 비판은 그 자체로 위협이기에 비관주의는 비판자들을 위협으로 여깁니다. 그 결과 비관주의는 우리를 비판하는 이들을 검게 칠한 채, 그들을 악인으로 만들어버릴 수 있습니다. 하지만 또 다른 형태의 비관주의도 가능합니다. 자신의 이미지에 대해서 지나치게 부정적 생각을 가지는 비관주의입니다. 이런 비관주의적 생각을 가지게 되면 작은 비판만으로도 우리는 절망에 빠질 수 있습니다.

우리는 종종 이상주의와 비관주의를 양극단의 대립하는 것으로 생각합니다. 하지만 어떤 특정한 방면에서 볼 때 이 둘은 서로 매우 유사한 모습을 가지고 있습니다. 이 둘은 모두 다 현실을 거부합니다. 둘 다 목회 사역과 우리 자신과 우리가 받는 비판을 비현실적으로 보는 것에서 비롯됩니다. 우리가 종종 이상주의와 비관주의 사이에서 갈팡질팡하는 모습을 보이는 이유가 바로 이 때문입니다. 우리의 경험과 우리가 가진 이상주의적인 기대가 서로 맞지 않을 때, 우리는 비관주의로 이끌리게 되고, 그 반대도 마찬가지입니다. 그 결과 목회에 대한 완전한 환멸이 찾아올 수도 있습니다.

만약 우리가 목회를 하는 가운데 비판을 다루어야 한다면, 반드시 이런 비현실적인 것들을 치워버려야 합니다. 우리는 반드시 비판을 현실적으로 수용해야 합니다. 그렇다면 어떻게 그럴 수 있을까요?

비판의 불가피성에 대한 현실주의

먼저 알아야 할 사실은 건설적이든 파괴적이든, 도움이 되든 되지 않든, 목회 사역의 영역에는 비판적인 말이 있기 마련이라는 것입니다. 목사가 비판을 피할 방법은 없다는 말은 결코 지나치게 비관적인 생각이 아니며, 오히려 현실과 부합되는 말입니다. 언어적인 비난의 표적이 되지 않았던 목사나 목회는 결코 있을 수 없습니다. 이 사실을 기억하는 것은 비난이 찾아올 때 그 비난을 다루기 위한 첫 번째 중요한 과정입니다.

옛말에 이르기를, "비난을 받지 않으려면 아무 일도 하지 말고, 아무 말도 하지 않고, 아무것도 되지 말라"라고 했습니다.[37] 복음 사역을 요약하면, 행하고, 말하고, 존재하는(being) 것이며, 특별히 이모든 것은 공개적인 방식으로 이루어집니다. 목사는 행정이든, 감독의 직무든, 아니면 심방이든 이 모든 다양한 직무를 자신의 회중들이 보는 가운데 수행합니다. 강단에서의 선포를 통해서든 아니면 개인적인 가르침과 상담을 통해서든 언제든지 목사는 자신의 성도들에게

---

37 Elbert Hubbard, *Little Journeys to the Homes of American Statesmen* (New York: G. P. Putnam's Sons, 1898), 370.

진리만을 말해야 합니다. 여기에 더해서 목사는 자신이 그리스도를 따르듯 성도들도 그분을 따르라고 인도하는 동시에 경건에서도 모범이 되도록 하나님께 부름을 받았습니다.

목사가 비판을 피할 수 없는 이유가 단순히 목사의 행동과 말과 존재가 공적인 본성을 가지고 있기 때문은 아닙니다. 오히려 말로 하는 비판을 피할 수 없는 이유는 죄가 존재한다는 비극적인 현실 때문이며, 사탄의 파괴적인 계책 때문이고, 자기 백성들을 성화시키려는 하나님의 목적 때문입니다.

비극적인 죄의 실재

현실은 목사들인 우리도 역시 죄인이라는 사실입니다. 우리는 행하고, 말하고, 존재할 때, 우리가 마땅히 사랑해야 하는 하나님과 성도들을 사랑하지 못하는 경우가 자주 있습니다. "우리가 다 실수가 많으니"(약 3:2). 우리는 자신의 이상과 평안을 구하는 이기적인 모습을 갖기 쉽습니다. 우리는 철저하게 그리스도와 같이 되기를 추구할 수도 있습니다. 하지만 피할 수 없는 우리의 불완전성과 우리의 지위가 가진 공적인 본성, 그리고 하나님께서 목사에게 요구하시는 경건과 변하지 않는 그 경건의 특징을 고려할 때, 주님과 그분의 백성들에 대한 우리의 헌신이 부족하기 때문에 우리가 비판을 당한다고 예상해 볼 수 있습니다. 사실 우리가 정직하게 자신을 본다면, 우리를 비판하는 사람들이라고 하더라도 우리를 충분히 낮추지 않았다는 사실을 깨닫게 됩니다. 그래서 스펄전은 다음과 같이 말했습니다. "형제여, 만약 어떤 사람이 당신을 나쁘게 생각한다면, 그에게 화를 내지 마십시오. 왜냐하면, 그 사람이 당신을 생각하는 것보다 당신은 더 나쁘기 때문입니다. 만약 그가 어떤 점에 대해서 거짓으로 당신을 고발하더라도, 만족하십시오. 왜냐하면, 그가 당신을 더 잘 안다면, 고발내용을 바꿀 것이기 때문입니다. 하지만 그 경우에도 당신은 이로 말미암아 어떤 이익도 얻지 못할 것입니다. 만약 당신이 자신의 도덕성을 초상화로 그렸는데, 그 모습이 추하거든, 그래도 만족하십시오. 왜냐하면, 그 초상화는 붓으로 겨우 몇 군데를 수정하면 되는 정도일 것이고, 그 그림은 여전히 진실에 더 가까울 것이기 때문입니다."[38]

저는 삼십 년 전쯤에 목회하면서 경험했던 어떤 특별한 사건을 통해서 이 사실을 뼈아프게 배웠습니다. 저의 설교에 강력하게 반대했던 교회의 한 장로는 저에 대하여 거짓될 뿐 아니라 명예를 심히 훼손하는 소문을 퍼트리기 시작했습니다. 그 소문은 찢어진 베개에서 나온 깃털이 퍼져 날리듯 우리 교단의 여러 교회에 퍼졌습니다. 저는 걱정과 근심으로 제 서재에서 이리저리 서성이기 시작했고, 기도하려고 했지만 그럴 수 없었습니다. 저는 화가 났고, 비통한 마음이었

---

38 Charles H. Spurgeon, "David Dancing before the Ark Because of His Election," *The Metropolitan Tabernacle Pulpit*, vol. 34 (Pasadena, TX: Pilgrim Publications, 1970), 361. 찰스 시므온도 유사하게 말했습니다. "내 대적이 나에 대하여 어떤 나쁜 말을 하든지 하나님께서 나에 대하여 행하시는 모든 것들을 그가 알았을 때 나를 평가했을 정도로 나에 대하여 나쁘게 말할 수는 없다." Derek J. Prime and Alistair Begg, *On Being a Pastor: Understanding Our Calling and Work* (Chicago: Moody, 2004), 278에서 인용함.

으며, 불안이 밀려왔습니다. 뭘 해야 할지 모른 채 저는 책장에서 한 권의 책을 꺼내고는 펼쳐 읽기 시작했습니다. 제가 겨우 한두 페이지를 읽어나가고 있을 때 그 책의 저자가 다음과 같이 말하는 것을 보았습니다. "비판하는 이들이 여러분에 대한 거짓된 소문을 퍼트릴 때 분노를 경험한 적이 있다면, 분노를 멈추고 생각하십시오. 여러분은 진정으로 하나님을 찬양해야 마땅합니다. 왜냐하면, 여러분의 대적은 여러분이 얼마나 나쁜 사람인지 제대로 모르기 때문입니다. 사실 그 소문이라고 해봐야 여러분의 마음 깊은 곳에 있는 여러분의 진짜 모습만큼 나쁘지는 않기 때문입니다." 영혼의 잠을 깨우는 이 모닝콜이 제 마음을 완전히 잠잠하게 만들었다고 말할 수 있으면 얼마나 좋겠습니까! 하지만 이로 인해서 제 마음에 있던 커다란 불안 덩어리가 사라졌다고 말할 수는 있습니다. 저는 하나님께 더욱 순종할 수 있었고 제 일을 계속해 나갈 수 있었습니다.

본성적으로 죄악되었다고 할 수는 없는 연약함을 우리의 죄악됨에 더하십시오. 그러면 여러분은 비판에 대처하는 비결을 가지게 될 것입니다. 목회적 의무에 속한 넓은 영역에 걸쳐 특출난 재능을 가지고 있는 사람들도 있지만, 누구나 한두 종류의 연약한 부분은 가지고 있기 마련입니다. 모든 목사는 특정한 분야에서 부족한 면모를 드러낼 것입니다. 상담에 은사를 가진 목사이지만, 가장 정확한 신학을 가진 신학자는 아닐 수 있습니다. 설교에 특별한 은사를 가진 목사가 대인관계로 고민할 수도 있습니다. 하나님의 지혜로 말미암아 그리스도의 양 떼를 치는 모든 목동(under-shepherd)은 약점을 가지고 있습니다. 우리의 죄와 더불어 이런 약점들도 얼마든지 비판의 대상이 될 수 있습니다.

하지만 비판은 우리의 죄악됨과 연약함에 대한 증거일 뿐만 아니라 우리의 신실함의 증거일 수도 있습니다. 어떻게 그게 가능할까요? 궁극적으로 죄 때문입니다. 그런데 이 죄는 우리 안에 있는 죄가 아니라 교회와 세상 안에 있는 죄입니다. 죄악된 육신은 하나님의 말씀에 따라 이루어지고 하나님의 성령을 통해서 힘을 얻는 목회 사역에 대해서 적대감을 드러낼 것입니다. 존 웨슬리는 언젠가 자신의 일기장에 자신이 하나님과 진정으로 바른 관계를 맺고 있는지에 대해서 의문을 제기한 적이 있습니다. 그 이유는 그날 하루 동안 누구에게도 비판을 받지 않았기 때문이었습니다. 만약 여러분이 마땅히 전해야 하는 하나님의 전체 경륜을 선포한다면, 여러분이 선언하는 진리가 타락한 인류에게는 공격적으로 들릴 것이므로 여러분은 비판의 표적이 될 수밖에 없습니다. 그러므로 사람들이 여러분에 대해서 대적하는 말을 하더라도 절대 놀라지 마십시오.

대단히 지혜로우시고 노련한 목사이신 어니 리싱거(Ernie Riesinger) 목사님이 저를 방문하셨던 일을 결코 잊을 수가 없습니다. 그분은 제가 목회지에 정착한 지 겨우 몇 년밖에 지나지 않았을 때 제게 질문을 했습니다. "어떻게 지내고 있어요?" 이에 저는 대답했습니다. "정말 모르겠어요. 목사님, 성도들은 저를 미워하거나 아니면 좋아하는 것 같습니다." 그러자 그 목사님은 손바닥으로 제 무릎을 치시면서 이렇게 말했습니다. "그거 잘됐네요. 그 말은 목사님이 목사님의 양 떼들에게로 들어가고 있다는 의미입니다. 만약 목사님이 그들에게 다가간다면, 목사님에게 중립적인 느낌이 들 사람은 거의 없습니다. 그들은 목사님의 메시지를 거부하거나 그 메시지가 그들의 영혼을 먹인다는 사실을 증언할 것입니다."

사탄의 파괴적인 계획

하나님의 첫 번째 비판자였던 그 뱀은 이 악한 시대에도 여전히 계속해서 속이는 일을 하고 있습니다. 하나님의 백성들을 파괴하려는 그의 전략은 변한 게 없습니다. 그는 하나님의 말씀을 포위합니다. 사탄은 실용주의자이므로 하나님을 대항하여 자신의 대의를 전진시키는 일이라면 무엇이든 합니다. 그렇다면 하나님의 말씀이 가진 진실성과 역동성을 뒤집고 방해하기 위해 그 뱀은 무슨 짓을 했습니까? 말씀 선포의 사명을 받고, 헌신한 사람들을 자주 약화시킵니다. 칼빈은 이렇게 설명합니다. "이것은 사탄의 계략으로서 사람들의 마음을 목사에게서 멀어지게 하여 목사의 가르침을 서서히 무시하도록 하려는 것이다. 그래서 순진한 사람의 명성을 부당하게 상하게 할 뿐만 아니라 (이는 영예로운 지위를 가진 사람들에 대한 대단히 비열한 행위이다), 하나님에 대한 신성한 교리의 권위를 약화시킴으로써 해를 끼친다."[39] 사탄은 만약 자신이 메신저를 약화시킬 수 있다면, 그 메시지

---

39 John Calvin, *Commentaries on the Epistles to Timothy, Titus, and Philemon,* trans. William Pringle (Grand Rapids, Eerdmans, 1948), 140 – 41 (exposition of 1 Tim. 5:19).

도 약화시킬 수 있다고 생각합니다. 하나님의 백성들이 자신들의 목사에 대하여 비판적인 마음을 가지고 있을 때, 그들은 그 목사가 전하는 하나님의 말씀에 대해서도 닫힌 마음을 가지게 될 것입니다. 바로 이것이 교회 안에 비판적인 영이 있을 때 겪게 되는 파괴적인 결과입니다. 사탄은 이를 잘 알고 있습니다.

교회에서 직분을 맡고 있는 우리들은 사탄이 특별히 주목하고 있는 대상입니다. 그 이유는 우리가 과거에 유용한 존재였다는 사실과 그리스도의 대의를 위하여 우리가 가진 잠재적인 가치 때문입니다. 목사들은 사탄의 주요한 공격대상입니다. 사탄은 우리에게 전쟁을 선포했습니다. 사탄은 자신의 무기고에 있는 모든 무기를 동원하여 우리의 목회 사역을 파괴하고 예수 그리스도의 복음을 부인하도록 할 것입니다. 칼빈이 말했듯이, 목회는 "쉽고, 하고 싶은 대로 할 수 있는 활동이 아니라 힘들고, 가혹한 전쟁입니다. 이 전쟁에서 사탄은 자신이 가진 모든 힘을 다 사용하여 우리를 공격하며, 우리를 방해하기 위해서 어떤 돌덩이라도 움직여 앞길을 막고 있습니다."[40] 리처드 백스터는 다음과 같이 더 강하게 말합니다. "사탄은 지휘관을 병사들의 눈앞에서 쓰러뜨릴 수 있다면, 그 군대를 물리칠 수 있다는 사실을 알고 있다. 만약 사탄이 여러분의 발과 손과 입술에 덫을 놓고, 여러분을 넘어뜨릴 수 있다면, 여러분의 군대는 흩어지고 말 것이다."[41]

---

40 John Calvin, *Commentary on the Gospel according to John*, trans. William Pringle (Grand Rapids: Eerdmans, 1949), 2:288 (exposition of John 21:15).
41 Richard Baxter, *The Reformed Pastor* (Edinburgh: Banner of Truth, 2001), 74-75.

사탄은 우리의 가장 약한 부분을 공격할 때 종종 비판을 통해서 그 일을 합니다. 훌륭한 낚시꾼과 같이 그는 우리의 식성에 따라 바늘에 끼울 미끼를 선정합니다. 언젠가 한 번 제 아들과 낚시 여행을 떠난 적이 있었습니다. 낚시를 시작한 지 오 분이 채 되기 전에 커다란 왕눈 물고기(walleye)를 낚아서 기쁘고 놀랐습니다. 이후에 몇몇 경험 많은 낚시꾼들은 제가 "오직 지렁이만을" 미끼로 사용하지 않았어야 했다고 저에게 말했습니다. 지렁이는 이 물고기에게 적당한 미끼가 아니었기 때문입니다. 그런데도 그 물고기는 쉽게 잡혔습니다. 영적으로 볼 때 우리는 훨씬 더 자주 제가 잡았던 왕눈 물고기와 같습니다. 어울리지 않는 미끼를 썼음에도 불구하고 쉽게 잡혔던 것입니다.

사탄은 사람들이 목회를 떠나게 하는 데 있어 비판이 강력한 수단이 된다는 사실을 알고 있습니다. 이와 같은 언어적인 적대감이야말로 목사들이 사임하는 주요한 이유 가운데 하나입니다. 그러므로 우리는 우리의 영적인 대적이 어떤 전략을 사용하는지 잘 파악하고 있지 않으면 안됩니다. 사탄은 우리가 포기하고 하나님께서 정해주신 위치를 버리도록 만들기 위해서 가능한 모든 형태의 비판을 가할 것입니다. 아니면 적어도 사탄은 비판을 사용하여 우리의 마음을 굳게 만들고 우리가 하나님의 백성들이나 우리의 고결한 부르심에 저항하도록 할 것입니다.

성화시키려는 하나님의 목적

하지만 우리가 비판을 피할 수 없는 이유가 단지 죄와 사탄 때문일까요? 목사들은 입으로 하는 비판을 피할 수 없다는 현실에 대해서 대체로 부정적으로 인식하고 싶은 유혹을 받을 수 있습니다. 하지만 빛 되신 주님께서는 이 모든 어둠조차 통치하고 계십니다. 우리들은 목사로서 비판을 예상할 수 있을 뿐만 아니라 그 비판이 필요하기도 합니다. 만약 우리 목사들이 전혀 비판을 받지 않는다면 어떨지 상상해 보십시오. 우리가 겸손이나 성화에 있어서 성장하며, 점점 더 그리스도를 닮고 있을까요? 아니면 교만과 자기충족감과 자기 의만 커지게 될까요? 본성적으로 교만한 우리의 마음에 대하여 약간의 지식이라도 가지고 있다면 이 물음은 그저 하나의 수사적인 질문일 뿐입니다.

우리를 목회로 부르신 바로 그 하나님은 우리가 목회에 있어서 더욱더 신실하고 또 열매 맺는 목회를 감당하는 사람이 되도록 하십니다. 이때 그분이 이 목적을 위해서 사용하시는 수단 중 하나가 바로 비판입니다. 여러분을 대적하는 그 비판이 정의롭든 불의하든, 혹은 건설적이든 파괴적이든, 아니면 그것이 사실이든 지어 낸 것이든, 하나님은 그 비판을 통치하시며, 여러분이 예수 그리스도의 영광을 위하여 그분을 닮도록 그 비판 속에서 역사하신다는 사실을 알 수 있습니다(롬 8:28-29). 앞으로 나올 여러 장(chapters)에서 우리는 비판 속에 존재하고, 비판을 통해 주어지는 하나님의 은혜의 결과들을 점검할 것입니다. 우선은 여러분이 비판을 피할 수 없는 궁극적인 이유가 전체적으로 보면 긍정적이라는 사실에 용기를 얻으시기 바랍니다. 여러분의 거룩하신 주님은 여러분의 삶과 목회가 아름답고 거룩한 빛을 발하기를 원하십니다.

우리는 목회에 있어서 비판을 피할 수는 없다는 현실에 대하여 건강한 관점을 가져야 합니다. 어쩌면 여러분들이 당장 언어적인 비판에 시달리고 있지 않을 수 있습니다. 그렇다면 평온한 시기를 주신 하나님을 찬양하십시오. 하지만 조만간 비판은 찾아올 것입니다. 죄가 비판을 만들어 낼 것입니다. 그뿐만 아니라 사탄은 이를 자극할 것입니다. 하지만 하나님께서는 자신의 목적에 맞게 이를 사용하실 것입니다. 그러므로 비판이 제기될 때 놀라지 마십시오.

비판의 출처에 대한 현실적인 인식

하지만 비판을 현실적으로 수용하기 위해서는 단순히 비판의 불가피성에 대해서 생각하는 것 이상이 필요합니다. 일단 피할 수 없는 비판이 찾아오면, 우리는 그 비판의 출처에 대한 성경적 현실주의를 가져야 합니다. 하지만 여기서도 낙관주의나 비관주의에 대한 유혹이 실질적인 위협으로 다시 등장합니다. 다른 사람들보다 부드러운 양심을 가진 사람들은 자동적으로 자신을 비판하는 이들이 주님의 책망을 전달하는 선지자일 것이라고 가정합니다. 하지만 아마도 우리 대부분을 대변하는 더 많은 비관적인 목사들은 자신을 비판하는 이들을 목회 사역에 해를 끼치려는 대적으로 여길 것입니다. 현실은 둘 다 진실일 가능성이 있습니다. 하지만 우리는 해결책을 찾으려 하기 전에 그 비판의 출처를 이해하기 위해서 노력해야 합니다. 비판에 직면한 상황에서 취하는 건강한 현실주의는 말로 비판하는 사람이 어디에서 온 사람인지에 대해서 먼저 고려할 것입니다.

비판자의 특징

여러분은 모든 비판하는 이들을 진지하게 생각해야 하지만, 우선적으로 스스로에게 내 비판자의 영적인 상태와 성격이 어떤지에 대해 물어야 합니다.

여러분의 비판자가 신자입니까? 불신자입니까? 예수님은 자신의 제자들을 불신 세상으로 파송하실 때 놀라우리만치 현실적이었습니다. "보라 내가 너희를 보냄이 양을 이리 가운데로 보냄과 같도다… 너희가 내 이름으로 말미암아 모든 사람에게 미움을 받을 것이나"(마 16:16, 22). 우리는 세상이 우리를 멸시할 것을 예상해야 합니다. 그렇기에 우리는 증오 섞인 말과 모욕적인 말을 듣게 될 것입니다. 불신자의 입술에서 나오는 비판은 그래도 정당하고 진실한 면이 있습니다. 하지만 그런 비판은 일반적으로 신앙을 고백하는 그리스도인에게서 받는 비판보다는 덜 심각합니다. 바로 이와 같은 이유로 시편 기자는 다음과 같이 말합니다. "의인이 나를 칠지라도 은혜로 여기며 책망할지라도 머리의 기름 같이 여겨서 내 머리가 이를 거절하지 아니할지라 그들의 재난 중에도 내가 항상 기도하리이다"(시 141:5). 그리스도에 대한 불신자의 본능적인 적대감과 신자가 성령의 역사로 말미암아 가지는 그리스도에 대한 사랑을 대조하는 일은 비판을 현실적으로 고려하기 위한 중요한 요소일 수밖에 없습니다.

만약 그리스도인이 그 비판을 가한다면, 그 비판자의 성숙도는 어느 정도일까요? 우리의 설교가 충분히 실제적이지 못하다는 비판은 그 비판의 출처가 누구이냐에 따라 다르게 수용될 것입니다. 만약 비판이 교리에 대한 욕구가 적고 교리의 실제적인 적실성에 대한 이해가 부족한 비교적 새신자에게서 온 것이라면, 여러분은 이 어린 그리스도인으로 인해 여러분의 설교를 바꾸는 방식보다는 그가 삶을 위한 성경적 진리의 중요성을 볼 수 있게 되도록 돕는 방식으로 반응해야 할 것입니다. 하지만 만약 그 비판이 여러분의 회중 가운데 하나님의 말씀에 대한 진실한 욕구를 가지고 있는 성숙한 신자에게서 나온 것이라면, 아마 그때야말로 여러분이 잠시 멈춰서 자신을 점검해야 할 때일 것입니다. 아마도 여러분의 설교가 지나치게 지적이거나 추상적일 수 있습니다. 그래서 하나님의 위대한 진리를 이 땅에서 살아가는 여러분의 성도들의 일상적인 삶에 붓는 일에 실패하고 있을 가능성도 있습니다.

만약 비판이 교회 안에서 나오고 있다면, 그 비판의 출처가 교회의 사역에 적극적으로 참여하고 있는 회원입니까? 아니면 교회의 방관자입니까? 제임스 테일러(James Taylor)는 이렇게 기록합니다. "비판하는 사람들은 보통 뒤에 물러서 예배에 대한 모든 호소에도 귀를 막고 있는 사람들이다."[42] 그런 사람들이 가하는 비판은 변화를 감수할 만한 가치가 없는 경우가 많습니다. 물론 이 말은 우리가 교회의 변

---

42 James Taylor, *Pastors under Pressure: Conflicts on the Outside, Conflicts Within* (Epsom, UK: Day One, 2001), 30.

두리를 서성거리는 사람들이 하는 말은 무시해도 좋다는 것이 아닙니다. 그런 이들에게서도 실질적인 가치를 가진 많은 조언을 얻을 수 있습니다. 그들이 주변부에 머물 수밖에 없는 이유가 아주 의미 있는 경우도 종종 있습니다. 많은 이들은 너무 지쳐서 그렇게 됩니다. 일반적으로 우리는 그런 이들을 찾아내서 큰 관심을 가지고 그들의 관심사를 들어줘야 합니다. 하지만 만약 비판자가 직분자이거나 아니면 평소에는 목사를 지지하는 활동적인 회원이라면, 여러분은 그들의 비판을 훨씬 더 심각하게 받아들여야 합니다. 그들의 비판 속에서 변화를 요구하는 어떤 진리를 발견하는 일이 자주 일어날 것이기 때문입니다.

비판자와의 관계

비판의 출처를 생각할 때, 우리가 그들과 어떤 관계 속에 있는지에 대해서도 생각해야 합니다. 일반적으로 비판자가 우리와 가까운 관계일수록 우리는 더 심각하게 그들의 비판을 고려해야 합니다. 우리가 살아가고 있는 이 인터넷 시대에는 우리를 한 번도 만난 적이 없는 사람들도 다소 경솔하고 성급하게 비판하는 경우가 있습니다. 여러분과 아무런 관계가 없는 사람을 말로서 저격하는 일을 얼마나 쉽게 행하는지 모릅니다. 우리가 개인적으로 알지 못하는 사람을 오해하거나 잘못 대변하는 일은 훨씬 더 쉽습니다. 그러므로 우리는 우리와 아무런 관계가 없는 사람들이 가하는 비판을 걸러서 들어야 합니다. 처음 교회를 방문한 사람이 말로 가하는 공격이나 소셜미디어에서 익명으로 주어지는 논평은 무게감이 거의 없습니다.

하지만 만약 가까운 친구나 가족이나 동료가 비판한다면, 여러분은 그들의 비판에 귀를 기울여야 합니다. 특별히 그들이 지금까지 우리의 목회 사역을 위해서 함께 싸우고, 적어도 지지했던 사람이라면, 더욱 그렇습니다. 여러분은 비판자와 얼마나 가까운 관계입니까? 그들은 여러분을 얼마나 친밀하게 알고 있습니까? 그 비판자는 지금까지 여러분이 추구해온 목회 사역에 대해서 얼마나 지지해왔습니까? 이 질문들에 대한 대답은 비판에 대한 여러분의 인식과 비판의 수용에 있어서 현실적인 태도를 가지도록 장려할 것입니다.

비판자들의 수

이와 더불어 우리는 그 비판이 얼마나 광범위하게 퍼져있는지도 물어야 합니다. 오직 한 사람만 비판하고 있습니까? 아니면 이와 같은 비판에 동조하는 이들이 더 많아서 다른 많은 사람들로부터도 역시 비판이 제기되고 있습니까? 마샬 쉘리(Marshall Shelley)는 다음과 같이 말합니다. "한 발씩 오는 총알은 무시해야 한다. 하지만 총알이 여러 방향에서 올 때에는 주의를 집중해야 한다."[43] 우리가 하나씩 오는 비판을 무시해야 한다는 것은 지나친 말입니다. 특히 우리의 양 떼 가운데 속한 양 하나로부터 오는 것이라면 더욱 그렇습니다. 하지

---

43 Marshall Shelley, *Well-Intentioned Dragons: Ministering to Problem People in the Church* (Carol Stream, IL: Christianity Today, 1985), 110.

만 핵심은 분명하게 드러납니다. 비판을 가하는 사람들이 많으면 많을수록 우리는 더 많은 관심을 가져야 한다는 것입니다. 비판의 범위를 결정하게 되면, 그 비판에 대하여 현실적으로 대응하는 데 도움이 될 것입니다.

우리는 일부 사람들이 제기하는 불평에 대해서 과잉대응하기가 쉽습니다. 물론 열다섯 명의 회중 가운데 세 사람이 제기하는 불평과 천 명의 회중 가운데 세 사람이 제기하는 불평은 다릅니다. 큰 회중이 있는 곳에서 소수를 위하여 변화를 수용하게 되면, 그 변화로 말미암아 만족하는 사람들보다 더 많은 사람을 자극하게 되는 일이 자주 있습니다. 제가 처음 목회 사역을 했을 때, 이 사실을 호되게 배웠습니다. 세 명의 여성들이 장로님들에게 찾아와서 그 교회 안에 있던 여성 그룹 가운데 한 그룹에 대하여 불평했습니다. 장로님들은 투표를 통해서 그 불평을 받아들이고 변화를 주기로 했습니다. 그러자 다음 장로회 모임이 열렸을 때, 열다섯 명의 여성들이 찾아와서 도리어 그 장로님들이 바꿨던 것에 대해 불평했습니다.

비판 뒤에 숨겨진 사실에 대한 현실적인 인식

비판의 출처와 긴밀하게 연결되어 있는 것은 그 비판 이면에 있는 이유입니다. 말로 하는 이 공격을 가하는 사람들의 동기와 의도는 무엇일까요? 특히 불의한 비판이 제기되는 경우, 이 사람의 삶에 일어난 어떤 싸움이 그 사람을 자극하여 여러분을 공격하도록 했을까요?

비판자의 동기

동기라는 것은 교묘한 것입니다. 심지어 가장 거룩한 그리스도인도 순수한 동기를 가지고 있지는 못합니다. 우리의 의도들은 항상 자신을 섬기는 자만심으로 고통을 당하고 있습니다. 우리가 비판을 현실적으로 수용하려면, 우리는 우리 비판자들이 가진 주요한 동기가 무엇인지 파악하기 위해서 노력해야 합니다. 그들이 궁극적으로 우리의 선을 추구하며 우리 목회가 선한 결과를 얻게 되기를 원합니까? 아니면 그들은 우리를 낙심시키고 사역을 파괴하려고 합니까? 일반적인 규칙으로서, 일단은 여러분을 향한 비판자들의 비판을 순수하다고 생각하십시오. 달리 생각할 수 있는 확고한 증거가 없다면, 그 사람의 주요한 동기가 선하다고 가정하는 것이 맞습니다.

단순히 비판자의 성격과 여러분이 그 사람과 가지고 있는 관계를 통해서 그 동기가 분별되는 경우도 많습니다. 만약 언어적인 비판이 가까운 친구이자 경건한 사람에게서 온다면, 일반적으로 그가 비판하는 이유는 여러분들이 잘되기 위해서입니다. 하지만 여러분이 비판자에 대해서 상대적으로 많이 알고 있지 않다고 하더라도, 그들이 가하는 비판을 통해서 그들 마음에 있는 동기를 분별하는 것도 가능합니다. 만약 화가 나서 비판하고, 절반의 진실만을 가지고 비판하며, 어떤 변화에 대한 소망도 없이 주어지는 비판이라면, 그 비판의 기저에 놓인 동기가 무엇인지 상당히 분명하게 드러납니다.

정확히 말하면, 바른 동기가 그 비판 자체가 바르다는 것을 보장하지는 못합니다. 하지만 선한 의도를 알게 되면, 우리는 일반적으로 비판에 대해서 더 열린 태도를 취할 수 있습니다. 우리의 사역을 더 강력하게 만들고자 하는 참된 소망을 품고 있는 사람에게 우리는 귀를 기울여야 합니다.

비판자의 씨름

하지만 악한 동기에 대한 증거가 있다고 하더라도 우리가 비판에 귀를 닫아도 되는 이유가 될 수는 없습니다. 우리가 불법적인 비판의 불화살 아래 있을 때는 우리 자신에게 초점을 맞추는 경향이 있습니다. 우리는 세심한 자기성찰의 희생양이 되거나 자기연민 속에 빠져들 수 있습니다. 하지만 복음은 우리를 비판하는 이들을 우리 자신보다 더 높이 여기고 존중하라고 합니다(빌 2:4-5). 비판을 받을 때 우리는 우리를 비판하는 이도 우리와 비슷한 것으로 씨름하고 있는 사람이라는 사실을 인식할 필요가 있습니다.

종종 파괴적인 비판은 우리에 대해서보다는 우리의 비판자에 대해서 더 많은 것을 알려줍니다.[44] 이러한 모습은 그 사람의 삶 속에 있는 더 깊은 질병이나 고뇌의 증상일 수 있습니다. 해결되지 않은 분노, 침체, 삶의 변화, 관계에 있어서의 좌절, 질투, 깨진 기대, 그리고 일에 대한 불만족과 같은 것들이 모두 다 비판의 뿌리가 될 수 있습니다. 우리가 이와 같은 언어적인 비난에 접했을 때, 우리는 "이 사람의 인생에서 어떤 일이 일어나고 있기에 이와 같이 상처를 주고

---

44 Leith Anderson, *How to Act Like a Christian* (Nashville: Abingdon Press, 2006), 75.

사실도 아닌 것들을 말하도록 하는지에 대해서" 물어야 합니다.

제임스 덴니(James Denney)는 다음과 같이 날카로운 주장을 하였습니다. "자연인은 잘못을 찾아내는 일을 좋아한다. 왜냐하면, 그는 우월감을 가질 때 편안함을 얻기 때문이다."[45] 이 사실이 나쁜 의도를 가진 비판자에게 해당할 때가 자주 있습니다. 허물을 찾는 일은 그들이 느끼는 양심의 가책이나 그들의 깨진 결혼 관계 혹은 그들이 처한 비참한 경제적 형편에서 시선을 돌리게 합니다. 또한 허물을 찾는 일은 하나님이 그들의 장로와 목사에게 주신 권위에 대한 반감을 더 크게 만들 수도 있습니다. 더 나아가서 허물을 찾는 일은 그들에게 있는 불안과 두려움을 다루는 방법일 수도 있습니다.[46] 어떤 경우이든, 파괴적인 비판은 언제나 그 비판자의 내면에 있는 더 깊은 문제의 증상입니다. 만약 우리가 이 사실을 현실적으로 수용하려면, 바로 그 더 깊은 곳에 있는 문제가 무엇인지 분별해야 할 필요가 있습니다.

눈을 뜨라

우리 자신과 우리의 목회 사역, 그리고 우리의 비판자에 대하여 잘못된 인식을 가지는 일보다 더 쉬운 일은 없습니다. 하지만 만약 우리가 하나님을 영화롭게 하고 비판을 인내하려면, 더 이상 이 비현실적인 허구의 세상에서 살아서는 안 됩니다. 우리는 우리의 눈을 열

---

45 James Taylor, *Pastors under Pressure*, 30 – 31에서 인용.

46 Daniel E. Miller, *When Others Make Your Life Difficult* (Berlin, OH: TSG International, 2014), 43.

어야 합니다. 우리는 비판을 피할 수 없다는 현실을 받아들여야 합니다. 우리는 우리의 죄를 인정해야 하고, 그 죄들에 비해서 우리가 얼마나 약한 존재인지 받아들여야 합니다. 그리고 우리는 비판이 어디에서 비롯되며, 왜 주어지는지에 대해서 생각해야 합니다. 무엇보다 우리는 모든 비판 하나하나를 사용하셔서 우리를 그리스도와 같이 만들어 자신의 계획을 성취하시려는 은혜로우신 하나님을 보아야 합니다.

4. 비판을 겸손히 받아들이라

"목사에게 가장 필요한 세 가지 은혜는 무엇일까요?" 이 질문에 대한 많은 답이 있을 수 있습니다. 하지만 아마도 어거스틴의 지혜에 필적할 만한 것은 없을 것입니다. 그는 "겸손, 겸손, 겸손"이라고 말했습니다.[47] 목사인 우리에게는 이 겸손의 은혜가 절대적으로 필요합니다. 이것은 우리가 언어적인 비판의 주요한 표적이 될 것이라는 사실을 생각하면 특히 그렇습니다.

하나님 앞에서 스스로 겸손하라

비판과 같이 우리의 마음을 여실히 드러내 주는 것은 극히 드뭅니다. 우리의 성격이나 평판이나 능력이나 사역에 의문이 제기되거나 폄하될 때, 바로 우리 마음의 상태가 드러나게 됩니다. 이것이 바로

---

47 Augustine, "Letters of St. Augustin," in *Nicene and Post-Nicene Fathers*, ed. Philip Schaff (Grand Rapids: Eerdmans, 1994), 1:445 – 46.

비판이 하나님께서 주시는 은혜로운 선물이라고 하는 한 가지 이유입니다. 비판은 우리가 얼마나 자기중심적인지를 드러냅니다.

겸손의 대적

우리는 본성적으로 교만합니다. 우리의 우주 중심에는 자아가 자리 잡고 있습니다. C. S. 루이스는 교만이 "다른 사람들보다 더 높은 위치에 있는 것을 즐거워하는 마음"[48]에 의해서 더욱 성장한다고 지혜롭게 말했습니다. 이것은 자기신화화(self-deification)의 한 형태입니다. 모든 죄가 가진 비극은 우리를 하나님에게서 등 돌리게 한다는 것입니다. 교만이 가진 이중적인 비극은 자신을 하나님보다 더 높은 곳에 올리기 위해서 우리를 하나님에게 대항하도록 만드는 것입니다. 교만은 하나님의 존재와 주권에 대하여 반대하고 도전합니다. 교만은 스스로를 하나님으로 치켜세우면서 만군의 여호와를 보좌에서 끌어내리고, 하나님이 더 이상 신이 되지 못하도록 하며, 자신이 그 자리를 차지하려고 힘씁니다. 교만은 하나님을 대적하며, 태어나서 죽을 때까지 자연스럽게 우리와 동행합니다. 그 어떤 부모도 자신의 자녀에게 교만해지는 법을 가르치지 않았습니다. 우리는 우리의 언약적 머리인 아담 안에서, 본래 우리가 아닌 것이 되고자 하는 교만한 욕망으로 말미암아 본래 우리의 모습으로부터 타락했습니다. 조지 스윈녹(George Swinnock)은 "교만은 영혼의 셔츠이며, 낙원에서 처음

---

48 C. S. Lewis, *Mere Christianity* (New York: HarperCollins, 1980), 122.

으로 입었고, 죽음을 통해서 최종적으로 벗어버린다"라고 말했습니다.[49] 우리는 자기중요성과 자기만족에 대한 거짓된 개념으로 말미암아 본능적으로 교만하며, 우리가 진정으로 누구인지에 대한 완전히 왜곡된 개념을 섬기고 보존하기 위해 우리가 할 수 있는 모든 것을 합니다.

이처럼 교만은 높은 기대를 하고 있으며, 그 기대에 만족할 줄 모릅니다. 교만은 온 세상이 자신을 찬양하고 흠모하기를 원합니다. 교만한 사람은 다른 사람들이 자신에 대해서 스스로 믿고 싶은 만큼 위대한 사람이라고 확증해 주기를 갈망합니다. 루이스는 이에 대해서도 다음과 같이 말합니다. "교만이 주는 즐거움은 가려운 것을 긁을 때 느끼는 즐거움과 같다. 만약 가려운 곳이 있다면 누구나 긁고 싶을 것이다. 하지만 훨씬 더 좋은 것은 가려움도 없고 긁는 것도 없는 상태이다. 우리에게 자기존중(self-regard)이라는 가려움이 있다면, 우리는 자기인정(self-approval)이라는 기쁨을 원할 것이다"[50] 자기존중이라는 가려움과 자기중요성(self-importance)이라는 가려움, 자기자격부여(self-entitlement)라는 가려움은 자기홍보(self-promotion)와 자화자찬(self-praise)을 통해서 긁어 주기를 기대합니다. 그러므로 우리는 자신에 대한 높은 기대 속에서 다른 사람들의 인정과 칭찬을 통해 대단한

49 I. D. E. Thomas, comp., *The Golden Treasury of Puritan Quotations* (Chicago: Moody Press, 1975), 224.

50 C. S. Lewis, *Letters of C. S. Lewis*, ed. W. H. Lewis (New York: Harcout, Brace and World, 1966), 256.

기쁨을 누립니다. 교만은 이처럼 우리의 가려운 바로 그곳을 긁어 줍니다. 하지만 여러분들도 분명히 경험했듯이, 사람들의 인정이라는 긁기는 그저 일시적인 만족만을 줄 뿐입니다. 가려움은 곧 다시 일어나게 될 것이고, 우리에게 새로운 성취와 칭찬을 다시 갈망하도록 만들 것입니다.

우리가 죽을 몸을 입고 있는 한, 교만은 우리 안에 깊이 뿌리박고 있습니다. 언젠가 조나단 에드워즈는 교만이 양파와 같다고 말한 적이 있습니다. 양파는 한 껍질을 벗기더라도 그 아래에 언제나 다른 껍질이 있습니다. 교만과 함께 찾아오는 것은 사람들의 인정에 대한 갈망입니다. 목회자라는 직분 자체는 영예와 권위의 자리이지만, 그런 것들은 이 문제와 관련하여 쉽게 덫이 될 수 있습니다. 찰스 브릿지스(Charles Bridges)는 이렇게 경고했습니다. "인간의 본성은 허망한 것에 유혹을 받지 않고서는 결코 분별력을 가질 수가 없다."[51] 우리는 교묘한 방식으로 우리 자신이 우리의 성도들보다 더 거룩하고 더 현명하고 더 중요하다고 믿습니다. 우리는 스스로 칭찬받을 만하고, 격려를 받을 자격이 있으며, 또 사람들에게 수용될 자격이 있다고 생각하면서 특권의식을 가지고 일할 수 있습니다. 그래서 우리는 그렇게 열심히 많은 일을 하는 것입니다.

우리에게 이러한 의식이 있다면, 비판을 통해서 유익을 얻을 수

---

[51] Charles Bridges, *The Christian Ministry with an Inquiry into the Causes of Its Inefficiency* (repr., Edinburgh: Banner of Truth, 1959), 154.

없습니다. 비판을 받게 되면 누군가가 우리라는 자기복합체(self-complex)를 공격하고 있다는 생각 때문에 분노하게 되거나, 아니면 우리 자신의 이미지가 사람들의 칭찬에 기초를 두고 있기 때문에 비판은 우리를 망가뜨리고 말 것입니다. 교만은 비판 앞에서 우리를 방어적인 사람이 되도록 만들거나 황폐하게 만들 것입니다. 하지만 많은 경우에 비판으로 인하여 이 두 가지를 다 경험하게 되기도 합니다. 교만이 우리에게 허락하지 않는 한 가지는 바로 비판을 바르게 수용하는 것입니다.

겸손의 적합성

비판을 바르게 수용하는 사람이 되는 유일한 길은 우리 안에 있는 세상적인 것들을 그리스도의 십자가의 능력으로 죽이면서, 겸손을 계발하여 그 깊이를 더해가는 것입니다. 우리가 오직 예수 그리스도만을 높이는 삶을 살기 위해서는 자신을 높이고자 하는 육신의 소욕을 반드시 매일 죽여 나가야 합니다. 교만이 가진 본성으로 인하여, 우리는 그리스도를 높이고 자신을 낮추고 심지어 자신이 소멸하도록 기도해야 합니다. 그리하여 참된 겸손이 우리 안에서 계발되고 우리의 악한 교만이 죽도록 해야 합니다. 교만은 기독교인들에게 어울리지 않습니다. 그러니 당연히 목사에게는 더욱더 어울리지 않습니다. 만약 우리가 진정으로 하나님과 우리 자신과 우리가 감당하는 목회 소명의 본질을 이해한다면, 우리에게 어울리는 것은 겸손하고 온유한 모습이라는 사실을 알게 될 것입니다. 왜냐하면, 영적인 겸손과 영적인 교만은 서로 반대되기 때문입니다. 그래서 스티븐 차녹(Stephen Charnock)은 "교만한 믿음이라는 말은 겸손한 마귀라는 말 만큼이나 모순되는 말이다"라고 말했습니다.[52]

우리가 자아를 과대평가하는 핵심적인 이유는 영광 가운데 계신 하나님에 대한 영적인 인식이 너무나 미약하기 때문입니다. 칼빈은 이에 대하여 다음과 같이 말했습니다. "사람은 하나님의 위엄 앞에 자신을 비교해 보기 전에는 결코 자신의 비천한 상태에 대하여 충분히 인식할 수 없다."[53] 하나님을 과소평가하면 자신을 과대평가하게 됩니다. 반대로 하나님에 대하여 높은 관점을 가질 때 우리 자신의 참된 상태를 보는 데 도움을 얻습니다. 하나님의 흠 없는 순결하심과 도덕적 공평성과 변함없는 사랑과 신실하심과 더불어 하나님의 초월하고, 자기충족적이시며, 영원하고, 불변하는 위엄에 대해서 묵상하는 것이 옳습니다. 자기홍보적인 교만의 바람이 빠지지 않으면 믿는 마음으로 일반계시와 특별계시 속에 나타난 하나님의 영광을 바라볼 수 없습니다. 존 파이퍼(John Piper)는 "겸손은 그림자와 같이 하나님을 따른다"라고 말합니다.[54] 사람이 살아계신 하나님과 진정으로 만나게 되면, 겸손이라는 은혜도 함께 하게 될 것입니다.

하나님에 대한 이와 같은 지식을 가지는 것이 우리 자신에 대한

---

52 I. D. E. Thomas, *A Puritan Golden Treasury* (Edinburgh: Banner of Truth, 1977), 223에 인용되어 있음.

53 John Calvin, *Institutes of the Christian Religion*, trans. Ford Lewis Battles, ed. John T. McNeill (Philadelphia: Westminster Press, 1960), 1.1.3.

54 John Piper, *Future Grace* (Sisters, OR: Multnomah, 1995), 85.

바른 지식을 가지기 위한 가장 확실한 방편입니다. 하나님의 무한한 엄위로우심을 인식할 때 우리 자신의 피조물로서의 유한성과 연약함을 볼 수 있습니다. 하나님의 거룩하고 순결하신 모습을 삼중적으로 볼 때, 우리는 우리의 상태가 비참한 형편이라는 사실과 우리 마음이 가진 자의적이고 고집스런 모습도 인식하게 됩니다.[55] 우리가 그리스도 안에 있는 하나님의 이해할 수 없는 사랑과 은혜를 누릴 때, 구세주가 없이는 소망이 전혀 없는 우리의 상태를 스스로 구속하는 일이 불가능하다는 사실을 인정합니다. 바로 여기에 우리의 본성적인 모습이 있습니다. 유한하고, 연약하며, 죄악되고, 제멋대로이며, 무능하고, 소망이 없는 상태입니다. 그런데 이러한 우리의 모습을 높이는 것이 과연 합당할까요? 우리와 같은 마음을 가진 사람이 거룩하고 흠이 없으신 하나님의 존전에서 어떻게 교만할 수 있겠습니까?[56]

폴 트립(Paul Tripp)은 "우리는 자기영광을 구하는 일에 집착하고 있는데, 그 이유는 우리가 거울을 볼 때, 내가 지금 영광을 받을만한 누군가를 보고 있다고 생각하기 때문이다"[57]라고 말했습니다. 여러분도 이와 같습니까? 그렇다면 하나님의 말씀과 하나님의 영광의 거울 속

---

55 *Overcoming Sin & Temptation*, ed. Kelly M. Kapic and Justin Taylor (Wheaton, IL: Crossway, 2006), 283. 존 오웬은 이렇게 기록한다. "자기 마음에 있는 악을 이해하는 사람, 곧 그것이 얼마나 나쁜지를 아는 사람은 유일하게 유용하고 유익하며 굳은 믿음을 가지고 있을 뿐만 아니라 순종하는 사람이다... 그러므로 우리의 마음을 지혜롭게 살피자. 그리고 우리가 우리의 은사와 은혜와 신자들 가운데서 받는 평가와 존경, 그리고 우리의 즐거움을 자랑하는지도 살피자."

56 Richard Mayo, "What Must We Do to Prevent and Cure Spiritual Pride?" in *Puritan Sermons 1659–1689: The Morning Exercises at Cripplegate* (Wheaton, IL: Richard Owen Roberts, 1981), 3:390.

57 Paul David Tripp, "More Highly Than You Ought," Paul Tripp Ministries, Inc. blog, February 3, 2015, https://www.paultripp.com/articles/posts/more-highly-than-you-ought.

을 들여다 보십시오. 거기서 자신이 본성적으로 어떤 사람인지 여러분의 진정한 모습을 보십시오. 여러분을 복음 사역자로 만들었던 은혜를 포함하여 모든 은혜와 은사는 하나님께로부터 옵니다. "누가 너를 남달리 구별하였느냐 네게 있는 것 중에 받지 아니한 것이 무엇이냐 네가 받았은즉 어찌하여 받지 아니한 것 같이 자랑하느냐"(고전 4:7). 본성적으로 파산한 사람들이 자신을 영화롭게 하기 위해서 노력하는 모습은 서로 어울리지 않습니다. 우리에게 속한 모든 선한 것은 값없는 은혜로 주어졌습니다. 하나님의 은혜는 자기영광을 구할 수 있는 여지를 남겨두지 않습니다. 왜냐하면, 은혜와 교만은 함께 거할 수 없기 때문입니다.

교만한 목사라는 말은 그 자체로 모순됩니다. 목사(minister)라는 말은 종(servant)을 의미합니다. 겸손한 그리스도와 교만한 그리스도의 종이라는 말은 서로 아무런 관계가 없습니다. 아브라함 부쓰(Abraham Booth)는 이렇게 말합니다. "여러분의 모든 일이 율법적인 것이 아니라 사역이라는 사실을 잊지 마십시오. 또한 여러분은 교회에서 주인이 아니라 종이라는 사실도 잊어서는 안 됩니다."[58] 그리스도를 따르는 사람이자, 목사인 여러분에게 하나님께서 주신 책무는 섬김을 받는 것이 아니라 섬기는 것이며 여러분의 생명을 여러분의 양들을 위하여 내려놓는 것입니다. 이와 같은 자기희생은 교만한 자기과시와

---

58 Abraham Booth, "Pastoral Cautions," in *The Christian Pastor's Manual*, ed. John Brown (repr., Pittsburgh: Soli Deo Gloria, 1990), 66.

는 반대되는 것입니다. 여러분의 목회 사역이 여러분을 위한 것입니까? 여러분의 이름? 여러분의 위로? 여러분의 영광을 위한 것입니까? 아니면 여러분의 가장 중요한 목회적 동기는 예수 그리스도를 하나님의 영광과 동일하게 높이고 이를 통해 교회를 세우는 것입니까? 오직 그리스도를 높이고, 종의 마음을 가진 겸손이야말로 목회 사역에 합당합니다.[59]

만약 여러분이 그 비판의 불길을 받을만한 사람이라면, 반드시 온유한 모습으로 대해야 합니다. 인생과 목회를 여러분을 위한 것으로 생각한다면, 여러분은 비평을 제대로 받아들이지 않을 것이며, 그 비평으로부터 제대로 된 유익을 얻지 못할 것이라고 확신합니다.

겸손의 축복

하지만 참된 복음적 겸손을 가진 사람은 단지 비판을 수용할 수 있게 될 뿐만 아니라 비판을 통해서 축복도 누리게 됩니다. 심지어 가장 부당하고 파괴적인 비판이라도 겸손한 영혼에게는 선한 영향을 끼칠 수 있습니다. "하나님은 교만한 자를 대적하시되 겸손한 자들에게는 은혜를 주시느니라"(벧전 5:5). 우리가 앞 장에서 살펴보았듯이, 하나님은 비판을 사용해서 우리의 모습이 더욱 예수 그리스도를 닮

---

59 *The Reformed Pastor*, ed. William Brown (repr., Edinburgh: Banner of Truth, 1974), 116. 리처드 백스터는 우리에게 다음과 같이 경고합니다. "교만은 사람들을 천국으로 이어진 겸손한 길로 반드시 인도해야 하는 이들에게 어울리지 않는 악덕입니다. 그러므로 우리가 다른 사람들을 그곳으로 데려갔을 때, 그 문이 우리들이 들어가기에 너무 좁지 않도록 주의를 기울입시다"

도록 만듭니다. 우리가 하나님 앞에서 겸손한 태도를 취할 때, 하나님은 우리가 가장 혐오스러운 비난마저도 수용할 수 있도록 은혜를 베풀어 우리를 성화시킵니다.

이 사실이 우리에게 얼마나 놀라운 격려의 원천인지요! 하나님에 대한 우리의 섬김이 성령의 역사로 말미암아 하나님을 향한 열정과 결합될 때, 우리는 우리의 삶과 사역에 임하는 하나님의 은혜와 축복을 확신할 수 있습니다. 심지어 사람들이 우리를 죽이려 달려들 때도 마찬가지입니다. 만약 살아계신 하나님이 우리를 위하신다면, 누가 우리를 대적하겠습니까? 성경과 교회의 역사를 공부해 보십시오. 그러면 여러분은 하나님의 분명한 축복을 누렸던 목회 사역들에도 종종 강력한 공격과 반대가 있었다는 사실을 알게 될 것입니다. 하지만 하나님의 축복은 어떤 사람도 막을 수가 없습니다. 그리고 하나님의 축복은 겸손한 사람과 함께 합니다. 브릿지스는 이렇게 쓰고 있습니다. "우리의 사역에 재능과 박식함과 파토스(pathos)의 도장이 찍혀 있어야 한다는 것은 별로 중요하지 않습니다. 그러나 우리 사역에서 겸손과 사랑의 풍미는 드러나야 합니다. 그러면 그 사역은 임마누엘의 영광을 나타내기에 가장 적합하고 그의 영의 나타남으로 인하여 가장 크고 영광스러운 사역이 될 것입니다."[60]

여러분은 비판에 대해서 건강하게 대응하기를 간절히 바랍니까? 여러분은 비판을 통해서 유익을 얻고 싶습니까? 여러분은 비판을 받

---

60 Charles Bridges, *Christian Ministry*, 154.

는 중에라도 성령의 능력으로 말미암아 여러분의 사역에 주어지는 하나님의 축복을 받기를 바라십니까? 형제여, 그렇다면 스스로 겸손의 옷을 입으십시오.

비판자 앞에서 겸손하라

겸손하게 비판을 수용하는 모습을 상상하면 연약하고 소심하여 항상 다른 사람들에게 이용만 당하는 어떤 사람의 모습이 떠오를 수 있습니다. 물론 지금 우리는 그런 모습을 옹호하려는 것이 아닙니다. 겸손은 어떤 특정한 힘과 확신의 향기를 발합니다. 이는 자기충족의 능력이 아닙니다. 겸손은 하나님의 충족하심과 그분의 은혜 안에 있는 확신을 품은 능력입니다. 참으로 겸손한 사람은 하나님을 두려워합니다. 그가 가지고 있는 비전의 지평에는 하나님의 위대하심이 스며들어 있습니다. 그뿐만 아니라 그런 사람은 은혜로운 언약으로 말미암아 자신이 하나님께 속해 있다는 사실도 알고 있습니다. 그 사람은 더는 자기 주인이 자기 자신이라고 생각하지 않습니다. 인생도 더 이상 자신을 위한 인생이 아닙니다. 그의 가장 중요한 목적은 하나님의 영광입니다. 그의 영혼은 하나님께 순종할 때 기뻐합니다. 그는 다른 어떤 것보다 하나님의 웃음을 귀하게 여깁니다.

이처럼 겸손하고 하나님을 두려워하는 확신은 쉽게 다른 이들의 먹이가 되는 약골이 아닙니다. 오히려 겸손은 자기절제와 다른 사람들을 향한 사랑을 가진 사람을 만들어 냅니다. 겸손하면 거짓된 자기인식과 이기적인 자기방어와 사람의 칭찬을 헛되게 추구하는 마음에서 벗어나게 됩니다. 팀 켈러(Timothy Keller)는 이와 같은 온유함을 "자기망각의 자유"라고 정의합니다. 그는 "참된 복음적 겸손이 의미하는 것은 스스로 자신의 모든 경험과 모든 대화를 자기 자신과 연결시키려는 시도를 멈추겠다는 의미이다. 사실 내 자신에 대해서 생각하는 것을 멈추는 것이다"라고 설명합니다.[61] 어린아이와 같은 겸손은 우리를 우리 자신에게서 해방하고 우리의 관심이 하나님과 다른 사람에게 고정되도록 합니다. 이러한 사실은 우리가 비판을 수용할 때 최소한 세 가지 방식으로 드러납니다. 바로 여러분의 귀를 기울이고, 여러분의 마음을 점검하며, 다른 사람을 참여시키는 방식입니다.

귀를 기울이라

첫째, 복음적인 겸손이 배어 있는 목사는 비판자들에게 귀를 기울입니다. 그는 비판자들의 비판을 주의 깊게 들을 것입니다. 대부분의 목사들에게 이 일은 결코 쉽지 않습니다. 우리는 말하는 일에 익숙합니다. 우리의 직무는 끊임없이 이어지는 설교와 가르침과 상담과 조언을 주는 일입니다. 우리는 그리스도의 대사로서 우리의 입을 사용하여 예수 그리스도의 탁월하심을 선포하고, 그분의 양들이 복음적 진리를 이해할 뿐만 아니라 그것을 자신의 삶에 적용하도록 돕는 일에 부르심을 받았습니다. 하지만 우리가 입으로 감당하는 이 모

---

61 Timothy Keller, *The Freedom of Self-Forgetfulness: The Path to True Christian Joy* (Leyland: 10Publishing, 2012), 32.

든 사역을 감당하면서 다른 이들의 말을 잘 듣지 않는 경우도 있습니다. 우리는 우리의 입으로 말하는 것에는 아주 뛰어나지만, 우리의 귀를 다른 사람들에게 빌려주는 일에는 익숙하지 못합니다. 제이슨 헬로파울로스(Jason Helopoulos)는 이 심각한 문제를 다음과 같이 표현합니다. "모든 목사는 아닐지라도 많은 목사가 범하는 분명한 잘못은 다음과 같다. 바로 남의 이야기를 잘 들으려 하지 않는다는 것이다. 사실 제 주변에 있는 이들 가운데서 목사들은 가장 다른 이들의 말을 잘 듣지 않는 사람 중에 속한다."[62] 많은 목사가 말하는 것에 너무나 익숙한 나머지 사람들의 말을 진정으로 들어준다는 것이 무엇인지 잊어버립니다. 만약 이런 모습이 일반적인 경우에 해당한다면, 비판하는 이들 앞에서는 얼마나 더 그렇겠습니까? 만약 우리가 우리의 양들이 우리를 높이 평가할 때조차 그들의 말에 귀를 기울이지 않는다면, 그들이 우리를 비판할 때는 얼마나 더 그들의 말을 들으려 하지 않을까요?

우리가 교만한 가운데 자기방어적인 모습을 취하면, 우리는 비판을 진정으로 듣고 이해하는 시간을 가지기 전에 종종 비판에 대해서 먼저 반응하게 됩니다. 잠언 18장 13절은 다음과 같이 경고합니다. "사연을 듣기 전에 대답하는 자는 미련하여 욕을 당하느니라." 여러분은 여러분을 비판하는 이들에게 대답하기 전에 그들의 말을 정말

---

62 Jason Helopoulos, *The New Pastor's Handbook: Help and Encouragement for the First Years of Ministry* (Grand Rapids: Baker, 2015), 100.

로 잘 듣습니까? 사실을 정확하게 파악하는 일에 실패하면, 불명예는 우리의 몫이 될 것입니다. 우리들은 목사로서 "듣기는 속히 하고 말하기는 더디 하며 성내기도 더디"(약 1:19) 할 필요가 있습니다. 비판을 받을 때 자제력을 발휘하면, 비판자들을 진정으로 한 인격체로 여기며 또 비판 자체도 귀하게 여기는 여러분의 겸손한 모습이 드러나게 될 것입니다. 드보라 리겔(Deborah Riegel)은 바로 이 지점에서 우리에게 도전을 줍니다. "만약 여러분이 지금 듣고 있다고 생각하는 그 사람보다 여러분 자신이 더 많이 알고 있다고 이미 믿고 있다면, 여러분은 듣고 있지 않은 것이다. 만약 여러분이 그에게 줄 조언을 먼저 생각하고 있다면, 여러분은 듣고 있지 않다. 그 이야기 중에 여러분의 믿음을 확증하는 부분만을 듣고 있다면, 여러분은 듣고 있는 것이 아니다. 그리고 만약 여러분이 이미 반박할 말을 생각하고 있다면, 역시 여러분은 듣고 있지 않은 것이다."[63]

듣는 일은 단지 우리의 귀가 수행하는 일이 아닙니다. 놀랍게도 듣는 것은 우리의 입이 하는 일입니다. 데이비드 마티스(David Mathis)는 다음과 같이 기록합니다. "잘 듣는 것은 통찰력 있는 질문을 끊임없이 만들어 낸다. 이것은 예–아니오로 대답하지 않고, 부드럽게 양파의 껍질을 벗기고 표면 아래 감춰진 것들을 조사한다."[64] 예를 들

---

63 Deborah Grayson Riegel, "The Crucial Body Part All Great Leaders Must Enhance," Fast Company, August 12, 2013, http://www.fastcompany.com/3015511/leadership-now/the-crucial-body-part-all-great-leaders-must-enhance.

64 David Mathis, "Six Lessons in Good Listening," Desiring God blog, April 3, 2014, https://www.desiringgod.org/articles/six-lessons-in-good-listening.

어, 한 교회회원이 여러분의 설교가 율법주의적으로 변했다는 염려를 표현했다고 생각해 봅시다.

- 비판이 혼동되고 분명하지 않을 때, 그 비판의 내용을 분명하게 하고 정의해 달라고 요청하십시오. "지금 '율법주의적'이라고 하신 말이 정확하게 무슨 의미인지 제가 이해할 수 있도록 도와주시겠습니까?" "제 설교가 이러한 방향으로 흘러간다고 처음 느낀 때가 언제였습니까?"
- 비판이 일반적이고 모호할 때, 더 구체적인 예시를 제공해 달라고 요청하십시오. "제 설교가 율법주의적이었던 구체적인 예를 저에게 알려 주실 수 있습니까?"
- 비판이 여러분이 고칠 수 있는 범위를 넘는다고 생각될 때는 해답도 달라고 요청해 보십시오. "어떻게 해야 이것을 고칠 수 있을까요?" "제 설교가 이런 오류를 범하지 않으려면 구체적으로 제가 어떤 것을 바꿔야 한다고 생각하십니까?"
- 만약 어떤 비판하는 내용이 근본적인 문제가 아닌 것이 분명하다면, 배후의 진짜 문제가 무엇인지 파악할 수 있는 질문을 던지십시오. "지금 우리가 이러한 문제점들에 관해서 이야기하고 있는데, 제 사역이나 삶에 있어서 당신에게 걱정을 끼치거나 기분을 나쁘게 하거나 상처를 주는 다른 어떤 것이 있을까요?"
- 만약 어떤 비판이 분명하게 잘못되었을 경우, 그 비판을 한 사람이 성경을 다시 살펴볼 수 있도록 하는 질문을 던지십시오. "그리스도인과 율법의 관계에 대해서 성경은 어떻게 가르치고 있습니까? 당신은 하나님에 대한 순종이 건강한 기독교에 있어서 필수적이라고 생각하십니까?"

질문들을 던지는 것과 더불어 비판을 요약하는 것도 도움이 될 수 있습니다. "제가 당신을 바르게 이해했는지 확인하려고 합니다. 지금

....라고 말씀하시는 건가요?"

이 모든 일을 하면서 우리는 반드시 우리가 질문하고 있는 것들을 생각할 뿐만 아니라 우리가 어떤 방식으로 그런 질문들을 하는지도 생각해야 합니다. 조급함과 실망감이 풍기도록 질문하는 방법이 있습니다. 특히 우리 목소리의 톤과 우리 몸의 태도에 있어서 그렇습니다. 하지만 비판자들이 질문을 은혜롭게 받게 되면, 이런 질문들은 우리가 정말로 그들의 비판에 대해서 진정으로 신경 쓰고 있다는 사실을 그들에게 보여줍니다. 그뿐만 아니라 이런 질문들은 그 문제와 비판에 대해 가장 잘 반응하는 것이 무엇인지 우리가 더 분명하게 이해하도록 도움을 줍니다.

우리가 겸손하게 듣는다면 처음에는 흥분했던 비판자들이 진정되는 효과도 누릴 수 있습니다. 목사의 아내인 루스 쇼(Ruth Shaw)는 이렇게 기록합니다. "나는 시간을 들여서 들어주는 것이 긴장된 상태를 상당히 완화시킬 수 있으며, 어떤 사람들은 단지 자신의 말을 들어주기를 원한다는 사실을 발견했다."[65] 우리가 즉각적으로 대화를 단절해 버리거나 반격하지 않는 것을 우리의 비판자들이 볼 때, 그들 스스로 진정되는 경우가 종종 있습니다. 우리가 진정으로 그들을 사랑하고 그들의 비판을 가치 있게 여긴다고 그들이 느낀다면, 우리가 어떤 반응을 하든지 그들에게는 그것을 귀하게 여기고자 하는 마음이

---

65 Ruth Shaw, "Forgiveness and Forbearance: Handling Criticism," in *The Minister's Wife: Privileges, Pressures and Pitfalls,* ed. Ann Benton (Downers Grove, IL: InterVarsity Press, 2011), 135.

더 많을 것입니다. 하지만 궁극적으로 우리가 비판자들의 말에 귀를 기울여야 하는 이유는 그 비판이 우리에게 주는 가치 때문이 아니라, 비판이 우리의 온유하신 구세주를 더욱 크게 드러내기 때문입니다.

마음을 점검하라

둘째, 겸손은 마음을 감찰하는 행위를 통해서 그 모습이 드러날 것입니다. 겸손한 목사는 자신이 약하고 오류가 있으며 죄인이라는 사실을 인정합니다. 그는 자신에게 비판이 필요하다는 사실을 이해합니다. 그는 모든 형태와 모든 크기의 비판이 다 하나님께서 그를 성화시키고 그의 목회를 더욱 강력하게 하기 위해서 사용하시는 위대한 수단 가운데 하나라는 사실을 알고 있습니다. 그러므로 그는 반응하는 데는 더디고 비판의 빛 아래서 자신을 점검하는 일에는 신속합니다.

여러분의 성도 가운데 한 분이 여러분이 반사회적이라는 타당한 우려를 표현할 때에 여러분은 어떤 형태로 자기 점검을 해야 할까요? 이에 대한 몇 가지 고려사항이 있습니다.

여러분의 행동에 대해서 점검하십시오.
- "나는 내 시간의 대부분을 공부에 쏟아붓고 있는가?"
- "나는 예배 이후에 그리고 한 주간동안 교제하는 시간에 적극적으로 참여하고 있는가?"
- "나는 다른 사람들을 정기적으로 집에 초대하여 접대하고 있는가?"
- "나의 목회 사역 가운데 성도들을 사랑하지 못하는 영역이 있는가?"

여러분의 강조점을 점검하십시오.

- "내 양들을 알고 그들과 관계를 맺어가는 일보다 연구하고 설교 준비하는 일을 더 강조하는가?"
- "교회의 행정적인 일이나 교단적인 의무 때문에 가정심방과 상담이 미뤄지고 있는가?"
- "이와 같은 영역들에서 균형이 갖추어진 모습은 어떤 모습인가? 내 목회 사역이 이 균형을 잘 나타내고 있는가?"

여러분의 말투(tone)를 점검하십시오.

- "사람들이 나를 부를 때, 나에게서는 친절한 온기가 풍기는가, 아니면 짜증나는 불평의 기운이 풍기는가?"
- "모임이나 상담시간에 나는 다른 사람에게 집중하면서 그들에 대하여 진정으로 즐거워하는 모습을 보이는가 아니면 계속해서 시계나 들여다보고 있는가?" 삼십 년 전에, 한 교구 성도는 이와 관련한 귀중한 교훈을 가르쳐 줬습니다. 제가 한숨을 쉬면서 전화를 받았을 때, 전화 속에서 이런 목소리가 들렸습니다. "목사님, 왜 한숨을 쉬시나요? 제가 그렇게 목사님을 성가시게 했나요?" 순간 저는 제가 가졌던 잘못된 생각을 깨닫게 되었습니다. 저는 연구가 제 사역에서 가장 중요한 부분이라고 여기고 있었습니다. 그리고 제 교구 성도들을 성가신 존재로 취급하고 있었던 것입니다. 실제로는 사람들이 먼저이고, 그들은 결코 성가신 존재가 아닙니다.

여러분의 동기를 점검하십시오.

- "나는 왜 그토록 많은 시간을 연구실에서 보내는가? 내가 나의 양 떼를 보살피는 최선의 방법이 연구라고 생각하기 때문인가? 아니면 내 자신을 위한 목적 때문인가?"
- "나는 사람들보다 책을 더 사랑하는가?"

여러분의 성품을 점검하십시오.

- "하나님께서 만들어 주신 내 모습이 이 비판을 받는 데 어떤 역할을 하는가?"

- "내가 내성적이라는 사실이 비판을 수용하고 반응해야 하는 것에 어떤 방식으로든 변화를 주는가?"

이와 같은 마음에 대한 점검은 순간적인 열정으로 이루어질 수 없습니다. 점검을 위해서는 시간이 필요하고, 조용한 반성이 요구되며, 어느 정도의 감정적인 안정감도 있어야 합니다. 만약 그 비판이 부분적으로나마 합법적이고 진실한 것이 될 가능성이 있다면, 비판을 한 사람에게 이를 다룰 수 있는 하루 이틀 정도의 시간을 달라고 요구하십시오. "의인의 마음은 대답할 말을 깊이 생각하여도 악인의 입은 악을 쏟느니라"(잠 15:28).

비판의 내용에 비추어서 자신을 점검하는 일과 더불어 우리는 비판의 상황을 고려하여 자신을 살펴야 합니다. 내가 이 비판을 어떻게 대응하고 있는가? 내 마음에 어떤 일이 벌어지고 있는가? 나는 기도하며 대응하는가? 나는 방어적이고 화가 나 있는 상태는 아닌가? 비판으로 인하여 비판하는 그 사람에 대한 비판적이고 원망하는 영이 마음속에서 불타오르고 있는가? 시선을 맞추는 것이나 얼굴 표정, 그리고 손짓이나 태도와 같은 몸짓을 통해서 나는 나의 비판자에게 어떤 메시지를 전달하고 있는가? 이 문제를 더욱 심각하게 만드는 어떤 말을 하거나 질문을 하지는 않았는가? 우리는 이러한 질문들뿐만 아니라 수많은 다른 질문들을 하되, 이를 겸손하게 비판을 수용하는 우리의 능력을 기르는 수단으로 여겨야 합니다.

다른 이들을 포함시키라

셋째, 비판을 겸손히 수용하기 위해서 다른 사람들의 도움을 구해야 합니다. 우리가 현재 상황에 대해서 제한된 이해를 하고 있다는 사실과 우리가 종종 자신에 대하여 잘못 인식하고 있다는 사실을 느낄 때, 우리는 우리 삶에 있는 경건한 남성과 여성들의 조언을 구해야 합니다. 겸손한 목사는 자신의 잠재된 잘못을 성숙하고 믿을만한 동료들에게 드러내기를 원합니다.

하지만 바로 이 지점에서 대단한 주의가 필요합니다. 이 문제에 대한 도움을 구할 때, 올바른 사람들에게 찾아가는 것이 중요합니다. 단순히 여러분이 듣기 좋아하는 말을 해줄 사람과 비판에 대해서 나누지 말고, 여러분이 들어야 할 말을 해줄 수 있는 사람들과 고민을 나누십시오. 또한, 남 이야기하는 것을 좋아하는 사람들이 여기에 개입하지 않도록 하시고, 비밀을 철저하게 지킬 수 있는 사람과 함께 하십시오. 비판에 직면했을 때, 종종 여러분의 아내가 이 문제를 함께 나누기에 최선의 동료가 될 수 있습니다. 우리의 아내들은 우리를 알 뿐만 아니라 우리에 대해서 깊이 염려하는 사람들이기에 우리에게 정직하게 조언해 줄 수 있습니다. 믿을만한 친구나 동료 목회자 혹은 다른 교회의 장로도 역시 큰 도움이 될 수 있을 것입니다.

우리는 스스로 바른 동기를 가졌는지도 주의를 기울여야 합니다. 왜 우리는 다른 이들을 이 일에 포함시키려고 합니까? 우리를 비판하는 사람을 험담하는 것이 목적입니까? 그래서 지금 우리가 처한 상황에 대해서 기분전환을 할 수 있어서입니까? 아니면 우리를 잘 아는 누군가로부터 이 문제에 대한 새로운 시각을 얻을 수 있기 때문입니까? 우리는 오만한 마음으로 자신을 변명하려는 동기에서 그렇게 하기가 쉽습니다. 그 결과 비판하는 사람에 대한 험담이나 늘어놓게 됩니다. 하지만 진정으로 겸손한 목사는 자신에게 가해지는 비판이 진실을 어느 정도 포함하고 있는지 분별하기 위해 다른 이들에게 도움을 구합니다.

여러분이 신뢰하는 이들에게 접근할 때, 먼저 여러분이 받은 비판을 그들과 나누십시오. 그 비판을 분명하고 정직하게 설명하십시오. 둘째, 그 비판에 대한 여러분의 생각을 나누십시오. 또한, 여러분이 생각하는 최선의 대응법이 무엇인지 나눠야 합니다. 셋째로 그들의 견해를 말해달라고 요청하십시오. "이 비판에 대해서 내가 제대로 생각하고 있는 것입니까?" "제 생각이 이 비판에 대한 최선의 방법입니까? 아니면 더 좋은 방법이 있을까요?" 그러면 종종 여러분이 신뢰하는 그 동료는 여러분이 미처 생각하지 못했던 몇 가지 귀중한 제안을 줄 것입니다. 이런 조언은 참으로 귀하고 앞으로의 목회 사역 가운데 경험할 수 있는 많은 고민거리에서 여러분을 구할 수 있습니다.

겸손한가?

비판을 다루는 문제에 있어서 겸손보다 더 필요한 덕목은 없을 것입니다. 예수님은 자신을 잊고(self-forgetting) 다른 사람들을 향한 모습을 보여준 완전한 모범입니다(빌 2:5-8). 또한, 그분은 자신의 온유한 발걸음을 따랐던 사람들에게 영원한 축복을 선언하셨습니다(마 5:5).

여러분은 온유합니까? 여러분의 영혼은 겸손이라는 복음적 겉옷을 입고 있습니까? 마틴 로이드 존스가 했던 예리한 말씀의 빛을 통해 자신을 점검하시기 바랍니다.

온유한 사람은 자신을 자랑스러워하지 않습니다. 그는 절대로 자신을 자랑하지 않습니다. 그는 자신 안에 자랑할 만한 것이 전혀 없다는 사실을 느낍니다... 자, 이에 대해서 더 생각해 보겠습니다. 온유한 사람은 심지어 자신에 대해 예민하게 반응하지도 않습니다. 그는 항상 자신과 자신의 관심사만을 바라보지도 않습니다. 그는 언제나 방어적인 태도를 취하지 않습니다. 우리는 이에 대해 다 알고 있지 않습니까? 이처럼 자아에 대한 예민한 모습은 타락의 결과로 삶에 주어진 가장 큰 저주들 가운데 하나가 아닙니까? 우리는 평생토록 우리 자신을 주시하며 살아갑니다. 하지만 사람이 온유해지면 이 모든 것을 중단합니다. 그는 더 이상 자신에 대해서, 그리고 다른 사람이 자신에 대해서 하는 말에 대해서 염려하지 않습니다. 진정으로 온유한 사람이 된다는 것은 우리가 더 이상 우리 자신을 보호하지 않는다는 말입니다. 왜냐하면 우리는 우리 안에 방어할만한 것이 없다는 것을 알기 때문입니다. 그러므로 우리는 방어적인 태도를 취하지 않게 됩니다. 이 모든 것이 사라집니다. 진정으로 온유한 사람은 결코 자기 연민에 빠지지 않습니다. 그는 스스로 딱하게 여겨서 풀이 죽는 일이 없습니다. 그는 결단코 자신에게 다음과 같이 말하지 않습니다. "너는 지금 힘든 시간을 보내고 있어. 이들이 너를 이해하지 못하니 얼마나 불친절한 사람들인지 몰라." 그는 결코 이렇게 생각하지도 않습니다. "다른 사람들이 나에게 기회를 주기만 한다면 내가 진정 얼마나 놀라운 사람인데 말이야" 자기연민입니다. 얼마나 많은 시간과 세월을 이런 일에 낭비하고 있는지요! 하지만 온유한 사람은 이 모든 것들을 끝냈습니다… 사람이 진정으로 자신의 모습을 볼 때, 그는 누구도 그에 대해서 너무 나쁘게 이야기할 수 없다는 사실을 알고 있습니다. 여러분들은 사람들이 말하거나 행동하는 것에 대해서 걱정할 필요가 없습니다. 여러분은 자신이 이 모든 말과 행동을 받을만하고, 아니 그 이상의 것도 받아 마땅하다는 것을 알고 있습니다… 참으로 온유한 사람은 하나님과 사람이 자신을 그렇게 생각하고, 자신을 그렇게 대할 수 있다는 사실에 대하여 오히려 놀라는 사람입니다.[66]

겸손이 가진 능력과 유익을 보여주는 좋은 예시를 하면서 이 장을 마치도록 하겠습니다. 몇 년 전에 우리 자매교회에 출석하고 있던, 다루기 어려웠던 한 회원의 이야기입니다. 그는 교회 안에 분열의 씨앗을 뿌리고 있는 죄악 되고 비판적인 정신(spirit)에 대하여 회개하도록 인도하려는 장로들의 노력을 교만한 마음을 품고 차례로 퇴짜를 놓았습니다. 회개를 거부할 뿐만 아니라, 이 회원은 자신을 심방했던 각각의 장로들을 모욕했습니다. 사실 그는 뻔뻔스럽고 불쾌한 사람이었습니다. 최종적으로 장로들은 이 문제를 일으킨 장본인에 대해서 교회에서 주는 권징의 첫 번째 공적 단계를 진행할 것인지 의논하기 위해서 모였습니다. 논의하는 동안, 이 회원을 심방하지 않았던

---

66 D. Martyn Lloyd-Jones, *Studies in the Sermon on the Mount* (London: Inter-Varsity Fellowship, 1959), 1:69.

유일한 장로가 공적인 권징을 주기 전에 자신도 그를 방문하는 게 어떨지 물었습니다. 다른 장로들은 그의 의견에 동의했습니다.

그 회원이 장로들과 교회를 비난하기 시작하고, 그를 마지막으로 심방했던 장로까지 비판할 때, 이 경건하고 겸손한 장로는 자리에서 일어나 화가 난 그 회원에게로 걸어가서 문자 그대로 그 사람 앞에서 바닥에 엎드렸습니다. 그는 엎드린 채로, 겸손하고 탄원하는 목소리로 말했습니다. "친애하는 친구이자 형제여, 나는 당신이 우리 형제 장로들을 비난하거나 당신이 계속해서 죄를 범한다는 말을 듣는 것보다 차라리 나를 밟고 지나가는 것이 더 낫습니다. 제발 일어나서 나를 밟고 지나가시오. 나를 카펫처럼 밟으십시오. 당신이 영원토록 당신의 영혼에 상처를 주거나 당신의 비판으로 교회를 훼방하는 것보다 차라리 당신이 나에게 육신적인 상처를 주는 것이 더 좋겠습니다."

이 친애하는 장로의 진정한 겸손은 이 반역적인 사람의 죄를 깨닫게 했습니다. 그는 바닥에 눈물을 쏟으며, 그 자리에서 자신의 죄에 대해서 회개하며, 장로들을 험담했던 것과 그리스도의 몸 안에 분열의 씨앗을 뿌린 죄에 대해서 고백했습니다. 그의 회개는 진정한 회개였습니다.

부디 오해하지 않기를 바랍니다. 비판을 대할 때 모든 사람이 문자적으로 이와 동일하게 행동해야 한다고 권면하는 것이 아닙니다. 하나님의 은혜로 말미암아 이와 동일한 은사와 겸손의 영을 행사하는 것이 비난에 대응하고 비난을 다루는 다른 방법 중에서 핵심적인 한 가지 방법이라는 사실을 말하고자 하는 것입니다.

5. 냉철한 판단으로 대응하라

　현재 미국에서는 매일 대략 삼십 명에 달하는 사람들이 음주운전으로 인한 자동차 사고로 죽습니다.[67] 술에 취하게 되면 분명한 생각과 빠른 반응에 심각한 손상을 가져오게 됩니다. 그 결과는 참혹합니다. 술 취하지 않았더라면 얼마나 많은 사람이 오늘도 살아있을까요?

　바른 판단력이 부족하게 되면 신자의 삶과 목회도 이와 비슷한 참혹한 결과를 초래하게 됩니다. 사람들은 세상과 육신과 마귀의 거짓에 너무 쉽게 취합니다. 비판에 직면하게 되면 이와 같은 유혹이 극대화됩니다. 만약 우리 마음이 거짓과 절반의 진리에 취해있으면, 비판에 대한 우리의 반응으로 말미암아 우리의 목회나 우리의 영혼은 물론이고, 우리의 비판자들도 치명적인 악영향을 받게 될 수 있습니다. 바로 이와 같은 이유로 베드로가 핍박을 당하는 교회에 편지를

---

67 "Drunk Driving," National Highway Traffic Safety Administration, accessed July 15, 2020, https://www.nhtsa.gov/risky-driving/drunk-driving.

쓰면서 그들에게 "너희 마음의 허리를 동이고 근신하라"라고 요청하고 있는 것입니다(벧전 1:13). 우리는 마음을 진리로 동여매야 합니다. 우리는 영적인 근신이 필요합니다. 이처럼 근신하는 마음은 비판에 대하여 기도하는 가운데 인내하며 분별력 있는 반응을 통해서 그 모습이 드러납니다.

기도하라

하나님을 진정으로 알지 못한 상태에서도 하나님에 대해서 많이 알 수는 있습니다.[68] 목사들은 깨어서 이와 같은 위험성을 항상 경계해야 합니다. 진리에 대한 여러분의 지식이 하나님에 대한 참된 지식으로 바뀌고 있는 것을 여러분은 어떻게 알 수 있습니까? 여러분의 기도생활을 자세히 살펴보시면 됩니다. 마틴 로이드 존스는 언젠가 이렇게 말한 적이 있습니다. "만약 여러분에게 있는 교리에 대한 지식이 여러분을 위대한 기도의 사람으로 만들지 못한다면, 여러분은 자신을 다시 한번 점검하는 것이 좋습니다."[69] 그는 다른 곳에서도 이렇게 주장했습니다. "하나님을 가장 잘 아는 사람들은 그분에게 가장 많이 말하는 사람들입니다."[70] 그리스도의 말씀이 우리 안에 충만히 거하고 우리의 마음이 하나님의 지혜로 새롭게 되었음에도 기도

---

68 J. I. Packer, *Knowing God* (Downers Grove, IL: InterVarsity, 1993), 18-23.

69 Dick Alderson, comp., "The Wisdom of Martyn Lloyd-Jones: Selections of Sayings," *Banner of Truth*, no. 275 (August/September, 1986): 7에서 인용.

70 D. Martyn Lloyd-Jones, *The Assurance of Our Salvation: Studies in John 17* (Wheaton, IL: Crossway, 2000), 33.

하는 삶을 살지 못하는 것이 가능할까요? 이에 대한 대답은 분명히 그렇지 않다는 것입니다.

근신하는 마음을 가진 목사는 기도하는 목사가 될 것입니다. 그는 기도와 설교가 자신이 감당해야 할 목회의 두 가지 주요한 책무라는 사실을 이해할 것입니다. 바로 사도행전 6장 4절에서 그렇게 말하고 있습니다. "우리는 오로지 기도하는 일과 말씀 사역에 힘쓰리라." 또한 그는 그중에서도 기도가 첫 번째라는 사실도 알게 될 것입니다. 찰스 브릿지스는 이렇게 기록했습니다. "기도는 우리 사역의 절반이다. 그리고 기도는 우리 사역의 다른 절반에 모든 능력을 주어서 그것이 성공할 수 있도록 만든다."[71] 그러므로 경건한 목사는 기도하는 가운데 하나님을 붙들기 위해서 노력할 것입니다. 그는 기도에 우선순위를 두어야 한다는 사실과 기도의 가치를 기억하고 기도 가운데 신실함을 보여줄 것입니다. 또한 지속적으로 기도의 영을 계발하고 자신의 기도에 있어서 균형을 갖추기 위해서 노력하며 또 비판자들을 포함한 다른 사람들을 위하여 열심히 기도할 것입니다. 그는 기도 가운데 하나님의 말씀이 하나님께로 돌아가게 함으로써, 또한 기도하는 중에 성자를 통하고 성령으로 말미암아 성부께 나아가는 법을 발견하여 삼위일체께 마음을 쏟아놓을 것입니다. 자신을 핍박하는 사람들에 대해서도 믿음으로 기도할 것입니다.[72]

---

71 Charles Bridges, *The Christian Ministry with an Inquiry into the Causes of Its Insufficiency,* 3rd ed. (London: Seeley and Burnside, 1830), 193.

72 이 문단을 한 장(chapter)으로 확장한 내용을 원하면, Joel R. Beeke, "Prayerful Praying Today,"

18세기 후반에 활동했던 개혁파 국교회 설교자였던 찰스 시므온 (Charles Simeon)은 잉글랜드 캠브릿지에 있는 자신의 성도들의 격렬한 반대에 부딪혔습니다. 캠브릿지의 제자들은 정기적으로 그의 예배를 방해했고 교회의 창문을 통해 돌멩이를 던지는 일도 있었습니다. 그들은 그의 날카롭고 따뜻하고 복음적인 설교에 대해서 불만을 품었습니다. 학생들과 그의 성도들 가운데 많은 이들은 그를 원하지 않는다는 의사를 분명히 표현했습니다. 지정석 소유자들(pew-holders)이 회중석을 열쇠로 잠가버려서 사람들은 예배를 드릴 때 어쩔 수 없이 복도에 서 있어야 했습니다. 그들은 이런 짓을 한 주일만 했던 것이 아니라 무려 십 년 이상이나 했습니다. 우리 같으면 이런 대접을 한 주만 받아도 다른 사역지를 찾아갈 것입니다. 하지만 시므온의 놀라운 점은 무려 사십 년이나 그 교회에 머물렀다는 것입니다. 그는 자신의 삶을 이처럼 적대적인 회중들을 위해서 바쳤습니다. 그는 그들을 희생적으로 사랑했고, 그들에게 하나님의 전체 경륜을 열정적으로 선포했습니다.

시므온의 이와 같은 인내를 어떻게 설명할 수 있을까요? 그는 자신의 하나님을 알았던 사람이었습니다. 그는 매일 아침 네 시에 일어나서 하루 중 처음 네 시간을 기도와 말씀을 신앙적으로 읽는 데에 투자했습니다.[73] 그는 진지한 마음을 가졌습니다. 그래서 어떻게 그

---

in *Taking Hold of God*, ed. Joel R. Beeke and Brian Najapfour (Grand Rapids: Reformation Heritage Books, 2011), 223-40를 보라.

73 H. C. G. Moule, *Charles Simeon* (London: InterVarsity, 1948), 66.

오랫동안 자신의 양 떼들로부터 받았던 핍박을 인내해 낼 수 있었느냐는 친구의 질문을 들었을 때, 다음과 같이 대답했습니다. "사랑하는 친구여, 우리는 그리스도를 위하여 당하는 작은 고난에 신경을 써서는 안 된다네."[74]

이와 같은 예들은 제가 비판을 다룰 때마다 오랫동안 큰 도움이 되었습니다. 스펄전이 말했던 다음의 문구를 저는 수십 년 동안 제 컴퓨터에 붙여놓고 매일 읽었습니다. "당신의 몫으로 주어지는 모든 핍박을 끝까지 인내함으로 세상을 이기라. 화를 내지 말고 낙심하지 말라. 농담은 어떤 뼈도 부러뜨리지 못한다. 만약 그리스도를 위하여 여러분의 어떤 뼈라도 부러진다면, 그것은 여러분의 몸에 있는 뼈들 중에 가장 영예로운 뼈가 될 것이다."[75]

모세와 느헤미야와 그리스도에게서 보았듯이, 비판에 대한 우리의 반응은 수평적으로 시작하기보다는 수직적으로 시작해야 합니다. 성경적인 진지함은 우리로 하여금 하나님에 대해서 먼저 생각하게 하고, 그 다음으로 우리의 동료들에 대해서 생각하도록 합니다. 만약 우리가 주님을 영예롭게 하는 방식으로 비판에 대응한다면, 우리는 하나님을 크게 하고 사람을 작아지도록 하는 데 도움을 주는 비밀스런 장소를 아주 잘 아는 사람임에 틀림없습니다.[76]

---

74 John Piper, *21 Servants of Sovereign Joy: Faithful, Flawed, and Fruitful* (Wheaton, IL: Crossway, 2018), 319에서 인용.

75 Charles Spurgeon, *The Metropolitan Tabernacle Pulpit* (Pasadena, TX: Pilgrim Publications, 1977), 47:593.

76 Edward T. Welch, *When People Are Big and God Is Small: Overcoming Peer Pressure, Codependency,*

기도의 시각

기도는 영혼이 기꺼이 하나님께 순복하면서 머리를 숙이는 것입니다. 만약 우리가 하나님과 우리 자신을 안다면, 복종하며 굴복하는 이 태도는 우리가 비판을 당했을 때 보이는 우리의 반사적인(reflex) 반응입니다. 우리는 하나님 앞에서 낮아질 것입니다. 이때 우리는 우리가 피조물에 불과하며, 죄악 되고, 궁핍한 상태라는 것을 인정합니다. 궁핍한 순간에 우리는 하나님을 향해 은혜와 도움을 달라고 부르짖을 것입니다. 왜냐하면, 우리는 오직 하나님만이 우리가 이 혹독한 시험을 통과하는 데 필요한 자원을 갖고 계신다는 사실을 알고 있기 때문입니다.

유능한 스코틀랜드 목사였던 알렉산더 화이트(Alexander Whyte)에게 몇 가지 나쁜 소식을 가지고 갔던 한 친구에 관한 이야기입니다. 그는 화이트에게 이르기를, 마을에 찾아온 한 목사가 화이트의 동료 중 한 사람에 대해서 신랄하게 비판하고 있다고 했습니다. 화이트는 이에 대해서 의분을 품고는 그 비판이 불의하고 죄악 되며 잘못되었다고 말했습니다. 그러자 그 친구는 화이트에게 더 많은 나쁜 뉴스를 전하지 않을 수 없다고 하면서 이르기를 마을에 있는 그 목사가 화이트에 대해서도 역시 심하게 비난하고 있다고 했습니다. 이에 대하여 화이트는 아무런 분노도 품지 않았고, 단순히 잠시 몇 분 동안 양해를 구한다고 말했습니다. 잠시 후 그는 자신의 친구에게 돌아와서 대

and the Fear of Man (Phillipsburg, NJ: P&R, 1997).

단히 겸손한 모습으로 "하나님의 은혜로 그 비판자가 옳지 않기를 바란다"라고 말했습니다. 그 친구는 화이트가 기도를 통해 그 비판을 즉시 주님께로 가져갔던 것이 분명하다고 말했습니다. 이 기도가 선을 위한 그의 모든 태도에 중대한 영향을 미쳤던 것입니다.

참된 기도는 시각을 변화시킵니다. 데이비드 매킨타이어(David McIntyre)는 "기도가 기도의 진정한 수준으로 올라갈 때, 자아는 그 염려와 필요와 함께 잠시 잊힌다. 그리고 그리스도에 대한 관심이 영혼을 채운다. 때로는 영혼을 압도하는 경우도 있다"[77] 비판에 직면했을 때 우리가 보이는 쉼 없는 분주함의 상당 부분은 우리가 우리 자신에게 지나치게 시선을 고정한 결과일 것입니다. 기도는 우리의 초점이 자신에게서 멀어지게 하고 그리스도를 향하도록 그 방향을 수정합니다. 이렇게 하는 가운데 기도는 우리의 마음을 분명하게 만들고, 영혼을 따뜻하게 하며, 우리의 불안지수를 감소시키고, 바르고 참된 것을 향한 우리의 열정에 불을 붙입니다.

롯이 아브람을 떠난 후에, 하나님은 낙심하고 있는 그 족장에게 다음과 같이 말씀하셨습니다. "너는 눈을 들어 너 있는 곳에서 북쪽과 남쪽 그리고 동쪽과 서쪽을 바라보라"(창 13:14). 아브람이 자신의 믿음을 새롭게 하고 하나님께서 여전히 책임지신다는 사실을 기억하기 위해서는 이와 같은 큰 시각이 필요했습니다. 조나단 에드워즈는

---

77 David McIntyre, *The Hidden Life of Prayer: The Life-Blood of the Christian* (Ross-shire: Christian Focus, 2010), 98.

언젠가 다음과 같이 말했습니다. "기독교인들이 기도하는 동안, 하나님은 그들에게 자신의 영광스러운 은혜와 순결과 충족함과 주권에 속한 달콤한 모습을 보게 하고, 그들이 조용히 자신 안에서 쉴 수 있도록 하며, 자신을 떠나 그분의 의지에 순복하고 그분의 은혜와 신실하심을 신뢰하는 가운데 그들 자신과 기도를 하나님께 맡기도록 하신다."[78] 우리에게 필요한 것은 하나님의 장엄하심에 대하여 이와 같은 "달콤한 관점"을 가지고, 또 우리가 수고하는 분야에 대하여 더욱 더 위대한 기대를 하는 것입니다. 우리의 영혼은 비판을 당하면 본성상 극도로 화가 나고 흔들리게 되어 있습니다. 언어적인 비난은 우리의 영혼을 정신없고 피곤하게 만듭니다. 밤에 잠을 이룰 수도 없고 온종일 우리의 생각과 감정을 괴롭힙니다. 하지만 에드워즈는 하나님을 향한 쉼과 신뢰의 기도가 동반되는 "위대한 고요"가 있다고 우리에게 말해 줍니다.

여러분은 비판의 폭풍이 사납게 몰아치는 가운데에서도 평안하고 고요한 영혼의 상태를 유지하고 싶지 않습니까? 그렇다면 믿음을 가지고 기도하면서 하나님께 자신을 맡기십시오. 그분의 임재 속에서 여러분의 영혼의 짐을 덜어 버리십시오. 그분의 주권적인 영광 앞에서 겸손하고, 고요한 가운데 그분을 의지하십시오. 다윗처럼 이렇게 고백하십시오. "주는 나의 은신처이오니 환난에서 나를 보호하시고

---

78 Jonathan Edwards, "The Most High a Prayer-Hearing God," in *The Works of Jonathan Edwards* (Edinburgh: Banner of Truth, 1974), 2:114.

구원의 노래로 나를 두르시리로다"(시 32:7). "하나님의 도는 완전하고 여호와의 말씀은 순수하니 그는 자기에게 피하는 모든 자의 방패시로다"(시 18:30).

여기에는 하나님께서 지혜 가운데 허락하신 호혜적 성격이 있습니다. 비판은 영혼이 기도할 수 있도록 확장시킵니다. 그리고 기도는 그 비판을 인내할 수 있도록 그 영혼을 확장시킵니다. 언어적인 비판은 우리로 하여금 하나님을 찾도록 몰아갑니다. 윌리엄 카우퍼(William Cowper)는 시를 통해 이를 잘 표현하고 있습니다.

> 시련은 약속을 달콤하게 만드는구나
> 시련은 기도에 새로운 생명도 불어 넣는다네
> 시련을 통해 나는 그분의 발 앞에 갈 수 있게 되었네
> 나를 낮추소서 그리고 내가 항상 그곳에 있게 하소서

하나님은 비판을 통해서 우리의 기도에 새로운 생명을 불어 넣으십니다. 우리가 기도할 때, 우리의 영혼은 하나님 안에서 생기를 되찾고, 사랑으로 새롭게 되며, 그리스도께 다시 초점을 두게 됩니다. 기도는 이와 같은 방식으로 기도가 없으면 짓이겨 버렸을 비판의 짐을 감당하게 해줍니다.

목사들이여, 바로 이 지점에서 자신을 점검하십시오. 비판을 받을 때 여러분은 기도하지 않을 수 없게 됩니까? 비판이 여러분의 기도 생활에 활력을 공급해 줍니까, 아니면 오히려 기도를 못하게 막습니

까? 여러분이 기도할 때 여러분은 여러분의 시각을 새롭게 하여 여러분이 비판에 대하여 그리스도처럼 평안과 사랑으로 대응하도록 도와줍니까?

기도의 우선순위

우리로 하여금 기도하도록 하는 우선순위는 상황이 아니라 영혼이어야 합니다.[79] 그렇습니다. 여러분의 환경을 위해서 기도해야 할 때가 있습니다. 하지만 이 환경에 포함되어 있는 마음의 상태가 먼저 고려되어야 합니다. 거짓으로 비판을 당할 때 자신의 신원을 위해서 기도하는 것은 잘못된 것이 아닙니다. 하나님께서 우리의 비판자들을 조용하게 하고 나에게 불리한 환경을 유리하게 바꿔 달라고 기도하는 것도 아무 문제가 없습니다. 특히 하나님의 영광이 훼손당할 때 그렇습니다(예를 들어, 열왕기하 19장을 보십시오). 환경이 우리의 기도를 지배하는 주제가 되어서는 안 됩니다.

여러분 자신의 영혼을 위해서 기도하십시오. 비판적인 말이 여러분을 향할 때, 시편 기자와 같이 하나님께 외치십시오. "하나님이여 나를 살피사 내 마음을 아시며 나를 시험하사 내 뜻을 아옵소서 내게 무슨 악한 행위가 있나 보시고 나를 영원한 길로 인도하소서"(시 139:23-24). 하나님께서 여러분을 살피실 때 비판의 내용에 대해서만

---

79 Dane C. Ortlund, *Edwards on the Christian Life: Alive to the Beauty of God* (Wheaton, IL: Crossway, 2014), 118-19.

살피지 말고 그 비판에 대한 여러분의 반응에 대해서도 살필 수 있도록 구하십시오. 하나님의 임재 앞에 여러분의 영혼을 내어놓고 하나님께서 은혜 가운데 여러분에게 변화가 필요한 부분이 무엇인지 확신시키십시오. 하나님께서 여러분에게 어떻게 해야 최선으로 대응할 수 있는지를 분별하는 분별력을 주시도록 기도하고, 그 가운데 여러분의 동기를 정화시켜 달라고 기도하십시오.

여러분의 비판자를 위해서 기도하십시오. 그저 하나님께서 그들을 잠잠하게 해주시고, 그들의 목적을 좌절시켜 달라고 기도하지는 마십시오. 하나님께서 그들의 영혼에 선한 일을 해주시도록 기도하십시오. 하늘에 계신 여러분의 아버지 앞에서 그들의 영원한 안녕을 구하십시오. 우리가 받는 비판보다 훨씬 더 큰 위험은 비판자들을 향한 원망이 우리 마음에 은밀하게 뿌리 내리는 것이라는 사실을 알아야 합니다. D. A. 카슨(Carson)은 다음과 같이 정확하게 지적했습니다. "분노하고 싶은 마음이 훨씬 더 큰 누군가를 위하여 동정심과 열정을 가지고 기도하는 것은 정말로 어려운 일입니다."[80] 우리를 비판하는 사람들에 대하여 우리 마음을 지배하는 것은 그들을 향한 부정적인 마음입니다. 이것은 너무나 쉽게 일어납니다. 하지만 우리가 진실하게 기도하는 대상을 향하여 원한을 품는 것은 어렵습니다. 욥이 자신의 친구들을 대신하여 탄원할 때 하나님은 그 정죄하는 친구들을 향

---

80 D. A. Carson, *Praying with Paul: A Call to Spiritual Reformation,* 2nd ed. (Grand Rapids: Baker Academic, 2014), 99.

한 욥의 적대감을 제거해 주셨습니다. 존 뉴턴(John Newton)은 다음과 같이 우리에게 조언합니다. "여러분을 반대하는 사람에 대하여, 저는 여러분이 그들에게 대항하는 편지를 쓰기 전에, 그리고 여러분이 그에 대한 답변을 준비하는 모든 시간 동안, 여러분이 열렬한 기도를 통해 그가 하나님의 가르침과 축복을 받도록 추천하기를 바랍니다. 이를 실천하게 되면, 여러분의 마음은 평안하게 되어 그를 사랑하고 불쌍히 여길 수 있을 것입니다."[81]

우리를 비판하는 이들을 위하여 지속적으로 기도하면, 여러분의 마음은 그들을 위한 사랑과 동정심으로 충만하게 될 것이고, 우리는 그들의 비판을 보다 더 수용할 수 있게 되며, 예수 그리스도를 영화롭게 하는 방식으로 반응할 수 있을 것입니다.

인내하라

우리에게 성경적인 냉철함이 부족하면, 비판에 직면할 때 인내심이 부족할 수밖에 없습니다. 우리는 쉽게 비난하고, 금방 방어적인 태도를 취하게 되며, 우리의 평판이 엉망이 되어 버린 것을 신속하게 정리할 것입니다. 바로 이것이 냉철한 반응과 반대되는 행동입니다. 하나님의 진리로 새롭게 된 마음을 동반하는 냉철함은 일반적으로 시간을 가지고 천천히 반응합니다.

---

81 John Newton, "Letter XIX: On Controversy," *The Works of John Newton* (London, 1808), 1:241.

24시간 원칙

최악의 시기에 비판이 주어지는 것은 드문 일이 아닙니다. 목사들에게는 주로 월요일 아침이 그런 시간입니다. 여러분은 지적으로나 정서적으로나 육신적으로 주일날 모두 소진해 버립니다. 종종 두 번의 설교를 해야 하고, 주일학교나 요리문답반에서 가르치며, 상담하고, 손님들을 대접하기도 합니다. 그런 상태에서 월요일 아침이 되었을 때, 비판적인 이메일이나 전화를 받게 됩니다. 이런 경우가 생길 때 가능하면 즉각적으로 반응하지 마십시오. 이렇게 걱정해 줘서 고맙다고 그 사람에게 말하고, 혹시 여러분이 생각할 수 있도록 하루나 이틀 정도의 시간을 줄 수 있겠는지 물어보십시오. 정신적으로 지친 상태에서 비판에 답하는 것은 지혜로운 방법이 아닙니다. 그리고 화요일 아침까지 부정적인 이메일이나 문자메시지를 읽지 않는 것이 가장 좋습니다.

설령 여러분이 육신적으로나 정서적으로 가장 강할 때 비판을 받더라도, 적어도 24시간 이내에는 심한 비판에 대해서는 반응하지 않는 것이 좋습니다. 이 시간 동안 여러분은 기도하고 스스로 반성할 기회를 가질 수도 있고, 비판을 통해서 받은 상처를 흘려보낼 수도 있으며, 여러분이 존경하는 분에게 지혜를 구할 수도 있습니다. 즉각적으로 비판에 대응해야 하는 경우는 거의 없습니다. 이 시간은 여러분에게만 진정하고 생각해 볼 기회를 제공하는 것이 아니라 여러분을 비판한 이들에게도 동일한 기회가 될 수 있습니다.

서두르지도 말고, 부주의하지도 말라

사람들이 여러분을 파악할 때 여러분의 행위(actions)보다는 여러분의 반응(reactions)을 통해서 더 잘 파악한다는 사실을 기억하길 바랍니다(잠 16:32). 그 문제에 대해서 서둘러서 해답을 강요하게 되면 나쁜 상황이 더욱 악화될 수 있습니다. 어떤 상황은 시간이라는 치유의 손길에 의해서만 해결되는 때도 있습니다. 진리는 시간이 흐름에 따라 스스로 정당성을 얻게 하는 비법도 가지고 있습니다. 여러분이 하나님과 여러분의 성도들 앞에서 정직한 길을 걷는다면, 전부는 아니더라도 대부분의 비난은 한두 달 후면 잠잠해질 것입니다. 그래서 누가복음 21장 19절은 "너희의 인내로 너희 영혼을 얻으리라"라고 말합니다.

하지만 인내심을 가지라는 요청은 반응을 하지 말라는 요청과는 다릅니다. 어떤 경우는 비판에 대해서 언어적인 반응을 전혀 하지 말아야 할 때도 있습니다. 하지만 반응이 필요한 경우에는 기도하고 그에 따라 처리하는 시간 이상은 끌지 말아야 할 때도 있습니다. 만약 여러분이 해답을 찾기에 무관심하고 해답을 찾지 못한다면, 시간을 가지는 것이 오히려 긴장을 더 하고 여러분은 더 많은 비판을 받게 될 것입니다. 그렇게 되면 갑자기 여러분은 단순히 불쌍한 설교자가 될 뿐만 아니라 사실을 다루려고 하지 않는 처량한 설교자가 될 것입니다. 만약 여러분이 비판하는 이에게 다음날 연락을 하겠다고 말했다면, 그 말을 반드시 기억하고 지켜야 한다는 사실을 명심하십시오. 대답하는 기간을 불필요하게 연장할 필요는 없습니다. 그렇게 되면 여러분은 아무것도 하지 않은 것이 될 것입니다.

분별력을 가지라

대답해야만 하는 경우를 어떻게 알 수 있을까요? 침묵해야 할 때와 응답을 해야 할 때를 구분하기 위해서는 고도의 분별력이 필요합니다.

침묵을 요구하는 비판

어떤 경우는 비판에 대해서 침묵하는 것이 최선일 경우가 있습니다. 말 없는 침묵이 엄청난 내용을 말할 수 있으며, 종종 말로 하는 것보다 더 많은 의미를 전달해 줍니다. 침묵은 반응하지 못한 것이 아닙니다. 오히려 이것은 비판에 대해서 응답하는 특별한 방법입니다. 어떤 경우에는 침묵하는 것이 가장 적합한 반응이 되기도 합니다. 특히 파괴적인 비판을 접했을 때 그렇습니다. 스펄전은 다음과 같이 기록했습니다. "모든 정직하고 옳은 말에 대해서는 우리가 그에 합당한 관심을 기울일 필요가 있습니다. 편견에 따른 가혹한 판단이나 요즘 유행하는 사람의 결점 찾기나 무지한 자의 어리석은 말이나 대적자들의 맹렬한 비난에 대해서만큼은 우리는 안전하게 귀를 막아도 됩니다."[82]

---

82 Charles H. Spurgeon, *Lectures to My Students* (repr., Peabody, MA: Hendrickson Publishers, 2010), 351.

우리를 향한 어떤 고소는 말도 안 되는 엉뚱하고 악한 동기에서 비롯된 것입니다. 우리를 아는 사람들은 이런 비판에 대해 즉시 근거가 없다고 판단할 것입니다. 심지어 우리를 잘 모르는 사람들이라도 그 비판자의 말에 복음과 반대되는 미움과 교만이 있다는 사실을 느끼게 될 것입니다. 이와 같은 상황에서, 우리는 귀를 막고 그와 같은 비판을 겸손하게 무시해야 합니다. 여기서 듣지 않는다는 말은 당연히 그 비판에 대해서 말하지 않는 것을 포함합니다.

존중하는 마음으로 침묵하는 것은 놀라운 결과를 가져올 수 있습니다. 악한 의도로 우리를 비판하는 이들 중에는 단순히 우리가 흥분을 참지 못하거나 방어적인 태도를 취하게 만들려는 목적으로 그렇게 하는 경우도 종종 있습니다. 이 경우에 말로 응대하는 것은 그들이 우리를 향해서 가진 부정적인 의도에 기름을 끼얹는 꼴이 될 뿐입니다. 열매가 없는 논쟁에 빠져들지 마십시오. 아니면 적대감으로 가득 차서 꿈쩍도 하지 않는 여러분의 비판자를 달래고 설득하려고 에너지를 낭비하지도 마십시오. 그 비판자와 같은 수준으로 내려가는 것을 거부하십시오. 그리고 악을 악으로 갚아서도 안 됩니다. 여러분의 전투가 아니라 하나님의 전투를 하십시오. 그러면 하나님께서 여러분을 위해서 싸우신다는 사실을 알게 될 것입니다. 원수를 갚는 것은 여러분에게 있지 않습니다. "내 사랑하는 자들아 너희가 친히 원수를 갚지 말고 하나님의 진노하심에 맡기라 기록되었으니 원수 갚는 것이 내게 있으니 내가 갚으리라고 주께서 말씀하시니라"(롬 12:19).

잘 알지도 못하면서 악한 의도로 가하는 언어적인 비난은 시간이 지나면 자신을 파괴하는 무기가 되어 돌아올 것입니다. 여러분이 정직한 마음으로 하나님과 계속해서 함께 걸으면, 결국에는 모든 비판이 잠잠해질 것입니다. 스펄전은 그 특유의 표현으로 이렇게 말했습니다. "알아차리지 못한 대단한 거짓말은 물 밖으로 나온 물고기와 같다. 이 물고기는 스스로 팔딱거리면서 자신의 몸을 땅에 부딪혀서 금방 죽음에 이르게 된다. 이런 비판에 대해서 대답하는 것은 거짓을 더 하도록 하여 그 생명을 연장하는 데 도움을 준다. 거짓은 스스로 모순을 가지고 있어서, 결국에는 자신을 죽이고 말 것이다."[83] 이런 경우에 취해야 할 최선의 선택은 그 비판자와 그의 비판을 그냥 내버려 두는 것입니다. 자신을 정당화하고 방어하려는 태도는 그 비판의 생명만 연장시킬 뿐입니다.

언젠가 아내와 함께 식당에 가서 제가 어떤 특정한 비판에 대해서 대답을 해야 할지 하지 말아야 할지에 대한 조언을 구한 적이 있습니다. 그때 저는 각설탕 한 팩을 집어 들었습니다. 그 설탕 뒷면에 이렇게 쓰여 있었습니다. "절대로 설명하지 말라. 그가 네 친구라면 설명을 필요로 하지 않으며, 너의 대적이라면 무슨 설명을 하더라도 믿지 않을 것이다."[84] 물론 이 원리가 항상 들어맞는 것은 아닙니다. 하지만 목회에 있어서 적용되는 일반적인 원칙은 진심으로 여러분의 목회

---

83 Spurgeon, 353.

84 이 인용구는 알버트 허바드(Albert Hubbard)의 말이다.

를 돕고자 하는 사람들에게는 여러분 자신을 정당화하려는 노력이 필요없다는 것입니다. 그런 사람들은 여러분이 비판받는 상황에서도 바르게 볼 것입니다. 그들이 여러분의 대적이라면 여러분이 아무리 정당화하더라도 동의하지 않을 것입니다. 오히려 여러분이 방어하는 태도를 취하면 그들에게 추가적인 먹이를 공급하는 꼴이 되고 맙니다. 바로 이 경우에 침묵은 우리의 가장 훌륭한 무기가 될 수 있습니다.

여러분이 반복적으로 해결하려고 노력해도 잘 안되던 상황에 대해서도 역시 침묵이 최선의 해답이 될 수 있습니다. 몇 년 전에 한 성도와 그의 가정이 저와 제가 가진 약점에 반대하여 우리 교회를 떠났을 때, 그들이 다시 돌아오게 하려고 오랜 시간 동안 열심히 노력했습니다. 하지만 모든 것이 허사처럼 보였습니다. 그래서 마지막으로 일리노이에 사는 친구에게 전화해서 조언을 구했습니다. 그는 이 모든 내용을 주의 깊이 들었습니다. 저의 잘못과 약점에 대해서도, 그리고 제가 그에게 제안했던 내용에 대한 그의 반응에 대해서도 다 들었습니다. 그런 다음 그는 제가 결코 잊지 못할 말을 해 줬습니다. "조엘, 자넨 그들이 돌아오게 하려고 최선의 노력을 기울였어. 하나님께서 자네의 수고에 축복해 달라고 기도도 했고 말이야. 그러니 이제는 그 모든 것을 하나님께 맡길 시간이야. 잠언 18장 19절 말씀에 '노엽게 한 형제와 화목하기가 견고한 성을 취하기보다 어려운즉'이라고 했다는 사실을 기억하면서 말이지. 지금 자네가 기억해야 할 것은 자네의 보살핌을 받을 칠백 오십 명이 넘는 영혼이 있다는 사실일세. 이 문제를 하나님께 맡기게나. 그리고 자네를 떠나지 않고 있는 양 떼들을 돌보기 위해 계속 전진해 나가게." 저는 이 친구의 조언대로 했고, 평안을 누릴 수 있었습니다. 비록 이 성도가 다시는 제가 섬기는 교회로 돌아오지는 않았지만, 결국 그는 하나님의 은혜로 말미암아 하나님께서 정한 시간과 방법으로 저와 화해를 이루었습니다.

말로 응답해야 하는 비판

불의하고 파괴적인 비판에 대해서 말로 응답해야 할 때가 있을까요? 있습니다. 우리의 목소리를 내지 않는다면 하나님의 영광을 가리는 때가 있습니다. 웨스트민스터 신학자들은 제9계명을 해설하고 적용하면서 아래의 의무를 포함했습니다.

- 사람과 사람 사이에서 진리를 보존하고 도모해야 하며, 우리 자신의 이름뿐만 아니라 이웃들의 선한 이름도 보존해야 한다.
- 진리를 위해서 나타나 싸워야 한다.
- 헛소문을 퍼뜨리는 자들과 아첨하는 자들, 그리고 중상하는 자들을 꺾어야 한다.
- 우리의 선한 이름을 사랑하고 돌봐야 하고 필요할 때는 이를 방어해야 한다.[85]

우리 신앙의 선조들이 "우리 선한 이름을" 보존하고 방어해야 한다는 말을 두 번이나 강조했다는 사실이 특히 중요합니다. 제9계명

---

[85] 웨스트민스터 대요리문답 144번을 보라.

은 부정적으로는 거짓을 비판하면서, 긍정적으로는 우리가 진리를 도모할 것을 요구합니다. 우리의 이름이 부당하게 더럽힘을 받지 않도록 노력하는 것이 우리의 책임이자 의무라고 말합니다. 이는 복음 사역자에게 특별히 해당하는 말입니다. 왜냐하면, 복음 사역자는 그리스도의 대사이기 때문입니다. 파괴적이고 진실하지 못한 비판에 대해서 대응해야 할 때가 언제인지 어떻게 알 수 있을까요? 만약 제9계명이 우리에게 진리를 도모할 것을 명한다면, 우리는 어떤 반응을 보일 때 이 목적에 부합할지에 대해서 주의 깊게 생각해야 합니다.

앞서 언급했듯이, 비판이 누가 봐도 명백한 중상모략일 경우에는 침묵이 진리를 도모하는 최선의 수단이 되는 경우가 많습니다. 자신이 저지른 부정과 이혼에 대해서 회개하지 않는 한 여인을 출교해야 했던 고통스러운 권징이 있고 난 다음에 이 여인은 목사를 중상모략하기 시작했습니다. 그녀는 그 목사가 그 회중 가운데 한 다른 여인과 불륜관계를 맺었다는 소문을 은밀히 퍼뜨렸습니다. 그 목사는 당회에 고발당했고, 당회는 이를 공개적으로 드러내지 않는 것이 최선이라고 판단했습니다. 왜 그렇게 생각했을까요? 이 여인은 속였던 전력이 있고, 그녀의 고발은 근거가 없기 때문이었습니다. 그녀가 퍼뜨렸던 거짓말을 들은 이들은 그것이 무엇인지 분명하게 보았던 것입니다. 이런 부류의 중상모략은 스스로 자신을 파괴합니다. 그러므로 진리를 도모하는 최선의 방법은 거짓이 스스로를 죽이도록 내버려 두는 것입니다.

그러나 거짓된 고발이 엄청난 영향력을 발휘하는 경우라면, 우리

이름의 선함과 하나님의 영광을 위하여 목소리를 높여야 할 의무가 우리에게 있습니다. 자신에게 아래의 질문을 던져 보십시오.

- 이런 거짓으로 인해서 사람들이 흔들리고 있는가? 만약 내가 말하지 않는다면 어떤 사람들은 진리를 잃어버릴 수도 있는가?
- 나를 비판하는 이가 사람들에게 존경을 받는 사람인가? 그들의 이름과 지위만으로도 사람들이 그들의 말에 귀를 기울이는가?
- 이 고소로 인해서 우리 성도들이 나의 정직성에 대해서 의문을 제기할 가능성이 있는가? 만약 이를 막지 않으면 내 사역에 심각한 피해를 줄 수 있는가?
- 이와 같은 중상모략을 어떤 이들이 듣고 있는가? 나의 회중인가? 나의 대적인가? 아니면 나를 잘 알지 못하거나 전혀 알지 못하는 사람들인가? 이를 듣는 사람들의 범위가 너무 넓은가?

이와 같은 질문들은 언제나 대답하기가 쉽지만은 않습니다. 그러나 진리가 상실될 가능성이 있고, 여러분의 명성이 훼손당하며, 여러분의 사역이 망가지고, 여러분의 성도가 속게 될 가능성이 있다면, 여러분은 마땅히 소리를 높여서 이에 대답해야 할 것입니다.

사도 바울은 이 의무가 무엇인지 알고 있었습니다. 그는 첫 번째 전도 여행을 하면서 갈라디아의 남쪽 지역 여러 교회를 개척하였습니다(행 13-14장). 하지만 그가 떠나자마자, 거짓 교사들이 교회에 침투하여 다른 복음을 선포했습니다. 그들의 비판적인 말을 통해서 유대교화된 사람들은 사도 바울의 복음을 훼손하기 위해서 그의 사도적 권위를 훼손하려고 했습니다. 그들은 바울의 성격과 부르심에 대해서 큰 의문을 제기했습니다. 이러한 시도는 바울에게 작은 문제가 아니었습니다. 그 이유는 바울이 자신의 명성에 대해서 건강하지 못한 집착을 보였기 때문이 아닙니다. 만약 메신저가 중상모략을 당하면 그 메시지도 뒤집어질 것이라는 사실을 바울은 이해하고 있었기 때문입니다. 그 결과 그는 갈라디아서의 1/3 정도를 자신과 자신의 사역을 방어하는 데 사용했습니다. 이 악한 의도를 가진 늑대들의 중상하는 거짓말을 다루면서 말입니다(갈 1-2장).

파괴적인 비판에 직면했을 때 언제 말하고 언제 침묵해야 하는지를 알기 위해서는 분별력이 필요합니다. 하지만 건설적이고 합법적이며 선한 의도를 가지고 있는 비판, 특히 그런 비판이 우리의 양 떼들 중에 한 사람에게서 온다면, 이런 비판에는 언제나 말로 응답해야 합니다. 하나님 앞에서 여러분 자신을 점검하고 난 후 그들의 비판 중에 부분적으로나마 참된 것이 있다는 사실을 알게 되면, 속히 여러분의 죄와 실수와 연약한 점을 비판하는 이에게 고백하십시오. 그 상황이 정당하다면, 그들에게 용서와 기도를 구하십시오. 하지만 그 비판에 대해서 기도하면서 고민해 보고, 다른 사람들에게 조언을 구한 후에 선한 의도로 여러분에게 비판하는 사람의 비판이 명백하게 잘못된 것이라면, 은혜 가운데 겸손한 태도로 그 사람에게 여러분의 생각을 설명하십시오. 성경을 가지고 말입니다. 비록 상호합의에 이르지는 못하더라도 서로를 이해할 수 있기 위해서 노력하십시오.

말로 반응하는 것이 필요할 때는 직접 만나서 말하는 것이 언제나 가장 좋습니다. 아마 여러분은 이메일로 답장을 하는 것이 더 좋은 방법이라고 생각할 수 있습니다. 왜냐하면, 직접 만나서 대화할 때 발생하는 긴장과 예측 불가능성 없이 분명한 말을 천천히 생각하고 또 편집할 수 있기 때문입니다. 하지만 가장 분명한 이메일이라도 쉽게 오해를 불러일으킬 수 있습니다. 여러분의 비판자가 여러분의 음성의 톤을 듣지 못하고, 여러분의 다정한 표정을 보지 못하며, 내용을 분명하게 하는 질문을 할 수도 없기 때문입니다. 전화로 소통하는 것이 이메일보다 더 낫습니다. 하지만 만약 여러분이 비판자를 만날 수 있다면, 전화로 소통하는 것보다는 직접 만나는 것이 좋습니다. 이런 직접적인 만남이 불가능한 상황에서라면, 아마도 영상통화가 최선의 대안이 될 수는 있습니다. 그러므로 요점은 할 수 있는 대로 인격적인 방식으로 답변을 해야 한다는 것입니다.

마음의 각오를 단단히 하라

만약 그리스도의 말씀이 우리 안에 풍성히 거한다면, 비판에 대해 반응할 때 우리의 최고의 관심은 하나님의 영광을 가장 높이 드러내고 그분이 자기 백성 중에서 즐거움을 누릴 수 있는 시간과 방법을 따르는 것이 될 것입니다. 비판에 직면하였을 때, 기도하는 마음과 인내와 분별력으로 무장된 바른 정신은 하나님께 대단한 영광을 돌리고 교회의 선을 도모합니다.

6. 은혜로 반응하라

목사가 가는 길에 닥쳐오는 비판을 견뎌내려면 초자연적인 능력이 필요합니다. 우리의 사역은 어린양과 같은 온유함도 필요하지만, 동시에 사자와 같은 회복력도 필요합니다. 이 회복력이 없다면, 우리는 목회 사역을 지속할 수 없을 것입니다. 이런 능력은 자연스럽게 생겨나지 않고 은혜의 수단을 통해 갖게 됩니다. 즉, "은혜 위에 은혜"(요 1:16)가 있으신 그분과 나누는 초자연적인 교제를 통해서만 얻을 수 있다는 의미입니다. 오직 차고 넘치는 그리스도의 은혜만이 우리가 비판에 대해서 올바르게 반응할 수 있는 능력을 줍니다. 이런 은혜의 능력은 우리가 그분 안에서 우리의 양심을 깨끗하게 유지하고 그분 안에 있는 비판의 학교에서 배우며, 그분 안에서 우리의 비판자들을 사랑할 때에만 우리의 삶과 사역 속에서 나타나게 됩니다.

은혜 아래에서 양심을 깨끗하게 유지하라

깨끗한 양심은 복음 사역자에게 필수적인 요소입니다. 우리의 양심은 하나님께서 주신 선물입니다. 내적인 경보장치인 양심은 우리가 하나님의 의로운 뜻에 따라 살지 못할 때 우리에게 경고음을 울립니다. 물론 양심이 오류를 범하지 않는다는 말은 아닙니다. 실제로 양심은 우리를 잘못된 길로 인도하는 잠재적인 위험도 있습니다. 우리의 양심이 지나친 율법주의(즉, 실제로 죄가 아닌 것에 대해서 느끼는 죄의식으로서, 어떤 청교도들은 이를 "지나치게 세심한 양심"이라고 불렀음), 혹은 활력 잃은 반율법주의(곧, 실제적인 죄에 대해서 죄의식을 느끼지 못함)에서 벗어나려면 양심에 대한 복음적 재측량이 필요한데 그 이유는 우리가 죄 아래 있기 때문입니다. 하지만 우리의 양심이 하나님의 진리의 명령을 받고 그리스도의 피로 씻긴 바 되었을 때, 양심은 우리에게 엄청난 도움이 됩니다.[86]

알버트 마틴(Albert Martin) 목사는 성경의 증거를 따라 하나님 앞에서 부끄럽지 않은 양심이란 다음 세 가지 특징이 어우러진 열매라는 사실을 보여줍니다.[87] 첫째, 알면서도 고백하지 않거나 회개하지 않은 불순종은 없습니다. 우리는 우리의 죄를 빨리 다루어야 하고, 용서하시고 깨끗하게 하며 능력을 주시는 은혜를 위하여 우리의 영혼을 그리스도께로 가져가야 합니다. 둘째, 하나님께서 주신 의무 가운

---

86 양심에 대한 더 구체적인 연구를 원한다면, Joel R. Beeke and Mark Jones, "The Puritans on Conscience," in *A Puritan Theology: Doctrine for Life* (Grand Rapids: Reformation Heritage Books, 2012), 909–26; Andrew David Naselli and J. D. Crowley, *Conscience: What It Is, How to Train It, and Loving Those Who Differ* (Wheaton, IL: Crossway, 2016)을 보라.

87 Albert N. Martin, *Pastoral Theology*, vol. 1, *The Man of God: His Calling and Godly Life* (Montville, NJ: Trinity Pulpit Press, 2018), 274.

데 우리가 의식적으로 태만하거나, 하나님의 은혜로도 감당하지 못하는 의무는 없습니다. 우리는 하나님의 종으로 하나님께서 우리에게 맡기신 것에 대한 신실한 청지기로서 자발적이고 즐거운 마음으로 살아갑니다. 셋째, 드러난 진리 가운데 우리가 이기적인 목적으로 거부하거나 억압하거나 약화시키는 진리는 없습니다. 깨끗한 양심이 되기 위해서는 정당성(건전한 삶) 뿐만 아니라 정통성(건전한 교리)도 필요합니다. 요약하면, 이런 양심은 오직 우리가 그리스도 안에 거하고 그분과 그분의 말씀에 헌신하며 살 때만 가질 수 있습니다.

비판을 다루는 데 있어서 양심이 수행하는 역할은 앞선 여러 장의 내용과 어울립니다. 그런데 왜 여기서 이를 다룰까요? 그 이유는 만약 우리가 은혜와 능력으로 비판에 대응하고자 한다면, 우리는 반드시 죄로 인해 상하지 않은 양심을 가지고 있어야 하기 때문입니다.

깨끗한 양심이 가진 담대함

사도 바울은 모욕을 당하지 않았던 사람이 아니었습니다. 그가 가이사랴의 통치자였던 벨릭스 앞에서 재판을 받을 때, 그의 대적들은 거짓으로 그를 고발하며, 상상할 수 있는 가장 나쁜 말로 그에게 혐의를 씌웠습니다(행 24:1-9). 하지만 바울의 반응은 놀랍습니다. 은혜로운 능력이라는 말로 밖에 표현할 수 없는 그런 반응이었습니다. 그는 자신을 대적하는 이들의 거짓을 드러내면서 동시에 그리스도를 선포할 기회로 사용하였는데, 이때 그는 자신이 재판에 회부된 실제 이유가 복음 때문이라는 것을 알면서도 그랬습니다(행 24:10-21).

바울이 대적들 앞에서 두려움 없이 말할 수 있었던 비결은 무엇이었을까요? 무엇이 그가 정직과 진리로 반응하도록 했습니까? 그는 자신을 방어하는 가운데 우리에게 이렇게 말합니다. "이것으로 말미암아 나도 하나님과 사람에 대하여 항상 양심에 거리낌이 없기를 힘쓰나이다"(행 24:16). 바울이 자신의 전 생애에 걸쳐 가졌던 하나님이나 사람을 향한 논쟁 중에서 다루지 않고 남겨놓은 것은 없습니다. 그는 깨끗한 양심을 유지하기 위해서 부지런히 노력했습니다. 사람들은 그를 고발하고 있었으나 그의 양심은 그를 무죄로 선언하고 있었습니다. 그 결과 사자와 같은 강한 확신을 가진 영혼이 만들어졌습니다. 청교도 나다니엘 빈센트(Nathaniel Vincent)는 "선한 양심은 사람의 마음에 용기를 불어넣어 강하게 만든다. 그 결과 그는 자신의 대적들 앞에서 두려워하지 않게 된다"[88]라고 하였습니다.

이 담대한 양심이 바로 마틴 루터가 보름스 회의에서 치켜들었던 것이 아닙니까? 1521년 4월 17일, 이 독일 개혁자는 "교회와 제국에서 온 많은 권세자들에게 둘러 쌓여있는 이 세상에서 가장 강력한 권세를 가진 사람인" 황제 앞에 섰습니다.[89] 여기서 루터는 자신이 출간했던 작품의 내용을 취소하라는 요청을 받았습니다. 높은 화형대가 있었고, 루터는 자신이 쓴 작품을 철회하지 않으면 죽게 될 것이라는 사실을 알고 있었습니다. 하지만 그 다음 날 루터는 성경을 통

---

88 Nathaniel Vincent, *Heaven upon Earth* (London: for Thomas Parkhurst, 1676), 306.
89 Herman Selderhuis, *Martin Luther: A Spiritual Biography* (Wheaton, IL: 2017), 156.

해서 확신을 얻지 못하는 한 자신은 취소할 수 없다고 겸손하게 선언했습니다. 왜 그렇습니까? 바로 그 행위가 자신의 양심을 거슬렀기 때문입니다. "저의 양심은 하나님의 말씀에 사로잡혀 있습니다. 저는 그 어떤 것도 취소할 수 없으며 취소하지 않을 것입니다. 왜냐하면 양심에 반하여 행동하는 것은 옳지도 안전하지도 않기 때문입니다."[90] 루터는 자신의 작품들이 어떤 부분에서는 지나치게 가혹했으며, 그것들에 오류가 없지는 않다는 사실을 인정하는 대신에 그 작품들 안에 하나님의 진리가 있으며, 자신은 그 진리를 거부할 수 없다고 확신했습니다. 그는 하나님 앞에서 분명한 양심을 가지고 있었으며, 그 양심을 범하느니 차라리 죽는 것이 낫다고 생각했습니다. 이처럼 그가 세상에서 가장 큰 권세를 가진 사람에게 용감하게 대항할 수 있었던 것은 바로 이 양심 때문이었습니다.

만약 우리가 하나님의 성령에 의지하고 그분의 말씀에 순종하는 가운데 의식적으로 하나님 앞에서 정직하게 살아가고 있다면, 하나님께서 우리를 향해서 웃고 계신다는 느낌을 가지게 될 것입니다. 유명한 잉글랜드의 복음전도자였던 찰스 시므온의 일기에 있는 "고난당하는 상처들"이라는 항목에는 그가 비판을 다루었던 경험에 대한 기록이 있습니다.

---

90 Roland H. Bainton, *Here I Stand: A Life of Martin Luther* (New York: Abingdon-Cokesbury Press, 1950), 185.

나는 지금 내 인격을 훼손하려는 가장 악의적인 시도에 대해서 들었다. 하지만 나는 나의 펜을 들고, 내 영혼이 완전한 평화 가운데 지켜지고 있다는 것을 기록하여 하나님께 찬양과 영광을 돌려드리고자 한다. 그러한 악한 일을 즐기는 자들이 불쌍하다. 그들은 나보다 오히려 자신에게 더 큰 상처를 입히고 있으며, 의인들의 의가 자신에게 돌아가고 악인들의 악이 자신에게 임할 날이 오고 있다는 사실을 거의 생각하지 못한다. 하나님께서 모든 것을 아시고 공의로 심판하시리라는 사실은 나에게 이루 말할 수 없는 위로가 된다. 나는 지적된 부분에서 대단히 상처를 입었다고 하나님께 호소할 수 있다. 하지만 내가 내 양심의 증거와 구속주의 얼굴에서 나오는 빛에 대한 증거를 가지고 있는 동안은 이것들 중 그 어떤 것도 나를 움직일 수 없고, 움직이지도 않아야 한다.[91]

우리가 우리 하늘 아버지의 빛나는 얼굴이 우리를 비추신다는 사실을 인식할 때 사람들이 인상을 찌푸리는 것쯤은 얼마나 하찮게 보이겠습니까! "여호와의 눈은 온 세상을 두루 감찰하사 전심으로 자기에게 향하는 자들을 위하여 능력을 베푸시나니"(대하 16:9) 오, 하나님의 은혜로운 눈이 우리를 향하게 하옵소서, 그분의 은총에는 생명 그 자체가 있나이다(시 30:5)! 비판에 직면했을 때 우리의 마음을 강하게 만들어 주는 것은 무엇입니까? 우리가 하나님을 경외하는 능력을 갖

91 *Memoirs of the Rev. Charles Simeon, with a Selection from His Writings*, abridged by J. S. Stone and William Carus (New York: Protestant Episcopal Society for the Promotion of Evangelical Knowledge, 1859), 239.

추고 더 잘 반응하도록 만들어 주는 것은 무엇입니까?

깨끗한 양심에서 나온 사랑

깨끗한 양심이 가진 담대함은 사랑으로 드러나는 은혜로운 능력이므로 반대자들을 밀어버리는 방식으로 일하지 않습니다. 바울은 디모데에게 보내는 첫 번째 편지에서 그에게 "어떤 사람들을 명하여 다른 교훈을 가르치지 말라"(딤전 1:3)라고 권고했습니다. 교회가 된 지 얼마 되지 않은 이 교회에는 위협이 되는 거짓교사들이 있었고, 디모데는 자신의 권위를 사용하여 그들이 복음을 훼손하지 않도록 해야 했습니다. "이 교훈의 목적은 청결한 마음과 선한 양심과 거짓이 없는 믿음에서 나오는 사랑이거늘"(딤전 1:5). 디모데는 그들이 교회를 어지럽히는 이들이 회개하고 하나님과 그분의 백성에 대한 참된 사랑을 가지도록 만들어야 했습니다. 그는 이와 같은 사랑이 정결한 마음과 선한 양심과 거짓 없는 믿음에서 나온다고 설명했습니다. 건강한 양심은 사랑을 만들어 냅니다.[92] 윌리엄 헨드릭슨(William Hendriksen)은 이 본문에 대해서 다음과 같이 논평하였습니다. "죄책이 제거되고 하나님의 율법에 순종하게 된 양심은 오직 그와 같은 생각들과 말과 행위만 승인하기 시작할 것입니다... 이런 것들은 그 율법이 가진 하나의 유일한 핵심목표인 사랑과 조화를 이룹니다."[93]

---

92 물론 선한 양심이 하나님과 사람에 대한 사랑의 삶(율법에 대한 순종)을 만들어 내므로 여기에는 어떤 순환논리가 있다.

93 William Hendriksen, *Exposition of the Pastoral Epistles*, Baker New Testament Commentary (Grand

죄로 인한 상처가 없는 양심이 누리는 즐거움은 말할 수 없이 달콤합니다. 가장 심각한 환란이나 가장 신랄한 비판도 이 기쁨을 없앨 수는 없습니다. 이 기쁨은 하나님 안에서 발견하는 즐거움이며, 그리스도 안에 있는 우리를 향한 하나님의 호의적인 마음을 느끼는 감각입니다. 이것은 하나님의 사랑에 대한 확신이 주는 즐거움으로서 거룩한 삶에서 흘러나옵니다. 우리는 우리를 향한 하나님의 사랑을 경험적으로 잘 알고 있으므로 다른 사람들을 사랑할 수 있는 능력을 얻게 됩니다. 심지어 우리를 향해 가장 신랄한 비난을 하는 자들조차도 사랑할 수 있게 됩니다. 토마스 머피(Thomas Murphy)는 이렇게 기록합니다. "진심어린 경건이 영혼 속에서 역사할 때, 목사의 전 생애는 사랑의 역사로 바뀌게 된다...그의 위로에는 가난한 삶이나 비이성적인 사람들의 반대나 세상에서 누릴 수 있는 명예가 없다는 사실로 인한 명백한 문제가 있을 수 있지만 이 모든 것들은 그의 숨겨진 영적 기쁨의 샘으로 채워지는 것 이상이다....양심이 인정하는 것은 그에게 영원토록 지속되는 축제가 될 것이다."[94]

그리스도 안에서 살아가는 거룩한 삶에서 비롯되는 깨끗한 양심은 목사에게는 "영속적인 축제"입니다. 그가 자신을 향한 하나님의 호의적인 마음을 의식하면서 살아갈 때, 그는 다른 사람들에게 은혜와 호의를 드러내는 사람이 될 것입니다. "자신에게 있는 숨겨진 영

Rapids: Baker, 1957), 61.

94 Thomas Murphy, *Pastoral Theology: The Pastor in the Various Duties of His Office* (repr., Willow Street, PA: Old Paths Publications, 1996), 55-56.

적 기쁨의 샘"에서 올라왔기에, 그는 자신의 비판자들을 향한 사랑, 곧 성령의 역사의 결과로 주어지는 그리스도를 닮은 사랑에 의해 활력을 얻게 될 것입니다. 자신을 향한 하나님의 미소를 본다면, 육신적인 자기방어가 전혀 필요 없습니다. 이런 양심은 여러분을 자유롭게 하여 여러분의 비판자들을 사랑하게 할 것입니다.

깨끗한 양심이 가진 타협할 수 없는 특성

죄로 상처입지 않은 영혼이 하나님과 사람 앞에서 가지는 양심의 "영속적인 축제"에 대해서 알고 있습니까? 여러분의 삶 가운데 처리하지 못했던 죄가 있습니까? 혹시 여러분이 감당해야 하는 의무이지만 의지적으로 감당하지 않고 내버려 두었던 것이 있지는 않습니까? 여러분 자신과 여러분의 성도들을 진정시키기 위해서 여러분이 전하지 않고 있는 하나님의 진리가 있습니까?

만약 깨끗한 양심이 주는 깊은 즐거움이 무엇인지 알고 싶다면, 여러분은 하나님의 은혜로 말미암아 타협하지 않고 거룩함을 추구하는 일에 반드시 전념해야만 합니다. 이런 모습은 특히 닫힌 문 뒤에서 나타납니다. 가정과 마음이라는 사적이고 홀로 있는 자리에서 드러나는 여러분의 모습이야말로 진짜 여러분의 모습입니다.

여러분의 가정에서

- 여러분은 여러분의 아내와 자녀들을 이기적인 마음 없이 사랑하고 있습니까?

- 여러분의 아내와 자녀들에게 잘못을 범했을 때 즉시 용서를 구하며, 하나님께서 여러분에게 남편과 아버지로서 감당하도록 부르신 의무를 이행하는 일에 열심을 품고 있습니까?

서재에서

- 여러분은 자신에게 주어진 시간을 주님을 영화롭게 하고 교회를 섬기는 방식으로 사용하고 있습니까?
- 여러분은 컴퓨터에서 성적으로 난잡한 내용을 보고 있습니까?
- 여러분은 성도들이 알면 부끄러울 어떤 것을 사무실의 닫힌 문 뒤에서 하고 있지는 않습니까?

여러분의 마음속에서

- 여러분은 여러분의 죄를 죄와 불결함에 열린 샘으로 신속히 가져갑니까?
- 아무런 조건 없이 버리기 어려운 어떤 죄가 여러분에게 있습니까?
- 여러분이 했던 타협을 정당화했던 어떤 삶의 영역이 있습니까?
- 여러분의 마음과 의도가 순결해지는 것을 적극적으로 추구하고 있습니까?
- 여러분의 영혼에 다루지 않은 영적인 무관심과 무기력과 안주하려는 마음이 있습니까?
- 여러분은 성도들에게 설교하는 것을 여러분 자신에게도 설교합니까?
- 약점이 있기는 하지만, 여러분은 자신의 설교를 삶으로 보여주고 있습니까?

목사들이여, 여러분의 사적인 정직성이 비판에 대한 여러분의 반응에 직접적으로 영향을 미친다는 사실을 분명히 알아야 합니다. 만약 여러분이 도덕적으로 타협하며, 하나님의 미소가 가진 가치를 모르는 사람이라면, 비판에 직면했을 때에도 여러분은 은혜로운 능력에 대해 거의 알지 못할 것입니다.

하나님께 새롭게 헌신하십시오. 여러분이 타협한 것 중에 알고 있는 모든 영역에 대해서 회개하십시오. 하나님의 은혜로 말미암아 하나님과 사람 앞에서 거룩하게 살기로 작정하십시오. 찰스 핫지(Charles Hodge)는 프린스톤에 있는 학생들에게 다음과 같이 권면했습니다.

정직한 사람들, 곧 의문의 여지가 없이 진실한 사람이 되기 위해서 노력하십시오. 그 사람의 말이라면 모든 사람이 무조건 신뢰하고, 동기의 순수성에 대해서는 그 누구도 의심하지 않는 그런 사람들이 되십시오. 도덕성이 신앙에 있어서 매우 중요한 부분이며, 우리가 하나님께 마땅히 해야 할 섬김에 대해서도 중요하고 핵심적인 부분이라는 사실을 여러분의 마음에 깊이 각인시키십시오. 항상 여러분이 감당하도록 부르심을 받은 모든 것들의 도덕적인 면을 바라보는 습관을 가지십시오. 결과에 상관없이 항상 옳은 것을 행하기로 결정하십시오. 여러분이 느끼는 도덕적인 감각을 하찮게 여기지 마십시오. 이는 하나님을 하찮게 여기는 것입니다. 아무리 작은 일이라도 자신이 잘못 행하는 것을 결코 허락하지 마십시오. 작은 의무라도 소홀히 여기면 안 됩니다. 반대로 모든 일과 의무에 있어서 정확하게 신실한 사람이 되십시오.[95]

우리가 날마다 되뇌어야 할 말은 "타협금지"입니다. 그럴 때 비로소 우리는 비판에 직면하여 바울과 같이 말할 수 있을 것입니다. "우

---

95 Charles Hodge, "The Character Traits of the Gospel Minister," in *Princeton and the Work of the Christian Ministry*, ed. James M. Garretson (Edinburgh: Banner of Truth Trust, 2012), 2:138

리가 세상에서 특별히 너희에 대하여 하나님의 거룩함과 진실함으로 행하되 육체의 지혜로 하지 아니하고 하나님의 은혜로 행함은 우리의 양심이 증언하는 바니 이것이 우리의 자랑이라"(고후 1:12).

비판이라는 은혜로운 학교에 등록하라

만약 하나님의 미소 아래서 살고 있다면, 우리는 비판이 아버지 하나님의 사랑의 손에서 주어진 은혜라는 사실을 알게 될 것입니다. 언어적 비판은 하나님께서 자신의 자녀들을 그분의 아들의 형상으로 빚어 가시는 도구입니다. 복음 사역자들은 거룩한 삶의 본보기로 부름을 받았으므로, 우리는 하나님께서 우리를 일반적인 신자들보다 더욱더 비판에 노출되도록 하신다는 사실을 알아야 합니다. 하나님은 자신의 목동들(under-shepherds)에게 말할 수 없이 귀중한 많은 교훈을 가르치기 위해서 그들을 비판의 학교에 등록시키십니다.

자신을 지나치게 과대평가한다

언젠가 아치볼드 알렉산더(Archibald Alexander)가 "지나치게 많은 찬사는 젊은 목사에게 위험하다"라고 쓴 적이 있습니다.[96] 이것은 젊은 목사에게 특히 해당하는 것이기는 하지만, 목회 경험이 많고 익숙한 목사도 들어야 할 말입니다. 우리의 동료들이 주는 계속된 칭찬보

---

96 Iain H. Murray, *Revival & Revivalism: The Making and Marring of American Evangelicalism 1750–1858* (Edinburgh: Banner of Truth Trust, 1994), 8에 인용됨.

다 더 우리에게 해로운 것은 거의 없습니다. 우리는 너무 쉽게 교만한 모습을 가지게 되고 자신의 목회 성공에 대해서 자화자찬하게 됩니다. 그뿐만 아니라 우리는 거울을 보고 거기 보이는 자신의 모습에 감동하는 일에 매우 빠릅니다. 바로 이 때문에 데이비드 파울리슨(David Powlison)은 이렇게 고백했습니다. "내가 내 동맹군들이나 예스맨들과 나와 닮은 사람들과 나를 추종하는 이들과 같은 진영에 있는 동료들의 말만 듣는 것보다는, 차라리 내 혈관 속에 마약을 투여하는 것이 더 낫다."[97] 마찬가지로 스펄전도 다음과 같이 말했습니다. "아부는 그것이 우리에게 주는 즐거움만큼이나 우리에게 상처를 준다는 사실을 아직도 발견하지 못했는가? 아부는 마음을 부드럽게 하여 여러분이 비방에 대해서 더욱 민감하게 만든다. 칭찬이 여러분을 즐겁게 하는 만큼 비난은 여러분을 고통스럽게 할 것이다. 게다가 여러분의 보잘 것 없는 자아에 대한 옹졸한 생각으로 말미암아 주 예수님을 영화롭게 해야 하는 여러분의 위대한 목표를 포기하는 것은 범죄이다. 다른 이유가 없다면, 이는 여러분에게 중요한 의미를 가져야 한다. 자만은 치명적인 죄이며, 빨리 자라게 하려고 물을 주지 않아도 이 자만은 알아서 자라난다."[98] 이 말이 얼마나 꼭 맞는 말인지 모릅니다. 우리가 우리 자신에게서 구원을 받으려면, 정말로 비판이 필요합니다.

---

97 David Powlison, "Does the Shoe Fit?" *Journal of Biblical Counseling* (Spring 2002): 3.

98 Charles Spurgeon, *Lectures to My Students* (repr., Peabody, MA: Hendrickson Publishers, 2010), 352.

주님은 스스로 만든 높은 자리에 올라가 있는 우리를 내리기 위해서 언어적인 비판을 사용하십니다. 그분은 건설적인 비판을 활용하셔서 우리가 보지 못하는 부분을 드러내십니다. 이를 통해 우리는 우리가 신자로서 혹은 복음의 사역자로서 완성에 도달하지 못했다는 사실을 상기하게 됩니다. 은혜 안에서 성장하는 일과 하나님께서 주신 은사를 계발하는 일에 있어서 우리는 이제 겨우 시작했을 뿐입니다. 우리는 스스로 상상했던 만큼 훌륭한 설교자는 아닙니다. 또한 주어진 의무를 감당하는 데 있어서 우리는 스스로 상상했던 만큼 신실하지도 않습니다. 당연히 우리는 우리가 기대했던 만큼 거룩하지도 않습니다. 이처럼 비판을 통해서 자신에 대하여 과대평가하던 것이 다시 제자리를 찾습니다. 이것은 파괴적인 비판도 마찬가지입니다. 비판이 진실이 아니더라도 언어적 비판은 우리의 마음을 노출해 그 안에 무엇이 있는지 제대로 드러냅니다. 비판은 하나님께서 먼지 가운데 있는 우리를 겸손하게 하시는 방편입니다. 실제로 우리는 모두 자신을 지나치게 과대평가하고 있습니다. 이것이 현실입니다. 하나님이 은혜 가운데 우리에게 가르치기 원하시는 것은 우리가 생각하는 것만큼 위대한 존재가 아니라는 사실입니다.

자신에 대해서 지나치게 염려한다

우리 자신에 대한 과대평가와 더불어 우리는 자신의 평판에 대해서 지나치게 염려하고 있습니다. 4장에서 보았듯이, 자만은 최고가 된다고 해서 만족하지 않습니다. 자만은 모든 사람이 최고라는 것을 인정해 주기를 원합니다. 우리는 다른 사람들이 우리를 어떻게 생각하는지에 대해서 신경을 많이 씁니다. 우리는 존경받고 칭찬받고 싶어 합니다. 우리의 평판에 대한 염려는 종종 우리의 에너지를 소모시킵니다. 윌리엄 퍼킨스(William Perkins)는 다음과 같이 우리 마음 안에 있는 우상숭배를 드러냅니다.

> 우상숭배는 우리에게 우리의 본성적인 자부심과 자기사랑을 맛보고 바라보게 한다. 왜냐하면 하나님께서 우리의 맹세로 말미암아 불명예를 당하시고, 중상모략으로 말미암아 우리의 이웃의 이름이 손상당하는 것을 들을 때, 우리는 이런 것에 대해서 슬프지 않을 뿐 아니라 오히려 이를 통해 큰 기쁨을 누리기 때문이다. 특히 우리는 다른 사람의 잘못이 그들의 불명예가 되도록 험담하는 것을 들을 때 이런 모습을 보인다. 하지만 우리는 우리의 좋은 이름이 의심받게 되는 것을 결코 용납하지 않는다. 만약 우리 자신에 대한 비난이 일어난다면, 우리는 금방 미움과 시기심에 사로잡히게 되고 우리가 그에 대해 보상을 받거나 복수할 때까지 쉼을 누리지 못한다.[99]

하나님은 비판을 사용하셔서 자아라는 우상을 드러내십니다. 우리의 명성이 훼손당할 때 우리는 깊이 염려하고 상처받으며 분노합니다. 하지만 주님의 명성에 대해서는 어떻습니까? 신성모독이 우

---

99 William Perkins, "Sermon on the Mount," in *The Works of William Perkins,* ed. J. Stephen Yuille (Grand Rapids: Reformation Heritage Books, 2014), 1:594-95.

리 존재의 핵심을 건드릴 만큼 거슬립니까? 사람들이 거짓으로 하나님을 고소하고, 하나님께 분노의 주먹을 휘두를 때, 우리는 슬퍼합니까? 우리의 명성이 훼손될 때에는 많은 눈물을 흘리지만, 하나님에 대해서는 어떻습니까? 우리는 시편 기자처럼 다음과 같이 말할 수 있을까요? "그들이 주의 법을 지키지 아니하므로 내 눈물이 시냇물 같이 흐르나이다"(시119:136). 우리의 영적인 형제와 자매들, 혹은 동료 복음사역자들의 이름이 하찮게 취급받을 때 우리의 영혼은 동요합니까? 하나님은 비판을 사용하여서 우리가 우리 자신에 대해서 지나치게 염려한다는 사실을 보여주실 뿐만 아니라 또 우리가 우리의 명성에 대한 통제권을 포기하고, 하나님과 다른 사람들에 대하여 우리가 더 많은 관심을 가지도록 합니다.

나는 목동(under-shepherd)에 불과할 뿐, 목자장(chief shepherd)이 아니다

만약 여러분이 여러분의 교회에서 일정한 기간 동안 사역을 해 왔다면, 여러분의 회중들 가운데 여러분의 목회에 대하여 비판적인 나머지 교회를 떠나는 사람들이 생기는 것은 피하기 어려운 일입니다. 심지어 여러분이 많은 시간과 에너지를 투자하고 사랑을 주었던 사람들이 나중에 여러분을 버리고 떠나는 경우도 종종 일어납니다. 하나님께서는 대체 왜 이런 일이 발생하도록 하실까요? 피터 릴백(Peter Lillback)은 자신의 목회 사역을 돌아보면서 이렇게 말합니다. "교회의 회원들은 내 소유가 아니라 그리스도의 소유라는 사실을 배웠다."[100] 하나님의 백성들이 우리를 비난하고 우리를 떠날 때, 우리는 그들이 우리의 소유가 아니라는 사실을 새롭게 배웁니다. 우리는 목동에 불과할 뿐, 목자장이 아닙니다. 양들을 잃어버리고 그들로부터 날카로운 비난을 받을 때 경험하게 되는 깊은 고통을 통해 우리는 성도들이 궁극적으로 예수님께 속해 있다는 사실을 배웁니다.

나는 절대적으로 주님이 필요하다

비판의 불화살은 우리가 얼마나 불쌍한 존재인지를 단순히 상기시켜 주기도 합니다. 우리는 스스로 충분하다고 생각하기 쉽습니다. 우리는 자신의 영혼이 심각하게 궁핍한 상태라는 사실에 대해서 거의 인식하지 못한 채 목회적 의무를 수행할 수 있습니다. 하지만 비판이 주어지면, 우리의 연약함과 죄가 드러나게 됩니다. 비판은 이를 통해 우리에게 복음이 절대적으로 필요하다는 사실을 각인시킵니다. 하나님께서는 비판이라는 자극제를 통해서 우리가 그리스도를 더욱 강력하게 붙잡도록 하십니다. 오, 우리에게 그리스도의 의와 강력하게 하시는 그분의 은혜가 얼마나 절실히 필요한지요!

이것은 새로운 설교를 준비하기 위해서 매주 달려야 하는 마라톤에 있어서 특히 더 그렇습니다. 가끔 신랄한 비판에 상처를 입은 채

---

100 Peter A. Lillback, *Saint Peter's Principles: Leadership for Those Who Already Know Their Incompetence* (Phillipsburg, NJ: P&R, 2019), 355.

기도하는 마음으로 인내하며 설교를 준비하는 일은 정말 불가능할 것 같이 느껴집니다. 그러나 설교를 준비하는 동안 우리의 위대한 목자가 우리의 어깨에 있던 짐을 들어 올려 주시고 겸손한 통찰력과 조명을 공급하셔서 우리를 위로하십니다. 이때 그리스도는 흥하고 우리는 쇠하는 방식을 사용하십니다. 이 경우에 우리는 그 다음 주일에 설교하면서 일반적으로 우리의 경험적인 일이나 거룩한 씨름이 거의 없거나 전혀 없는 설교를 할 때보다 더 많은 자유와 기름부으심을 경험합니다.

여러분은 비판의 학교에서 이러한 교훈들을 배우고 있습니까? 비판을 은혜로 품는 사람들은 은혜로 반응할 수 있게 됩니다. 언어적 비판은 비록 중상모략이라 하더라도 하나님께서 여러분의 선, 곧 여러분이 그리스도를 닮도록 하시는 역사의 일부입니다(롬 8:28-29). 이는 사실이므로 여러분은 비판에 의해서 압도되어서는 안 됩니다. 비판이 여러분을 약하게 만들도록 두어서도 안 됩니다. 이 은혜로운 회초리 아래 조용한 능력이 있어야 합니다.

비판을 통해 자기 자신에게서 나와서 주님께로 가야 합니다. 주님은 비판 속에 여러분이 지금은 보지 못하는 선한 목적을 두고 계십니다. 이를 통해 여러분을 보다 구비되고 유용한 사람으로 만들고 계십니다. 제임스 케네디(D. James Kennedy)가 말했던 것처럼, "여러분의 비판자들이 여러분의 영혼을 지키는 이들, 곧 여러분 사역을 통해 유익을 얻는 자들이 되도록 하십시오. 그 비판자들이 여러분이 살아가는 내내 여러분을 돕도록 하십시오."[101] 비판을 볼 때 어떻게 해야 그 비판이 여러분의 성화를 도울 뿐만 아니라 여러분의 목회가 열매 맺도록 돕는 보조수단으로 바라볼 수 있는지 배우십시오. 더 나아가서 비판자들을 하나님께서 주신 은혜로운 축복으로 보는 법을 배우십시오. 그들은 여러분이 스스로 교만하지 않고 타협하지 않도록 하기 위해 예비된 사람들입니다. 비판이 주어지는 바로 그 순간에 본능적으로 비판을 은혜로 수용할 수 있도록 여러분의 영혼을 훈련하십시오.

비판하는 이들을 은혜로 포용하라

비판자들은 하나님께서 친히 주시는 선물입니다. 이는 우리가 더 나아지도록 우리를 비판하는 신실한 교회 회원들에게 뿐만 아니라 우리를 중상모략하려는 대적들에게도 해당되는 사실입니다. 우리가 모든 비판을 참된 것으로 포용하지는 않지만, 모든 비판자들을 은혜로 품어줄 필요가 있습니다. 우리의 비판자들 중에는 우리의 친절을 받을 자격이 없는 경우도 종종 있습니다. 하지만 바로 그것이 핵심입니다. 은혜는 공로가 없는 이에게 주어지는 호의이며, 심지어 문제가 있는 이에게도 주어지는 호의입니다.

이 중에 제일은 사랑이라

우리는 본성적으로 우리의 비판자들에게 복수하고 싶어 합니다.

---

101 D. James Kennedy, "How to Handle Criticism," *Christian Observer* (Feb. 22, 1991): 3.

하지만 우리가 하나님의 은혜로운 통치 아래에서 그들을 보면, 사랑으로 그들에게 반응할 수 있는 능력을 가지게 됩니다. 여러분을 비판하는 이들의 말을 들어야 하며, 그들을 위해서 기도해야 하고, 그들의 비판을 수용해야 한다는 사실 등 이미 우리가 논의했던 많은 진리가 이 내용과 잘 어울립니다. 이것들은 우리가 우리를 비판하는 이들을 사랑으로 품을 수 있는 모든 방법입니다. 하지만 여기서 우리는 외적인 사랑의 행위보다는 우리를 비난하는 사람들을 향한 내적인 사랑에 초점을 맞추고자 합니다.

비록 우리의 자만심이 방해하기는 하지만, 건설적인 비판을 하는 이들을 사랑하는 일이 지나치게 어려운 일이 되어서는 안 됩니다. 잠언은 우리에게 "친구의 아픈 책망은 충직으로 말미암는 것이나"(잠 27:6)라고 말씀합니다. 우리의 유익을 위해서 비판자가 우리에게 상처를 줄 때, 이는 말할 수 없는 축복입니다. 우리는 건설적인 비판을 하는 것이 얼마나 어려운지 기억할 필요가 있습니다. 우리가 누군가를 진정으로 사랑한다면, 우리는 그 사람에게 고통을 안겨주고 싶지 않습니다. 하지만 우리를 보살피는 비판자들은 우리에게 상처를 주는 어려운 일을 기꺼이 하려고 하는 이들입니다. 그들은 우리를 비판할 정도로 우리를 사랑합니다. 그들은 우리가 현재의 모습 그대로 머물러 있지 않도록 할 만큼 우리를 사랑하는 이들입니다. 이 사실로 인하여 우리는 그들의 영혼을 더욱더 사랑하게 되어야 합니다. 우리를 적당히 대하지 않고 기꺼이 우리를 비판할 정도로 우리를 사랑하는 이들을 미워하는 모습이 얼마나 이상합니까!

여러분을 사랑하는 비판자들을 사랑하기가 어렵다면, 여러분에게 적대적인 비판자들을 사랑하는 것은 얼마나 더 어려울까요? 에드 웰치(Ed Welch)는 이렇게 썼습니다. "원수를 사랑하는 것은 하나님에 대한 그리스도의 순종이 보여줄 수 있는 절정이다"[102] 대적들이 증오하는 말로써 우리를 죽이고자 할 때, 바로 그때가 우리의 신앙이 성장했는지를 점검할 때입니다. 우리 기독교 신앙의 진정성은 바로 이런 불같은 시험을 통해서 증명됩니다. 그리스도께서 여러분에게 하라고 명하신 것을 기억하십시오. "기뻐하고 즐거워하라"(마 5:12).

참된 믿음은 "사랑으로써 역사"합니다(마 5:12). 그런 사랑은 편애하지 않습니다. 가장 사악한 대적에게까지도 미치는 사랑입니다(마 5:44). 그렇다면 믿음은 어떻게 하여 이런 사랑을 만들어 낼 수 있을까요? 그리스도를 보기 때문입니다. 믿음은 자신의 원수들을 위하여 기꺼이 자신의 목숨을 바치신 신인(God-man)이신 분을 바라봅니다. 이 믿음은 자신을 주는 사랑을 통해 원수를 친구로 만드신 바로 그분을 마음에 품습니다. 또한, 이런 진리를 모호한 진리로 여기지 않고 진정 자신에게 해당하는 현실로 생각합니다. 우리는 믿음으로 우리가 진실로 하나님의 대적이었다는 사실과 주님께서는 그런 우리에게 감당치 못할 애정을 아낌없이 주셨다는 사실을 알게 됩니다. 이와 같은 사랑을 받은 이로서 우리가 어떻게 우리를 미워하는 비판자들에

---

102 Edward T. Welch, *When People Are Big and God Is Small: Overcoming Peer Pressure, Codependency, and the Fear of Man* (Phillipsburg, NJ: P&R, 1997), 190.

게 그 사랑을 주지 않을 수 있겠습니까? 믿음은 그리스도의 사랑을 수납하며, 바로 그 때문에 사랑을 하지 않을 수가 없는 것입니다.

우리가 죄를 통해서 그리스도께 상처를 입힌 것에 비하면 우리의 비판자들이 우리에게 입히는 상처는 그것의 1%도 되지 않습니다. 하지만 그리스도는 변함없는 사랑으로 우리를 사랑하십니다. 그러니 이 사실이야말로 우리가 비판을 대할 때 가장 위대한 비밀이요 모든 도움 가운데 가장 큰 도움이 아니겠습니까? 바로 이것이 마태복음 18장 23-35절에 나오는 용서하지 않는 종에 대한 비유가 말하고자 하는 핵심이 아닐까요? 그리스도는 우리가 자신을 향하여 범한 수백만 번의 죄(모든 죄는 다 그분에 대한 죄이므로)를 다 용서하셨는데, 우리는 우리의 대적이 우리에게 범한 한 가지 혹은 겨우 몇 움큼의 죄조차도 용서할 수 없단 말입니까?

한번 다음과 같이 도전해 보십시오. 대적들로 말미암아 근심하고 마음속에서 그들에 대한 분노가 치솟을 때는 멈추어 서서 여러분이 평생 그리스도를 어떻게 대접했는지를 묵상해 보십시오. 그 순간 비판을 대하는 여러분의 능력이 현저하게 나아질 것이라고 충분히 보증할 수 있습니다.

우리는 우리에게 파괴적인 비판을 하는 이들을 동정하는 마음을 가져야 합니다. 우리의 평판이 아니라 그들의 영혼을 위해서 두려운 마음을 가져야 합니다. 그들에게 있는 미워하고 비판하는 정신으로 말미암아 그들의 영혼은 심각한 위험에 처해 있습니다. 그뿐만 아니라 그런 정신은 그들을 말할 수 없이 불행하게 만들기도 합니다. 늘 비판만 해오는 사람의 삶은 비참한 삶입니다. 컵은 언제나 절반이 비어 있습니다. 모든 것을 부정적인 회색빛 렌즈를 통해서 바라봅니다. 습관적으로 비판하는 성인들이 당하는 해악을 그들의 자녀들도 경험하게 됩니다. 그런 자녀들이 교회의 든든한 아들과 딸들로 성장하는 경우가 얼마나 드문지요! 여러분이 비판하는 편이 아니라 받는 편이라는 사실에 대해서 하나님께 감사하시기 바랍니다. 부정적인 비판자들은 비참한 형편에 처해 있습니다.

매튜 헨리(Matthew Henry)는 동정심을 어떻게 사용해야 하는지에 대한 다양한 예시를 우리에게 보여줍니다. 한 번은 강도가 그의 지갑을 빼앗아 갔는데, 그는 그 강도가 자신의 생명을 가져가지 않고 지갑만을 가져간 것과 자신이 강도가 아니라 강도질을 당한 사람이라는 사실에 대해서 하나님께 감사했습니다. 동정심은 우리의 초점을 "비참한 나"에게서 진실로 불쌍하고 부정적이며 파괴적인 비판자에게로 옮기는 데 도움을 줍니다.

언젠가 한 가정을 심방을 했을 때, 그 가정의 아버지가 자신의 아내와 자녀들 앞에서 저를 노골적으로 비난하기 시작했습니다. 제가 일단 먼저 자녀들과 상담하고 나서 함께 대화하자고 제안하자, 그는 "목사님, 그럴 필요 없어요. 우리 아이들은 내가 당신에게 했던 모든 비판을 수도 없이 들었거든요"라고 퉁명스럽게 말했습니다. 그때 제 마음속에서는 분노가 치솟았습니다. 그 순간 자신의 부정적인 모습이라는 독을 그 자녀들의 마음에 풀어버릴 정도로 너무나 어리석은 아버지라고 그에게 말하면서 반격하고 싶은 마음이 들었습니다. 그

날 밤 집으로 돌아오면서, 제 마음속에서 "그의 태도는 자신의 가족을 망가뜨릴 가능성이 높기 때문에 나는 나 자신이 아니라 그 사람에 대하여 안타까운 마음을 가지고 있어야 한다"라는 생각이 깃들자, 내 자신이 아니라 그에 대해서 대단히 측은한 마음이 들었습니다. 그때 저는 제 마음에 생겨난 동정심으로 말미암아 그와 그의 아내와 그의 자녀들을 위해서 간절히 기도하게 되었습니다.

용서를 받은 대로

우리의 비판자들을 향한 사랑을 방해하는 모든 것을 치워버려야 합니다. 베드로는 우리에게 이렇게 명령합니다. "모든 악독과 모든 기만과 외식과 시기와 모든 비방하는 말을 버리고"(벧전 2:1). 여러분은 마음을 신중하게 살펴서 원망하는 마음이 자라나지 않도록 해야 합니다. 원망하는 마음은 교묘한 죄입니다. 우리의 마음은 우리를 비판하는 이들에 대하여 차갑고 무관심해질 수 있습니다. 심지어 우리는 그들을 경멸하고 그들이 죽어버렸으면 좋겠다는 마음이 들 수도 있습니다. 하지만 사랑의 마음을 가지면 원한이 사라지고 악한 생각을 품지 않게 됩니다. 바로 이 지점에서 여러분을 점검하십시오. 만약 여러분의 비판자가 공개적으로 수치를 당하거나 그 잘못이 드러나면 여러분에게 기쁜 마음이 들까요? 여러분은 여러분을 비판하는 이들이 영적인 선한 것을 가지게 되기를 진정으로 원합니까?

사랑하라는 부르심은 여러분이 여러분의 비판자들을 생각할 때 따뜻하고 온화한 감정을 품으라는 의미가 아닙니다. 하지만 여러분이 언어적으로 공격을 받아왔다면, 여러분의 소명은 그리스도를 닮는 것입니다. "서로 친절하게 하며 불쌍히 여기며 서로 용서하기를 하나님이 그리스도 안에서 너희를 용서하심 같이 하라"(엡 4:32) 그리스도께서 우리에게 그러하셨듯이 우리는 반드시 은혜와 용서를 베푸는 사람이 되어야 합니다. 하지만 그 사람이 회개하고 나서야 우리는 진정한 용서를 베풀 수 있습니다(눅 17:3-4). 그리스도는 모든 이들에게 아무런 조건 없이 용서를 베푸셨습니다. 그 사람이 믿음을 가지고 회개한다는 조건 하에 주님께서 실제로 그 사람을 용서하셨습니다. 크리스 브라운스(Chris Brauns)는 다음과 같이 지혜로운 말을 했습니다. "그리스도인의 용서는 회개에 대한 헌신이다."[103] 하지만 우리의 불의한 비판자들이 실제로 회개를 하거나 일을 바르게 하기를 원하든지, 우리는 그들에게 용서하고자 하는 마음을 가져야 하며, 우리가 받은 공격은 하나님께 드리고 그들을 향한 원망의 마음을 품지 말아야 합니다. 우리는 열린 마음으로 그들을 수용할 준비가 되어야 합니다. 이때 우리는 우리를 비판하는 이들이 회개의 조건을 완전히 성취하지 못했다 하더라도, 마음으로는 그들을 용서해야 합니다. 우리는 우리를 비판하는 이들을 비판하는 사람이 되지 않도록 주의를 기

---

103 Chris Brauns, *Unpacking Forgiveness: Biblical Answers for Complex Questions and Deep Wounds* (Wheaton, IL: Crossway, 2008), 57. 지면의 제약으로 인하여 이 주제에 대한 내용을 이곳에 구체적으로 담을 수 없다. 하지만 만약 여러분이 이 주제에 대해서 더 자세히 알기를 원한다면, 브라운스의 책은 탁월한 입문서가 될 것이다. 그는 용서를 "상처받은 사람이 회개하는 사람을 은혜롭게 도덕적인 책임으로부터 용서해주는 헌신이며, 비록 모든 결과가 반드시 제거되지는 않았다고 하더라도 그 사람과 화목하게 되려는 헌신이다"(p. 55).

울여야 합니다.

은혜 위에 은혜

은혜로 말미암아 우리가 우리의 양심을 깨끗하게 유지하고 비판에 담겨 있는 교훈을 배우려고 노력할 때, 우리는 강건하게 서게 될 것이고 우리의 비판자들을 은혜 가운데 품을 수 있게 될 것입니다. 우리 주님께서 "은혜 위에 은혜"로 가득 한 분이셨듯이, 우리도 그렇게 될 것입니다. 비판에 대한 우리의 반응이 우리가 선포하는 은혜의 복음과 상반되지 않도록 하시길 바랍니다.

제3부

·

교회 안에서
건설적인 비판을
하기 위한
실제적 원리

7. 다른 사람들에게 건설적인 비판하기

우리는 지난 여섯 장에 걸쳐 목회 사역을 하면서 비판을 어떻게 다루어야 할 것인지에 초점을 맞추었습니다. 목사인 우리는 우리 자신에게 제기되는 정당하거나 부당한 비판의 소용돌이에 바르게 대처하기 위해 많은 지혜가 필요합니다. 하지만 다른 사람들을 건설적으로 비판하는 법을 배우는 것도 역시 중요합니다.

목사는 단순히 비판의 대상이 되는 것을 넘어, 비판을 하는 거룩한 주체가 되는 것도 필요합니다. 신약의 서신서는 물론이고 그리스도의 지상사역을 기록한 복음서의 기록을 보면 갈등이 어디에나 있었다는 것을 알 수 있습니다. 예수님과 제자들의 사역 가운데 많은 부분이 하나님의 영광을 위한 대결과 책망으로 이루어져 있습니다. 바울은 하나님의 숨결이 깃든 말씀은 "교훈과 책망과 바르게 함과 의로 교육하기에 유익"하다고 말합니다(딤후 3:16). 우리는 교리를 위해서, 그리고 의로 교육하기 위해서 기쁜 마음으로 성경을 사용하지만, 교정과 책망을 하려면 뭔가 움츠러드는 것이 사실입니다. 하지만 우리는 바로 이와 같은 일을 하기 위해서 부르심을 받았습니다. "너는 말씀을 전하라 때를 얻든지 못 얻든지 항상 힘쓰라 범사에 오래 참음과 가르침으로 경책하며 경계하며 권하라"(딤후 4:2). 우리의 성도들이 자신의 마음에 내주하는 죄를 가진 채 이 세상을 살아가는 한, 우리는 공적인 설교와 사적인 상담을 통해 하나님의 말씀이 가진 책망하는 기능을 그들에게 사용해야 합니다.

지금보다 더 강력하게 우리를 타협하도록 유혹하는 시기는 아마 역사상 없을 것입니다. 우리가 살아가는 이 시대의 문화를 지배하는 도그마(dogma)는 상대주의입니다. 다른 사람들에게 잘못되었다고 말하지만 않는다면 세상은 우리를 용인할 것입니다. 자신이 진리와 도덕을 독점하고 있다고 실제로 믿는다면, 그것이 사람들에게 얼마나 오만하게 비칠까요? 우리는 보편적인 것들을 거부하는 것을 반대하지만, 우리가 실제로 느끼는 것보다 우리 문화에 더 큰 영향을 받고 있습니다. 이 유혹은 기독교적인 세계관을 벗어버려야 한다거나 상대적인 포스트모더니즘의 어떤 형태를 지지하라는 것은 아닐지도 모릅니다. 어쩌면 이보다 더 교묘한 방식으로 우리에게 찾아올 수 있다는 말입니다. 우리는 "나는 다른 사람들에게 강요하지 않는 한 이런 신념들을 가질 수 있으며 확고히 붙들 수도 있다. 결국 내가 누구기에 그들에게 잘못되었다고 말할 수 있겠는가?"라고 생각합니다. 하지만 성경에 따르면, 신실한 목회란 교리와 행위에 있어서 용감하게 오류를 드러내는 것임이 분명합니다. 바로 꾸짖고, 경고하고, 하나님의 길로 돌아오라고 외치는 것입니다. 이와 같은 책무를 게을리 한다면, 이는 하나님께서 주신 의무를 포기하는 것과 다를 것이 없습니다.

그런데 우리는 이 일을 어떤 방식으로 수행해야 할까요? 우리 모두는 자신의 양들을 책망하고 경책하는 일을 즐기는 것처럼 보이는 엄한 목사들을 보아왔습니다. 그렇다면 예수님처럼 우리 성도들을 향해 건설적인 비판을 하려면 어떻게 해야 할까요?

비록 기독교인은 아니었지만, 아리스토텔레스는 이와 관련하여 우리에게 도움을 줄 수 있는 일반은혜적인 통찰력을 가지고 있었습니다. 이 고대 수사학 선생은 강력한 의사소통 (그가 "설득"이라고 불렀던)에는 세 가지 요소가 있다고 가르쳤습니다. 바로 에토스(ethos), 파토스(pathos), 그리고 로고스(logos)입니다. 그는 이렇게 썼습니다. "말로 주어진 설득의 형태에는 세 종류가 있다. 첫 번째 종류는 화자의 개인적인 성품(ethos)에 달려있다. 두 번째 종류는 청자들을 특정한 생각의 틀 속에 집어넣는 것(pathos)에 달려있다. 세 번째는 말 자체가 제공하는 증거 혹은 분명한 증거(logos)에 달려 있다."[104] 건설적인 비판은 설득 이상이어야 하지만, 설득 못지않은 것이 되어버립니다. 우리는 우리의 청중들이 자신의 오류를 확신하고 변화하도록 격려를 넘어 강요하려고 합니다. 물론 이 일은 마음과 삶을 바꿀 수 있는 유일한 분이신 성령께 의지할 때 일어나는 것입니다. 하지만 만약 우리가

---

104 Aristotle, "Rhetorica," in *The Basic Works of Aristotle,* ed. Richard McKeon (New York: Random House, 1968), 1329.

예수 그리스도를 닮은 방식으로 우리 성도들을 건설적으로 비판하려면, 우리는 반드시 에토스와 파토스와 로고스라는 세 요소를 가지고 있어야 합니다.

비판의 에토스

다른 사람을 비판할 때, 우리 마음은 주로 로고스에만 집중하는 경향이 있습니다. 우리가 말하고자 하는 핵심과 우리의 비판을 지지하는 증거와 우리가 가진 입장의 올바름에만 집중한다는 말입니다.

우리는 바른 용어를 사용하고 우리의 논리를 탄탄하게 하는 일에 많은 시간을 쏟을 수 있습니다. 로고스는 분명히 중요합니다. 하지만 우리가 하는 말이 나무랄 데 없이 견실하고 일관적이라고 하더라도 다른 두 요소가 결여되어 있다면 비판의 대상이 되는 이들이 제대로 세워질 수 없을 것입니다.

우리는 아리스토텔레스가 시작한 바로 그 지점에서 에토스와 더불어 시작해야 합니다. 설득에 포함된 이 측면은 메시지 자체에 집중하지 않고, 메시지를 전하는 사람에게 집중합니다. 만약 하나님의 영광을 위해서 비판한다면, 우리는 사람들에게 어느 정도 신뢰를 얻고 있어야 합니다. 제임스 스토커(James Stalker)는 이렇게 기록했습니다. "우리는 우리에게 말하는 사람에게 얼마나 우호적인 마음을 가지고 있느냐에 따라 듣는 것에 영향을 받도록 만들어진 존재이다."[105] 우

---

[105] James Stalker, *The Preacher and His Models* (New York: Hodder and Stoughton, 1891), 167.

리는 반드시 정직하고 다른 사람들에게서 신뢰를 얻는 사람들이어야 합니다. 우리는 목사로서 우리의 부름에 합당한 사람이 되어야 하고, 또 다른 이들에게 그렇게 보여야 합니다.

거룩한 사역

바울은 그리스도인 노예들에게 "우리 구주 예수님의 교훈을 빛나게" 하는 삶을 살라고 권면했습니다(딛 2:10). 우리가 전하는 복음이 그리스도 안에 있는 인격적인 거룩함이라는 도덕적인 아름다움으로 빛나도록 해야 합니다. 마찬가지로 다른 사람들에 대하여 비판할 때에도 우리의 흠 없는 모습이 드러나도록 해야 합니다. 위선적인 모습을 가지고 비판하는 모습보다 더 흉한 것은 찾기 어렵습니다. 만약 우리의 삶에 타협적인 모습이 있다는 것을 우리 성도들이 안다면, 그들에 대한 우리의 비판이 얼마나 진실하고 정당한지와는 별개로 그들은 우리의 비판에 귀를 닫을 가능성이 매우 큽니다. 여러분의 눈에 들보가 있으면서 형제의 눈에 있는 티끌을 찾고자 하는 마음이 들지 않도록 경계하십시오(마 7:3-5).

여러분이 비판하고 있는 바로 그 허물을 여러분의 삶이 보여주고 있지는 않습니까? 여러분의 삶 속에 이미 사람들이 알고 있는 타협적인 모습이 있지는 않습니까? 이미 성도들 사이에서 여러분의 평판에 금이 가게 했던 여러분의 죄악이 아직 처리되지 않은 채 남아 있지는 않습니까?

비판을 바르게 수용하기 위해서 깨끗한 양심이 필수적인 것과 마찬가지로, 바르게 비판하기 위해서도 반드시 깨끗한 양심이 있어야 합니다. 만약 여러분의 성도들이 여러분의 책망을 듣게 된다면, 그들은 반드시 그 책망이 아무런 책망 받을 것이 없는 사람에게서 나오고 있다고 느껴야 합니다. 바로 이와 같은 이유로 바울은 장로가 심지어 교회 밖의 외인들에게서도 선한 증거를 얻은 사람이어야 한다고 강조합니다(딤전 3:7). 사도는 우리가 죄가 전혀 없는 완전한 상태가 되어야 한다고 주문하는 것이 아닙니다. 그는 우리가 모든 면에서 책망할 것이 없는 생활방식을 가질 것을 요구합니다(딤전 3:2). 존 브라운(John Brown)은 다음과 같이 기록했습니다. "만약 기독교의 선생이 자신의 성도들에게 존경받고 사랑받되 '신령한 목적에 있어서 참으로 정직하고,' 그가 말하는 모든 말이 믿을 만하며, 그의 성품과 행동에 있어서 자신이 권면하는 모든 덕과 의무에 있어서 본이 되고, 성도들의 영적인 향상과 궁극적인 구원을 진정으로 갈망하는 이로 여김을 받는다면, 그의 입술에서 나오는 진리는 두 배나 큰 영향력을 가지게 될 가능성이 크며, 그의 말에 사람들은 쉽게 주목할 것이고, 사람들은 그의 신념에 대하여 저항하기보다는 그것을 환영하여 기꺼이 순종하며 따를 것이다."[106]

우리의 성도들은 언제나 우리를 지켜보고 있습니다. 그들의 신뢰를 잃어버리는 데는 단 하나의 공개적인 죄면 충분하지만, 그 신뢰를

---

106 John Brown, *An Exposition of the Epistle of Paul to the Galatians* (Edinburgh: The Banner of Truth Trust, 2001), 205.

회복하는 데에는 수 년 동안 정직한 모습을 보여야 합니다. 그들을 비판해야 할 때 우리가 그들의 말에 귀를 기울인다면, 우리의 사역에 는 장기적으로 볼 때 거룩함의 에토스가 스며들어 있게 될 것이 틀림 없습니다.

관계적 사역

목사가 고립되는 것은 목회에 있어서 실질적인 위험입니다. 어떤 교회 문화에서는 실제로 이를 장려하기도 합니다. 이들은 목사를 나머지 회중보다 더 높은 위치에 두고 거의 접근할 수 없는 대상으로 상정하려 합니다. 하지만 우리가 효과적으로 우리 성도들을 훈계하려면, 우리는 반드시 그들의 삶과 적극적인 관계를 맺어야 합니다. 다시 말하면, 우리는 그들과 진정한 관계를 형성해야 한다는 말입니다. 우리는 반드시 그들을 알아야 합니다. 데이비드 딕슨(David Dickson)은 장로에 대해서 이렇게 말했습니다. "장로는 반드시 그들 전부에 대해서 잘 알아야 한다. 젊은이들도 알아야 하고 나이 든 사람들도 알아야 한다. 그들의 삶의 여정도 알아야 하고, 그들의 직업도 알아야 하며, 그들의 취미도, 그들의 사고방식도 알아야 한다. 그는 그들과 그들의 자녀들과 더불어 개인적인 친분을 가져야 한다. 그래서 그들이 그를 향하되 친절하고 공감하는 친구이자 신실한 상담가로 여겨서 의지할 수 있는 이로 여겨 자연스럽게 그를 바라볼 수 있는 사람이 되어야 한다."[107]

물론 우리의 양 떼들과 이처럼 친밀한 관계를 유지하는 것은 하루 아침에 일어나는 일이 아니고, 많은 시간을 투자하고 자기희생이 있어야 비로소 가능합니다. 목사들은 우리 교회의 성도들이 경험하는 가장 달콤한 즐거움과 가슴이 찢어지는 가장 아픈 슬픔을 함께 하는 위대한 특권을 가지고 있습니다. 우리는 아기들이 태어날 때 그들과 함께합니다. 그 아기들이 죽는 자리에도 우리는 함께 합니다. 그들의 결혼식 주례를 담당하는 자리에도 있고, 암으로 투병할 때나 사망의 그늘이 임할 때도 그들과 함께 걷습니다. 이 둘 사이에 존재하는 일상적인 매일의 삶 속에서도 그들의 여정과 함께 합니다. 우리는 우리 교회의 성도들의 삶 속에 들어가기 위해서 이와 같은 순간들을 붙잡아야 합니다. 그들에게 우리의 관심을 보여주고 그들과 진정어리고 깊은 관계를 발전시키기 위해서 노력해야 합니다. 이와 같은 관계가 부족하게 되면, 일반적으로 비판이 제대로 수용될 수가 없습니다. 하지만 우리에게 친구로서의 마음(ethos)이 있다면, 그들은 기꺼이 우리의 말을 들을 것입니다.

확증하는 사역

우리 성도들은 우리가 자신의 편이라는 사실을 가슴 깊이 느낄 필

---

107 David Dickson, *The Elder and His Work* (repr., Dallas: Presbyterian Heritage Publications, 1990), 15.

요가 있습니다. 만약 우리 성도들이 우리를 격려하기 보다는 허물을 찾아내는 이들이라고 인식한다면 우리의 사역은 실패한 사역입니다. 필요한 경우라면 목사는 훈계를 해야 합니다. 하지만 목사가 항상 비판자가 되어서는 안 됩니다. 우리의 목회는 우리 성도들에 대한 긍정적인 확증으로 가득해야 합니다. 이것이 없이 그들을 교정하거나 훈계하려고 하면 모두 허사가 되고 말 것입니다. 샘 크랩트리(Sam Crabtree)는 우리를 다음과 같이 격려합니다. "반드시 교정해야 할 때, 그 교정을 받아야 할 사람이 여러분에 대해서 생각할 때, 여러분이 자신을 위한 존재이지 자신을 대항하는 존재가 아니라고 일관되게 생각할 수 있도록 행동하라."[108] 목회 사역을 하다 보면 이렇게 만들 기회가 아주 많습니다. 그러므로 우리에게 필요한 것은 그들을 바라보는 시각입니다.

- 여러분의 회중들이 교회를 섬기는 것 중에 사소해서 알아차리기 힘든 일을 하지는 않는지 눈을 크게 뜨고 항상 살피라. 그들이 수고하는 일에 대하여 감사하고 또 그들에게 격려하는 카드를 쓰는 일에 시간을 들이라.[109] 적절한 때가 이르면, 그들의 봉사에 대하여 공개적으로 확증하라.
- 성도들의 삶에 성장과 변화의 모습이 나타나는지 눈을 크게 뜨고 항상 주시하라. 여러분이 실질적인 영적인 변화를 발견하면, 비록 그것이 사소한 것일지라도 말로서 그 사실을 격려하라.

---

108 Sam Crabtree, *Practicing Affirmation: God-Centered Praise of Those Who Are Not God* (Wheaton, IL: Crossway, 2011), 144-45.
109 가능하다면, 이메일로 하지 않는 것이 좋다. 왜냐하면 이메일은 개인적이거나 의미 있는 느낌을 주기 어렵기 때문이다. 하지만, 아무 것도 하지 않는 것보다는 이메일이 더 낫다.

- 특별히 침체를 겪고 있고 또 절망의 유혹을 받고 있는 이들은 없는지 눈을 크게 뜨고 항상 살피라. 그들이 낙심해 있을 때는 직접 만나서 그들의 삶과 환경 속에서 하나님의 은혜가 역사하는 방식에 대해서 격려의 말을 담아 그들에게 전하라.
- 여러분의 회중들이 여러분을 도울 수 있는 방식을 찾기 위해 항상 눈을 크게 뜨고 살피라. 여러분이 결정을 할 때, 그들의 조언을 구하라. 그들의 전문성이 필요한 어떤 특별한 일이 있을 때 그들에게 도움을 요청하라. 이와 같은 방식의 요청은 오랜 기간에 걸쳐 우리 성도들의 가치에 대하여 확증해 준다.

이 장의 후반부에 우리는 비판이라는 행위를 할 때 확증이 어떤 역할을 하는지에 대해서 논의할 것입니다. 하지만 여기서 중요한 점은 여러분의 사역이 정기적인 격려와 간헐적인 훈계로 이루어져야 하며, 정기적인 비판과 간헐적인 격려가 되어서는 안 된다는 것입니다. 긍정적인 확증이라는 에토스(ethos)는 비판에 대한 수용성을 증가시킬 것입니다.

비판의 파토스

이제 우리는 우리가 하는 비판의 본질에 대해서 살펴볼 차례입니다. 우리가 하는 모든 비판에 있어서 우리는 반드시 성도들의 마음을 목표로 삼아야 합니다. 아리스토텔레스는 이를 일컬어 파토스(pathos)라고 불렀습니다. 우리의 비판은 우리가 비판하는 사람들의 정서를 통하여 그들의 귀에 도달합니다. 하지만 그들의 마음에는 어떻게 도달할 수 있을까요?

동정심을 보여주라

첫째, 그들에게 우리의 마음을 줌으로써 그들의 마음에 도달할수 있습니다. 만약 우리가 성도들의 정서를 사로잡으려면, 그들을 대할 때 반드시 애정어린 마음으로 그들을 대해야 합니다. 우리는 사도와 같이 말할 수 있어야 합니다. "고린도인들이여 너희를 향하여 우리의 입이 열리고 우리의 마음이 넓어졌으니"(고후 6:11). 우리 성도들을 향하여 눈에 보이게 열린 마음을 가지는 것이야말로 우리를 향한 그들의 마음을 열리게 할 수 있는 최상의 방법입니다. 리처드 백스터는 다음과 같이 설명합니다. "여러분이 거짓 없이 성도들을 사랑하는 모습을 그들이 볼 때, 그들은 여러분이 하는 어떤 말이라도 들을 것이며, 여러분에게서 주어지는 어떤 것도 감수할 것입니다."[110] 용어의 선택과 음성의 톤과 얼굴의 표정을 비롯한 다른 신체 언어를 사용하여서 그들을 향한 동정심과 진정한 관심이 있다는 사실을 전달하기 위해서 노력해야 합니다.

사도 바울은 갈라디아서에서 우리에게 다음과 같이 권면합니다. "형제들아 사람이 만일 무슨 범죄한 일이 드러나거든 신령한 너희는 온유한 심령으로 그러한 자를 바로잡고"(갈 6:1). "온유"라는 말로 번역된 단어가 의미하는 것은 "인내하는, 관대한 마음을 가진, 점잖은, 예의바른, 사려 깊은, 관대한, 넉넉한, 온화한과 같은 것입니다. 요약하면, 성마름과 무례함과 소진시킴과 같은 말과 정반대의 성질을

---

110 Richard Baxter, *The Reformed Pastor* (Edinburgh: The Banner of Truth Trust, 1974), 118.

가진 것을 설명하는 것입니다."[111] 만약 우리가 비판을 통해 우리 성도들의 마음을 얻고 싶으면, 반드시 겸손한 사랑의 정신이 우리를 지배해야 합니다. 조나단 에드워즈가 기록한 31개의 결심문은 이 점에 있어서 도움이 되고 확신을 주는 안내자의 역할을 합니다. "결심한다. 가장 높은 수준의 기독교적 영예와 인류에 대한 사랑에 완벽하게 어울리며, 나의 허물과 실패에 대해 알아 가장 낮은 겸손에 합당하고, 황금률에 어울릴 때, 그 누구를 향해서도 절대로 반대하는 말을 하지 않기로 결심한다. 또한 누군가를 비방하는 말을 했을 때 그 행위를 이 결의안에 비추어 보고, 또 이 결의안으로 엄격하게 시험할 것이다."[112]

성도들의 마음속에 여러분이 그들을 사랑하는지에 대해서 의문이 있습니까? 여러분의 마음이 어디를 향하고 있는지를 보여주기 위해서 여러분은 어떤 언어적 혹은 비언어적 소통방식을 이용하고 있습니까? 여러분은 성도들을 진정으로 사랑합니까? 성도들을 비판할 때에도 여러분은 그들의 영원한 안녕을 구하고 있습니까?[113]

---

111 Wayne Mack, *A Homework Manual for Biblical Counseling: Personal and Interpersonal Problems* (Phillipsburg, NJ: P&R, 1979), 12.
112 Sereno E. Dwight, *Memoirs of Jonathan Edwards* in *The Works of Jonathan Edwards* (repr.; Edinburgh: Banner of Truth Trust, 1974), 1:xxi.를 보라.
113 샘 크랩트리(Sam Crabtree)는 다음과 같은 도움이 되는 질문을 제공합니다. "교정할 때, 여러분은 누구의 아젠다를 따르고 있습니까? 여러분이 다른 사람을 교정할 때, 여러분이 실망하고 좌절한 것과 같이 여러분 자신의 기호를 기준으로 합니까? 아니면 하나님께서 각 사람에게 원하시는 것을 기준으로 교정을 합니까? 여러분이 하는 교정이 하나님 중심적이며 여러분으로 하여금 교정하도록 하는 동기가 되는 사랑이 진실하다는 사실을 다른 경건한 사람들이 확증해 줍니까?" (*Practicing Affirmation*, 147).

긍정으로 에워싸라

둘째로 우리는 그들을 긍정하는 모습을 통해 그들의 마음으로 다가갑니다. 건설적인 비판은 여러분이 격려하는 사역을 감당할 때 가장 큰 효과를 얻을 수 있습니다. 특히 효과적인 비판이 되기 위해서는 일반적으로 비판을 하기 직전에 격려하는 것이 좋습니다.[114] 이것은 종종 "샌드위치 원리"라는 말로 표현됩니다. 만약 비판하기 이전이나 이후에 그들에 대한 긍정적인 요소를 전혀 주지 않고 비판만 한다면, 그들은 그 비판이 자신의 전체적인 인격에 대한 반영이라고 받아들일 가능성이 큽니다. 그러므로 책망할 때, 사람들은 우리가 "나는 한 인격으로서 당신을 긍정적으로 생각하고 당신을 인정합니다. 하지만 한 가지 염려되는 것이 있습니다"라고 말하는 것을 듣기를 원합니다.

개구쟁이 아들을 둔 젊은 어머니가 있다고 가정해 봅시다. 그 아이는 항상 소리를 지르고 최근에는 주일 예배에서 한바탕 소란을 일으켰습니다. 어머니는 이 문제를 해결해야 했습니다. 하지만 어떻게 해야 할까요? 이에 대해서 말할 때, 여러분은 봐주지 말고 직접적으로 훈계할 수 있습니다. "지난 몇 주간 어린 조니(Johnny)가 예배 중에 너무나 시끄러웠습니다. 당신은 조니의 그런 행동이 모든 사람을 얼

---

[114] 물론 이에 해당되지 않는 예외도 존재한다. 때때로 요점을 분명하게 하기 위해서 직설적으로 책망해야 할 때도 있다(예를 들어, 마 23:13-36과 갈 1:6-9을 보라). 하지만 고린도에 있는 문제가 많은 교회에 대한 바울의 예는 책망에 있어서 긍정하는 태도가 하는 역할에 대한 훌륭한 예가 된다(고전 1:4-9을 보라).

마나 산만하게 하는지 아시나요? 당신은 조니를 통제하시거나 밖으로 데리고 나가셔야 합니다." 이런 비판은 이 어머니에게 파토스를 만들어 낼 수 있습니다. 하지만 그것은 여러분이 원하는 종류의 것은 아닐 것입니다. 더 좋고 더 기독교적인 것은 아래와 같이 긍정 사이에 비판을 넣는 것입니다.

- 사전 긍정: "캐롤, 당신이 조니가 하나님을 알고 사랑하도록 양육하려고 노력하는 것에 정말로 큰 힘을 얻었어요. 특히 조니를 매주 공예배에 데려와서 하나님의 진리를 양육하려는 수고와 헌신에 말입니다."
- 비판: "하지만 지난 몇 주 동안 조니가 예배 중에 너무 시끄러웠던 것 같아요. 그것 때문에 다른 사람들이 말씀을 듣는 데 방해받게 될 것 같아서 걱정되었어요."
- 후속 긍정: "당신이 아이들과 함께 가족들이 예배를 드리는 것을 중요하게 생각한다는 사실을 알고 있어요. 그것은 대단한 일이고, 또 하나님께 영광을 돌리는 일입니다. 하지만 아마도 다음번에 조니가 예배 중에 떠들기 시작하면, 잠시 밖으로 데려나가는 것도 괜찮을 것 같아요."

비판이 긍정 사이에 있을 때 얼마나 느낌이 다릅니까! 물론 긍정하는 말들은 진실한 말이어야 합니다. 그들 자신에게도 진실이 아니고, 여러분의 생각과도 다른 방식으로 누군가를 긍정해서는 안 됩니다. 하지만 진실한 긍정이 우리의 비판을 둘러쌀 때, 방어하려는 마음은 줄어들 것이고, 우리가 비판하는 사람들의 마음을 얻는 효력도

나타날 것입니다.[115]

결과를 강조하라

셋째, 거룩한 파토스는 다른 사람들이 그들의 오류가 가져온 결과를 보도록 돕는 것을 통해서 일어납니다. 우리의 죄악 된 믿음과 행위들은 반드시 결과를 가져옵니다. 성도들이 그 결과들을 이해하도록 돕는 것은 그들의 성장을 위해서 우리의 비판을 효과적으로 사용하는 것입니다.

만약 여러분의 회중 가운데 아메리칸 드림을 성취하기 위해서 자신의 가족들을 등한히 여기는 사람이 있다면, 쉽게 그를 불러내지 마십시오. 단순히 하나님의 말씀에 비추어 그가 자신의 죄를 보도록 하지 마십시오. 오히려 자신의 행위가 가져올 결과를 그 사람이 마음에 새기도록 하십시오. 부정적인 결과는 광범위합니다. 하지만 여러분이 생각하기에 자신의 양심에 가장 큰 부담을 가지게 될 사람들에게 집중하십시오. 그것을 질문의 형태로 만들면 도움이 될 것입니다. 예를 들어, 자신의 비성경적인 행위로 말미암아 그가 자신의 자녀들에게 전하고 있는 메시지가 무엇일까요? 다음과 같은 몇 가지 가능성이 있습니다.

---

115 바울이 고린도전서와 같은 서신서들 속에서 건설적인 비판을 위한 샌드위치 원리를 어떻게 사용하는지 주목하라. 그는 서신서의 결말을 긍정으로 장식하고, 다음으로 그 서신서의 가운데 부분에서 다양한 비판과 해결책을 제시하는 데 초점을 맞춘다.

- 아빠는 일이 나보다 더 중요하다.
- 부(riches)가 관계보다 더 중요하다.
- 더 많은 돈을 가질수록 나는 더 행복해 질 것이다.
- 내 자아가 가진 가치는 내가 누릴 이 땅의 성공과 형통함보다 더 크지 않다.

어떤 기독교인 아버지도 자신의 자녀들이 이러한 사실들을 믿게 되길 원하지는 않습니다. 하지만 종종 우리는 우리의 행위가 어떤 끔찍한 결과를 가져오는지 깨닫지 못합니다. 그런 결과를 드러내는 것이야말로 우리의 성도들이 우리의 책망에 마음을 열고 그들이 지속해서 변할 수 있도록 하는 중요한 방법입니다.

기대를 표현하라

마지막으로 소망을 줌으로써 우리 성도들의 정서에 영향을 끼칩니다. 비판은 대체로 하나님의 율법을 적용하는 것입니다. 우리는 명시적으로 드러나 있거나 선하고 필수적인 결과에 따라 추론되는 하나님의 율례를 사용하여 죄를 드러냅니다. 하지만 복음의 소망을 제시하지 않은 채 그런 행위를 하지 않도록 조심해야 합니다. 만약 우리 성도들이 우리가 그들을 구제 불능으로 본다는 느낌이 들게 된다면, 그들은 결코 우리에게 마음을 열지 않을 것입니다. 건설적인 비판은 어느 정도의 성경적인 낙관론을 필요로 합니다. 만약 변화에 대한 희망이 전혀 없다면, 우리가 하는 비판에서는 아무런 건설적인 요소도 발견할 수 없습니다.

우리는 목사로서 그리스도로 귀결되지 않는 비판을 하지 않도록 반드시 경계해야 합니다. 우리의 양 떼들을 훈계할 때, 우리는 그들이 그리스도 안에 있는 하나님의 은혜를 볼 수 있도록 해야 합니다. 이 은혜는 그들의 죄책감을 제거해 주고, 그들이 죄를 죽여 나갈 수 있는 힘을 공급합니다. 우리가 의심하는 사람을 훈계할 때 만일 그가 참된 신자가 아니라면, 우리는 의롭게 하는 의와 성화시키는 거룩을 얻기 위해서 그들이 그리스도를 바라보도록 요구해야 합니다. 그들이 어떤 상태에 있든지, 그리고 우리가 비판하는 그들의 죄가 얼마나 심각하든지, 우리는 복음 안에서 값없이 제공되는 소망에 대해서 그들에게 말하는 것을 잊어서는 안 됩니다. 스스로에게 물어보십시오. 나는 내 비판을 통해 성도들이 그리스도께로 인도되기를 구하고 있는가? 만약 우리 성도들의 마음이 그리스도께 속해있다면, 그들의 마음은 그리스도에 대한 선언으로 말미암아 열릴 것입니다.[116]

비판의 로고스

개인적인 거룩(에토스)과 우리 성도들의 마음(파토스)를 소유하지 않으면, 아무리 주의를 기울여 만든 주장이라도 우리에게 아무런 유익을 주지 못할 것입니다. 하지만 이 말이 비판에 있어서 로고스가 가지는 중요성을 평가절하하는 것은 결코 아닙니다. 우리 비판의 내용

---

[116] 반대로 만약 우리가 비판하는 사람이 그리스도인이 아니라면 우리의 비판을 통해 그리스도를 선포하는 행위가 반감을 불러올 수도 있다. 하지만 그 부름은 여전히 동일하다. 곧 그리스도 안에서만 발견되는 소망을 그들 앞에 두어야 하며, 성령께서 그들에게 복음을 통해서 새로운 마음을 주시도록 기도해야 한다. 사랑이야말로 우리가 할 수 있는 최선이다.

은 매우 중요하며, 단어선정은 신중해야 하고 그 근거도 든든해야 합니다.

신중한 용어 사용

무슨 말을 하는지도 중요하지만, 그 말을 어떻게 하는지도 역시 중요합니다. 건설적인 비판에는 단어선택이 매우 중요합니다. 어떤 양에게는 직설적이고 핵심을 말하는 날카로운 용어를 써야 하는 경우도 있지만 일반적으로는 성령의 온유함과 자비로움을 갖춘 용어를 선택하는 것이 가장 좋습니다. 찰스 윙가드(Charles Wingard)는 다음과 같이 기록합니다. "어떤 문제에 대해서 말하거나 염려를 표현할 때, 여러분이 사용하는 용어가 가져올 결과를 미리 예측하라. 만약 여러분이 직설적이라는 평판을 높이 평가한다면 다시 생각하라. 성숙한 리더는 자신의 말이 어떻게 받아들여질지에 대해서 신중하게 생각한다. 논쟁거리를 다룰 때, 가장 해로운 방식은 두루뭉술하게 말하는 것이다. 진실하되, 상처받은 감정을 유발하거나 화를 내고 방어적인 반응을 보이는 방식으로 자신의 입장을 밝히지는 말라."[117]

지혜롭게 생각하여 우리가 원하는 반응을 가장 잘 가져올 수 있는 용어를 선택할 필요가 있습니다. 예를 들어, 여러분이 설교하는 동안 회중 가운데 최근에 유독 산만해진 한 청년이 있습니다. 그 원인이

---

117 Charles Malcom Wingard, *Help for the New Pastor: Practical Advice for Your First Year of Ministry* (Phillipsburg, NJ: P&R, 2018), 88.

무엇일까요? 바로 아름다운 젊은 여성입니다. 수 주 동안 여러분은 설교시간에 그 청년이 그 여성의 귀에 속삭이는 모습을 보았습니다. 볼 때마다 그 청년은 하나님의 말씀 속에 있는 진리보다는 그 여성에게 더 사로잡혀 있는 모습을 보여줍니다. 이에 대해서 여러분은 어떻게 대응하시겠습니까?

여러분은 그 청년을 호되게 야단칠 수 있습니다. 하지만 이 젊은 청년을 대할 때에는 은혜로운 말을 선택하는 것이 훨씬 더 좋습니다. "찰리, 최근에 너와 케이트가 교제하고 있다는 사실을 알게 되었어. 참 보기가 좋더구나. 나는 하나님의 뜻이라면 하나님께서 너희 둘의 관계를 축복하시도록 기도하고 있단다. 연애란 것은 바르게, 그리고 성경적인 기준에 합당하게만 이루어진다면, 참으로 성경적이고 아름다운 것이야. 그런데 너에 대해서 조금 염려되는 것이 한 가지 있단다. 최근에 네가 케이트와 함께 앉기만 하면 집중하지 못하고 산만한 모습을 보이는 것 같아. 설교 중에 너무 많이 속삭이던데 혹시라도 하나님께서 너에게 주시고자 하시는 전체 메시지를 제대로 듣지 못하는 것 같아서 걱정된다. 그래서 나는 네가 설교 중에 속삭이지 않으려고 노력해 주면 좋겠어. 속삭이기보다는 네가 할 수 있는 대로 설교의 많은 부분을 흡수하면 좋겠고, 예배가 끝난 후에 그 내용에 대해서 서로 대화하고 그에 따라 기도하면 좋겠구나. 나는 네가 케이트와 점점 더 성숙한 관계를 맺는 것 같아서 정말 기뻐. 그리고 하나님께서 너희 둘의 관계를 풍성하게 축복하시기를 기도한단다." 이처럼 거친 말로 그 젊은이의 마음을 부숴버리는 것보다 따뜻하고 부성

애가 넘치는 훈계를 하는 것이 훨씬 더 좋습니다.

　그뿐만 아니라 문제를 과장하지 않는 단어를 선택하는 것도 중요합니다. 말하고자 하는 바를 분명하게 전하려는 욕심 때문에 우리는 그 상황에 어울리는 용어보다는 좀 더 강한 말을 하려는 유혹을 받을 수 있습니다. "찰리, 너는 내가 지난 몇 주 동안 강단에서 전하는 말을 한 마디도 듣지 않더구나. 너는 오로지 케이트에게만 푹 빠져 있는 모습이었어." 이렇게 말입니다. 물론 우리는 그와 같은 극단적인 말이 문제를 확실히 하는 데에는 효과적이라고 생각할 수 있습니다. 하지만 이는 실제적으로 우리에게 역효과를 가져올 것입니다. 과장된 말은 우리의 비판의 효과를 감소시킵니다. 우리의 정직성에도 의심을 일으킵니다. 또한 이런 말은 찰리가 방어적인 태도를 취하도록 만들 것입니다. 지금 다루고 있는 문제에 어울리는 단어를 선택하기 위해서 신중을 기합시다. 그리고 과장된 용어를 쓰지 않도록 주의를 기울입시다.

신중하게 마련된 근거

　효과적인 비판이 되기 위해 근거가 든든해야 합니다. 근거 없는 비판이 되지 않으려면, 그 상황에 대해서는 물론이고 성경도 신중하게 살펴야 합니다.

　첫째, 우리는 구체적이고 충분한 증거에 근거를 두고 비판해야 합니다. 우리는 모두 추측이나 신뢰할 수 없는 자료와 같은 모래 위에 세워진 비판의 대상이 되어 왔습니다. 여러분 자신에게 아래와 같이 질문해 보십시오.

- 여러분의 관점을 잠재적으로 왜곡시키고 있는 어떤 사람의 특성이나 의도에 대해 추론하고 있지는 않은가? 말하려는 바를 분명히 하기 위해, 찰리의 마음을 빼앗아 산만해지도록 했던 젊은 여성이 여러분의 딸이라고 가정해 봅시다. 그렇다면 실제보다 그 상황을 더 어둡게 만드는 이 젊은이에 대하여 보호적이고 부성애적인 생각을 할 수 있을까요?
- 여러분은 문제가 무엇인지 직접 목격했습니까? 만약 보지 못했다면, 여러분의 비판은 신뢰할만한 출처에 근거를 두고 있습니까? 만약 여러분이 찰리가 케이트에게 집착하여 산만해진 모습을 직접 목격한 것이 아니라, 여러분의 회중 가운데 한 사람에게 전해들은 문제라면 여러분은 얼마나 많은 사람이 목격했는지 뿐만 아니라 이 말을 전해준 사람에 대해서도 신중하게 판단해야 합니다.
- 비판의 내용의 신뢰성을 보장할 만큼 그 상황이 심각하거나 지속적인가? 만약 찰리가 케이트의 귀에 속삭였던 것이 여러분의 설교 중에 한 번 일어난 일이라면 이와 같은 대립적인 태도는 완전히 근거를 잃게 됩니다. 우리가 염려하는 것에 대한 충분한 이유가 없이 성급하게 결론을 내려서는 안 됩니다.

둘째, 우리가 하는 비판의 근거를 성경에 두어야 합니다. 우리는 주관적인 견해나 편견에 근거를 두고 비판하는 경우가 너무 많습니다. 하나님의 영감으로 된 말씀만이 모든 책망과 바르게 함에 어울리는 하나님의 사람을 만들어 냅니다(딤후 3:16-17). 하나님의 말씀이 이 문제에 대해서 분명하게 말씀하고 있습니까? 하나님의 말씀은 이 문제가 우리가 다루어야 할 만큼 중요하다고 여깁니까?[118]

여기서 찰리가 반드시 이해해야 할 사실이 있습니다. 그것은 바로 모든 사람이 여러분의 설교에 관심을 집중하기를 원하는 마음, 곧 어떤 권력에 굶주린 욕망이 여러분에게 있고 바로 그 때문에 그들을 비판하는 것은 아니라는 사실입니다. 비판은 여러분과 관계된 것이 아니라 찰리와 하나님에 관계된 것입니다. 만약 찰리에게 진정한 참회와 참된 변화가 일어난다면, 우리는 이 젊은이의 양심에 하나님의 말씀이 주는 교훈을 새기고, 그에게 자신의 행위가 그 교훈에 일치하지 않는다는 사실을 보여주어야 합니다.

- 야고보서 1:21 성경은 하나님의 말씀을 조심스럽게 듣고, 믿음으로 말씀을 수납하는 것이 절대적으로 필요하다는 사실을 가르칩니다.
- 히브리서 2:1 성경은 하나님의 말씀에 주의를 집중하는 일에 실패할 때 얻게 되는 재앙적인 결과에 대해서 경고합니다.

가능하다면, 여러분의 비판을 그 비판에 가장 어울리는 하나님의 말씀 혹은 말씀의 진리에 근거를 두십시오. 여러분의 비판을 받는 사람이 여러분의 비판을 여러분의 개인적이고 주관적인 견해로 이해하기보다는 여러분의 염려가 하나님의 말씀에 근거를 두고 있다는 사

---

[118] 샘 크랩트리는 언제 비판해야 할지를 분별하는데 도움이 되는 차트를 제공한다. 그는 우리가 스스로 우리의 위치가 바르다는 사실을 확신하고, 다루어야 할 가치가 충분하다는 확신이 들 때에만 비판을 해야 한다고 주장한다(*Practicing Affirmation*, 161-63). 물론 이런 확신은 하나님의 말씀이라는 기초 위에 세워져야 한다.

실을 알게 되도록 도우십시오.

비판할 때 그리스도를 보기

우리의 성도들을 사랑으로 돌보기 위해서 비판을 사용하고자 할 때, 우리가 항상 성공할 수는 없습니다. 우리의 시도가 에토스와 파토스와 로고스에 있어서 부족한 때가 있을 것입니다. 심지어 우리가 하는 최고의 시도라도 거기에는 불완전한 것투성일 것입니다.

우리가 어떻게 항상 복음이 필요한 상태에 서 있을 수 있는지요! 거룩한 비판을 위한 이 삼각편대가 우리 구세주의 지상 생애 가운데 얼마나 온전하게 드러났는지 생각해 보십시오. 그분의 성육신하신 인성은 거룩이라는 에토스의 옷을 입었습니다. 그분은 자신의 음성을 듣고 싶어 하는 사람들의 파토스를 향한 완전한 애정을 가지고 있었습니다. 그분의 로고스는 흠이 없었고, 자신의 가장 약한 추종자들에게는 위로를 주고, 반대로 그분의 가장 큰 대적들의 입은 막아버리는 단어를 선택하셨고, 또 성경적인 논리도 소유하셨습니다. 그분 안에 있는 여러분의 의를 보십시오! 그리스도 안에서 여러분을 강하게 하여 여러분이 비판이라는 중요하고 필수적인 직무를 감당할 수 있도록 하는 분을 보십시오! 우리가 가진 자원만으로는 우리 중 누구도 이런 일을 감당할 능력이 없습니다. 하지만 그분의 성령의 능력으로 말미암아 우리는 하나님의 영광과 우리의 비판을 듣는 이들의 선을 위하여 건설적으로 비판할 수 있게 되었습니다.

8. 건설적인 비판에 열려 있는 교회문화 계발하기

　　비판의 주제를 점검할 때 드는 유혹은 비판을 전적으로 개인적인 의미로 생각하는 것입니다. 나는 어떻게 비판을 수용하는가? 나는 어떻게 비판해야 하는가? 지금까지 우리의 관심을 지배했던 질문은 바로 이와 같은 것들이었습니다. 그러나 성경적인 교회론이 강조하는 바는 공적이고 공동체적인 요소입니다. 외딴 섬으로 홀로 존재하는 그리스도인은 없습니다. 우리는 그리스도를 머리로 하는 한 몸의 지체입니다. 이 사실은 우리가 다음과 같이 질문하도록 만듭니다. "교회는 비판과 어떤 관계를 가지는가?"

　　교회와 비판이 가지는 관계에 있어서 지역교회가 빠질 수 있는 동일하게 위험한 극단적 모습 두 가지가 있습니다. 첫째는 거의 모든 회원이 서로를 의심하고 부정적으로 바라보는 비판의 문화입니다. 자기 의에 가득 찬 비판이 그런 교회의 특징입니다. 둘째는 누구도 질문하지 않고 한 마디의 비판도 할 수 없는 무비판적인 문화입니다. 특히 지도자들에게 그렇습니다. 이는 성도들이 비판적이지 않기 때문이 아닙니다. 그들은 비판적입니다. 다만 그들은 어떻게 해야 올바른 성경적인 통로와 교회적인 통로를 통하여 그들의 부정적인 판단이 알려질 수 있는지 전혀 모를 뿐입니다(마 18:15-17).

아마 여러분의 교회는 이 두 극단 사이 어딘가에 존재할 것입니다. 하지만 여전히 경로를 벗어나서 둘 중 한 가지 오류로 가려는 경향이 있을 수 있습니다. 건강한 교회 문화는 언어적인 비판이 지배적이지도 않지만 부재하지도 않는 교회입니다. 가렛 켈(Garret Kell)은 다음과 같이 요약합니다. "우리는 항상 서로가 실수하는 것만을 주시하는 비판자들의 문화를 만들고 싶지 않다. 반대로 우리가 보고 싶은 것은 서로에 대한 사랑과 관심이 너무나 깊어서 깊이 있고, 고통을 나누며, 은혜롭고, 도움 되며, 교회의 특징을 만드는 대화에 참여하기를 즐거워하는 교회이다."[119] 비판을 사랑하는 이런 문화는 여러분이 회중을 위해서 가져야 하는 놀라운 열망이 아닐까요? 교회가 비판에 대해서 바르게 대할 때, 하나님은 큰 영광을 받으시고 사람에게도 매우 좋은 일입니다. 이번 장에서는 우리 성도들 가운데 이와 같은 문화가 일어나도록 하기 위해서 몇 가지 방법을 살펴볼 것입니다.

그리스도를 설교하라

건강한 교회는 복음에 의해서 만들어진 교회입니다. 우리 성도들

---

[119] Garrett Kell, "Giving and Receiving Godly Criticism: Sharpening Each Other with Your Words," 9 Marks, February 3, 2015, https://www.9marks.org/article/giving-and-receiving-godly-criticism-sharpening-each-other-with-your-words/.

은 그리스도의 아름다우심을 보아야 합니다. 마음을 살피고 복음을 강해하는 설교보다 더 성도들이 사랑 가운데 건설적인 비판을 겸손하게 주고받도록 할 수 있는 것은 없습니다. 그리스도를 전하는 것은 목회자로서 우리들이 감당해야 하는 위대한 책무이자 특권입니다. 우리가 이를 인정하든지 그렇지 않든지, 지금도 마찬가지지만 앞으로도 이것은 건강한 비판문화를 조성하는데 기여할 것입니다.

혹평하는 정신과 비판에 대한 혐오, 이 둘 모두를 조장하는 것은 무엇입니까? 바로 자신을 스스로 높이는 관점입니다. 사람들이 끊임없이 비판하는 이유는 자신에 대해서 더 좋은 느낌을 가지기 위해서입니다. 사람은 자신을 보호하고 장려하려는 동일한 목적을 위해 자신이 가야 하는 방향을 지시하는 비판에서 도망치거나 그 비판을 억누르려고 합니다. 우리 모두에게는 건설적인 비판을 주고받는 것을 싫어하는 어떤 교만함이 내재되어 있습니다.

하지만 사람의 교만함은 십자가에서 예수님이 죄의 야만적인 극악스러움과 마주대할 때 전적으로 훼손되었습니다. 죄는 최고의 반란입니다. 창조주이자 만물의 주관자에 대한 반역입니다. 율법이 우리에게 우리의 죄를 보여주는 데 중요한 기여를 한 것은 틀림없지만, 실제로 우리의 죄가 하나님께 행한 무한한 모욕에 대하여 가장 큰 경고를 하는 것은 복음입니다. 데이빗 웰스(David Wells)는 이렇게 말했습니다. "성경의 복음은... 자아가 왜곡되어 있으며, 자아는 자신이 하나님과 다른 사람들과 더불어 가지는 관계가 바르지 못했고, 자아는 속임수와 합리로 가득 차 있으며, 자아는 법도 없고, 자아는 반란상태에 있으며, 사람이 살려면 반드시 자신에 대해서는 죽어야 한다고 주장한다."[120] 복음이 말하는 죄론은 우리 자신뿐만 아니라 우리 교회 회중들이 가지고 있는 높아진 자기 인식을 산산이 부셔놓습니다.

하나님의 심판의 홍수 아래 갇혀, 자신의 아버지께로부터 버림받은 하나님의 아들을 보고, 어떻게 죄에 대해서 생각하지 않을 수 있단 말입니까? 알프레드 포이리에(Alfred Poirier)는 자신의 탁월한 논문인 "십자가와 비판"(The Cross and Criticism)에서 다음과 같이 설명합니다. "내 죄에 대한 반응으로 십자가는 이 세상 그 어떤 사람보다 더 강력하고 깊으며 충만하고 진실 되게 나를 비난하고 정죄했다."[121] 십자가에 못 박히신 그리스도의 선언을 듣는 것은 우리 자신에 대한 비판 중에 가장 포괄적이고 가슴을 찌르는 비판을 듣는 것입니다. 십자가의 빛 아래에서 우리는 가장 고통스럽지만 우리를 자유하게 하는 진리, 곧 우리는 최악의 사람들이 우리에 대해서 하는 비난보다 항상 더 악한 존재라는 진리를 듣습니다. 그러므로 우리를 지나치게 나쁘게 말한다는 것은 있을 수 없는 일입니다.

우리의 숨을 멎게 하는 기가 막힌 현실은 십자가 위에서 그리스도께서 우리 반역자들이 받기에 합당한 심판을 자신이 삼켜버리셨다는 사실입니다. 하나님은 그분 안에서 우리를 보시되, 마치 우리에게 죄의 가장 작은 흔적조차도 없는 것처럼 우리를 바라보십니다. 하나님

---

120 David Wells, *No Place for Truth* (Grand Rapids: Eerdmans, 1993), 179.
121 Alfred J. Poirier, "The Cross and Criticism," *The Journal of Biblical Counseling* 17.3 (1999): 18.

은 우리를 의롭게 하십니다! 만일 우리 회중들이 이 사실을 진정으로 이해한다면, 그들은 이렇게 탄성을 지를 것입니다. "하나님께서 나를 의롭게 하시고, 나를 받으셨고, 결코 나를 버리지 않으신다면, 왜 우리는 비판에 대해서 불안함을 느끼고 또 그것을 두려워해야 하는가?"[122] 이와 같은 모습은 복음에서 나오는 실제적인 결과입니다. 우리 교회들이 은혜 가운데 자신들이 열납되었다는 사실에 대한 경험적인 지식과 입양된 지위와 예수 그리스도 안에서 흔들리지 않는 안전을 소유하고 있다는 사실에 대한 경험적인 지식을 가지고 있다면, 그들은 사람들이 인상을 찌푸리는 것에 대해서 지나치게 두려워하지 않거나, 적어도 당장 그들을 향해서 혹평하고 인상을 찌푸리며 대응하지는 않을 것입니다.

우리 교회에 필요한 문화는 바로 이와 같은 문화입니다. 십자가가 크게 다가오고, 남자들과 여자들과 소년들과 소녀들은 자신이 그리스도와 함께 십자가에 못 박힌 것을 보는 그런 문화 말입니다. 복음은 우리를 사람이 할 수 있는 가장 통렬한 비판보다 더 낮춥니다. 하지만 동시에 이 복음은 하나님의 은혜로운 호의로 말미암아 우리를 높이기에, 사람들의 부정적인 평가가 더 이상 우리를 황폐하게 만들 수 없게 됩니다.

---

122 Poirier, 19.

지속적으로 기도하라

신약성경 어디에서나 설교가 가진 최고의 지위가 강조되고 있는 것을 봅니다. 하나님께서 자기 백성들에게 그리스도의 형상을 새길 때 성경의 선언보다 더 자주 사용하시는 방편은 없습니다. 하지만 신실한 설교는 언제나 반드시 열렬한 기도와 결혼을 해야 합니다. 이안 해밀턴(Ian Hamilton)은 "성령 하나님께서 위대한 확신을 주시는 분이시자 죄를 깨닫게 하시는 분이시며 그리스도의 구원의 공로를 죄인들에게 적용하시는 분이라는 우리의 확신을 가장 분명하게 드러내는 것은 기도의 골방이다"라고 말했습니다.[123] 우리는 대단한 열정을 가지고, 가장 유창한 수사적 표현을 사용할 뿐만 아니라 가장 확신에 찬 논리를 사용하여 그리스도를 설교할 수 있습니다. 하지만 만약 우리가 우리의 능력을 의지하여 설교한다면, 이 모든 것은 헛될 뿐입니다. 사도들은 기도와 말씀 사역에 전념하였습니다(행 6:4). 만약 십자가에 대한 우리의 설교가 교회의 건강한 비판문화에 필수적인 겸손과 사랑의 열매를 맺는 것을 보려면, 우리도 역시 그처럼 해야만 합니다.

사도 바울은 이에 대한 모범이 됩니다. 바울은 자주 설교하지만, 기도는 가끔 하는 사람이 아니었습니다. 그의 증언을 들어보십시오.

---

123 Ian Hamilton, *What Is Experiential Calvinism?* (Grand Rapids: Reformation Heritage Books, 2015), 19 - 20

"그리스도 예수 안에서 너희에게 주신 하나님의 은혜로 말미암아 내가 너희를 위하여 항상 하나님께 감사하노니"(고전 1:4)

"내가 기도할 때에 기억하여 너희로 말미암아 감사하기를 그치지 아니하고"(엡 1:16)

"이로써 우리도 듣던 날부터 너희를 위하여 기도하기를 그치지 아니하고 구하노니"(골 1:9)

"우리가 너희 모두로 말미암아 항상 하나님께 감사하며 기도할 때에 너희를 기억함은"(살전 1:2)

"주야로 심히 간구함은 너희 얼굴을 보고 너희 믿음이 부족한 것을 보충하게 하려 함이라"(살전 3:10)

"이러므로 우리도 항상 너희를 위하여 기도함은…"(살후 1:11)

"내가 밤낮 간구하는 가운데 쉬지 않고 너를 생각하여"(딤후 1:3)

바울은 항상 밤낮으로 쉬지 않고 교회를 위하여 기도했습니다. 우리도 이처럼 말할 수 있습니까? 여러분의 회중들이 건설적으로 비판할 수 있는 건전한 비판문화를 만들어 주는 도깨비방망이는 어디에도 존재하지 않습니다. 그 어떤 사람이 만든 기술로도 불가능합니다. 오직 하나님만이 그와 같은 문화를 만듭니다. 그리스도인들의 마음속에 하나님을 경외하는 겸손과 자신을 망각하는 사랑을 만들고 성숙시키는 것은 성령의 사역입니다. 그러므로 우리는 반드시 우리가 말씀 사역을 위해서 열정을 품듯 기도에 대해서도 같은 열정으로 마음을 쏟아야 합니다. 우리는 반드시 우리의 성도들을 위한 쉼 없는 기도의 사람이 되어야 합니다.

그렇다면 우리는 무엇을 위해서 기도해야 할까요? 이 문제에 대해서도 바울은 큰 도움이 됩니다. 우리는 우리의 성도들이 그리스도의 사랑 안에서 뿌리를 내리고 기초를 두도록 기도해야 합니다(엡 3:14-21). 그리고 그리스도의 능력으로 말미암아 그들이 "피차간에 모든 사람에 대한 사랑이 더욱 많아 넘치게" 되도록 기도해야 합니다(살전 3:12, 빌 1:9). 존 스토트(John Stott)는 사도가 "오직 하나님의 능력만이 하나님의 공동체 안에 하나님의 사랑을 만들어 낼 수 있다는 확신에 차 있었다"라고 말합니다.[124] 그래서 우리는 그리스도의 측량할 수 없는 사랑에 대하여 마음을 열게 할 수 있는 유일한 분인 성령의 차고 넘치는 능력을 위해서 무릎을 꿇고 기도하는 바울의 모습을 보게 되는 것입니다. 오직 우리가 우리를 위한 그리스도의 사랑에 의해서 꽉 붙들렸을 때만 우리의 삶 속에 하나님과 다른 사람들에 대한 사랑이 넘치게 됩니다. D. A. 카슨은 "우리가 그리스도의 사랑을 스스로 인식하며 누리는 삶을 살기만 하면, 우리의 말, 우리의 생각, 우리의 행동, 우리의 반응, 우리의 관계, 우리의 목표, 우리의 가치 등 모든 것들은 변화된다"라고 주장합니다.[125] 우리 성도들에게 필요한 것은 바로 이것입니다. 그들이 사랑에 의해서 지속적으로 변화되어 다시 지속적으로 사랑하는 사람이 되기 위해서 말입니다.

혹독한 비판의 영에서 우리를 건져줄 것은 성령의 역사를 통한 사

---

124 John R. W. Stott, "Paul Prays for the Church," *Themelios* 2.1 (1976): 4.
125 D. A. Carson, *Praying with Paul: A Call to Spiritual Reformation*, 2nd ed. (Grand Rapids, Baker Academic, 2014), 175.

랑입니다. 이 사랑은 사소한 흠을 찾아내서 비판하는 문화가 교회에 생겨나지 않도록 할 것입니다. 왜냐하면, 바울도 말했지만 사랑은 "모든 것을 참으며 모든 것을 믿으며 모든 것을 바라며 모든 것을 견디"기 때문입니다(고전 13:7). 이 사랑은 최악의 것을 가정하지 않습니다. 오히려 최선의 것을 생각합니다. 이 사랑은 남성과 여성들이 끊임없이 자아에 몰두하지 않도록 하여 그들이 진정으로 다른 사람을 돌보고 건설적으로 다른 이들을 비판할 수 있게 합니다. 이와 같은 하나님의 사랑이 여러분의 교회 성도들에게 퍼져나가도록 기도하십시오. 이를 위해서 밤낮 기도하시기 바랍니다.

잘못을 인정하라

목사들도 죄인입니다. 이 사실은 너무 분명해서 고통스러울 정도입니다. 그럼에도 많은 목사들은 자신이 내주하는 죄와 싸우고 있다는 것에 대해서 공개해서는 안 된다고 생각합니다. 심지어 죄와 대면하고 있는 순간에도 그들은 그 사실을 받아들이고 고백하려 하지 않습니다. 그러나 이보다 교회에 더 해로운 것은 거의 없습니다. "깨진 영혼이 깨진 영혼들을 섬기는 경건한 태도로 충만한 목회"가 절실히 요구됩니다.[126] 목사가 자신의 실패를 드러낼 때, 이는 그의 성도들에게 자신의 실패를 자유롭게 인정할 수 있도록 해 줍니다. 우리가 반

---

[126] Peter A. Lillback, *Saint Peter's Principles: Leadership for Those Who Already Know Their Incompetence* (Phillipsburg, NJ: P&R, 2019), 360

드시 죄악을 인정해야 할 때가 있습니다.

최근에 저(닉)는 설교를 하면서 상당히 지나친 말을 했습니다. 원래 의도했던 말은 전혀 문제가 없는 말이었지만, 제 입에서 실제로 나온 말은 극단적이고 목회적 감수성이 부족하며 혼동스러운 말이었습니다. 열정적으로 말하던 그 순간에는 이를 인식하지 못했고 이후에 누구도 그에 대해 염려하지 않았습니다. 하지만 다음 날 아침 주일에 있었던 일을 다시 한번 생각하는 가운데 저에게 그 일에 대한 뼈저린 죄책감이 밀려왔습니다. 그래서 다음 주일 아침 설교를 하기 전에 저는 성도들에게 제가 바르게 말하지 못했다는 사실을 고백했고, 제가 의도했던 의미를 분명히 했으며, 그들의 용서를 구했습니다. 이 모든 과정은 정말 간단했습니다. 정말 그랬습니다. 저는 잘못을 인정했습니다.

목회가 가지고 있는 공적인 본성과 우리는 계속해서 죄인이라는 사실을 생각해 보면, 이와 같이 우리의 죄를 성도들에게 고백할 기회는 많습니다. 물론 이것을 지나친 행위라고 할 수 있을지 모르겠습니다. 우리가 매일 범하는 죄가 빼곡히 기록된 목록을 성도들이 가지고 있는 것은 아닙니다. 여기서 우리는 지혜를 발휘해야 합니다. 그러나 우리가 어떤 특정한 성도에게 죄를 범했을 때는 즉시 잘못을 고백하고 용서를 구해야 합니다. 그리고 교회 전체에 대하여 우리가 공적인 죄를 범했을 때는 교회가 죄를 고백하라고 책망할 때까지 기다리지 말고, 가능한 한 빨리 우리의 참회하는 심정을 표현하고 잘못한 것을 바르게 고쳐야 합니다. 이때 만약 우리가 그렇게 사과하면 성도들에게서 존경받지 못할 것이라는 생각이 들 수 있습니다. 하지만 이는 유혹입니다. 물론 어떤 경우에는 그럴 수도 있습니다. 하지만 일반적으로 우리가 겸손히 고백하면 오히려 성도들은 우리를 더 존경하게 되고 오히려 그들이 우리로부터 용기를 얻어 죄와 싸우는 것에 대해서 정직한 태도를 취하게 될 것입니다.

우리는 깨진 사람들로서 깨진 성도들을 섬기고 있습니다. 우리 성도들은 이 사실을 알아야 합니다. 겉모양만 갖추지 말고, 또는 이 모든 것을 다 가지고 있는 척할 필요도 없습니다. 그림같이 완전한 가족인 것처럼 위장하려고 하지 마십시오. 여러분이 모든 답을 가지고 있는 것처럼 행동하지 마십시오. 여러분의 약점을 인정하고 여러분의 성도들 앞에서 연약한 부분을 드러내십시오. 이는 여러분의 교회 안에 건설적인 비판의 건전한 문화를 장려하는 데 큰 도움이 될 것입니다.

플랫폼이나 상황을 제공하라

우리 성도들이 자기 생각을 말할 수 있는 플랫폼을 제공하는 것도 중요한 일입니다. 건설적인 비판이 주어질 경우, 단순히 그 비판을 받아들이면서 중립적인 태도를 취해서는 안 됩니다. 그것을 적극적으로 환영해야 합니다! 모든 건설적인 비판을 다 이해할 수 없다는 사실을 깊이 인식하고 있기에, 우리가 그런 건설적인 비판에 도전받고 배우기를 간절히 바란다는 사실을 모든 성도들이 느껴야 합니다. 우리는 아직 성장하고 있는 중이기에 우리가 얻을 수 있는 모든 도움을 받을 것입니다.

이 일은 교회의 지도자들의 관계 속에서 먼저 시작되어야 합니다. 당회의 모습대로 교회도 닮아가게 되어 있습니다. 여러분의 장로들과 좋은 관계를 가지도록 노력하십시오. 자신의 취약한 부분을 드러낼 수 있는 건강한 취약성과 투명성이 보장된 그런 관계 말입니다. 장로들에게 여러분의 약점과 여러분이 싸우고 있는 부분을 드러내는 것을 두려워하지 마십시오. 그들에게 기도를 부탁하는 것을 멈춰서도 안 됩니다. 여러분에게 그들이 필요할 뿐만 아니라 더 나아가 그들의 피드백을 환영한다는 사실을 알리십시오.

일 년에 한 번 혹은 두 번쯤은 정기 당회 중에 여러분의 설교에 대해서 토론하는 시간을 따로 마련하십시오. 거기서 당회원들에게 설교에 대한 정직한 평가를 부탁하고 어떤 문제점이 있는지 말해달라고 겸손히 부탁하십시오. 이들 중에 개혁파 설교학 수업을 들은 이는 거의 없을 것입니다. 그렇다면 하나님의 신실한 설교에서 그들이 기대해야 하는 것은 무엇일까요? 그들에게 구체적으로 물으십시오. 미리 질문을 주고 생각해 보도록 하십시오. 물론 그 상황이 목사를 공격하거나 자기 자랑을 하는 시간이 아니라, 건설적인 비판을 위한 시간이라는 사실을 분명히 밝혀야 합니다. 여러분의 성도 가운데 한 사람이 여러분의 설교를 비판하고 그들의 염려가 얼마나 타당한지 알기 어렵다면, 여러분의 장로들에게 이 문제를 가져가서 그들은 어떻게 생각하는지 물어보십시오. 그래서 여러분이 목사로서 진심으로 성장하기를 원하며, 성장하는 데에 그들이 여러분에게 진정한 도움이 될 수 있다고 여러분이 믿고 있다는 것을 그들이 알게 하십시오.

여러분이 섬기는 교회 성도들의 전체적인 영적 건강상태에 대해서 장로들과 논의하는 모임을 가지는 것도 좋습니다. 교회에 분명하게 나타나는 긍정적인 열매와 분명한 은혜를 가볍게 여기지 말고, 일년에 한 번 혹은 두 번에 걸쳐 교회 안에 구체적인 약점이나 성장이 필요한 부분에 대해서 토론할 수 있는 플랫폼을 만들어 보십시오. 연례 당회수련회(retreat)는 이를 위한 아주 좋은 방법입니다. 교회의 형편에 대해서 정직해야 합니다. 여러분이 아는 강점에 대해서는 하나님께 감사하고 약점에 대해서는 마음 아파하십시오. 그리고 이러한 약점을 극복할 방법에 대해서 논의하고 계획을 세우십시오.

장로들 안에 거룩한 부지런함을 심기 위해서 수고하십시오. 장로로서 교회가 정당한 비판의 범위를 넘어서서 존재한다는 거짓된 생각에 속지 않도록 하십시오. 교회 성도들이 교회의 지도자들이 자신의 연약함을 인정하고 변화를 추구하는 것을 볼 때, 그들도 자신의 삶에서 그렇게 할 수 있는 용기를 얻을 것입니다.

때로는 강단에서 비판의 주제에 대해서 다루십시오. 제1장에서 간단하게 제시되어 있듯이 성경은 모든 종류의 비판에 대해서 절대 낯설지 않습니다. 여러분들이 이런 성경 본문을 설교하게 되거나 가십이나 교만과 같은 주제를 다룰 때, 이를 여러분의 성도들이 건강한 비판을 주고받도록 훈련할 기회로 삼으십시오. 이 주제에 대한 강의를 개설하는 것도 충분히 생각해 볼 만합니다. 이 주제는 여러분의 모든 성도가 다루기에 아주 적절한 주제입니다. 성경적인 비판이 어떤 것인지 뿐만 아니라 여러분들이 그런 비판에 열려 있다는 사실을 성도들이 분명히 알 수 있도록 하십시오. 성도들의 마음이 여러분에 대하여 열리도록 하는데 이보다 더 효과적인 것은 없습니다.

큰 계획을 세우라

건강한 비판 문화를 가지고 있는 교회는 실패를 두려워하지 않는 교회입니다. 이런 교회는 완전주의라는 굴레에서 해방된 교회입니다. 우리는 목자로서 우리 자신의 능력과 자원을 넘어서는 비전을 가져야 합니다. 우리는 큰 계획을 세울 필요가 있습니다. 만약 교회를 향한 우리의 비전 속에 실패할 수도 있다는 여유를 가지지 않으면, 이는 너무나 작은 계획입니다. 크레이그 해밀턴(Craig Hamilton)은 다음과 같은 글을 썼습니다. "만약 당신이 막대를 항상 넘을 수 있다면 이는 그 막대가 너무 낮기 때문이다. 만약 사람들이 자신들이 세운 목표와 계획을 100% 달성한다면 아마도 이는 그들이 안전하게 경기하고 있다는 좋은 지표일 것이다."[127] 만약 여러분이 교회의 지도자로서의 활동을 안전하게 한다면, 여러분은 부지불식간에 비판을 싫어하는 교회문화를 양성하고 있는 것입니다.

교회가 밖으로 나가서 복음을 전하는 일이 부족하다는 사실을 깨닫고 나서 여러분이 지역사회에 복음을 전하는 계획을 세웠지만 결

---

127 Craig Hamilton, *Wisdom in Leadership: The How and Why of Leading the People You Serve* (Sydney: Matthias Media, 2015), 217.

국 실패한다면, 여러분의 성도들은 그것에 대해서 어떻게 생각할까요? 그들은 분명히 비판할 것입니다. 하지만 이것은 그런 위험을 감수할 가치가 있지 않습니까? 여러분 교회의 성도들이 밖으로 나가서 복음을 전하도록 하는 것은 목사인 여러분에게 주어진 의무가 아닙니까? 시도하다가 실패하는 것이 시도조차 못 하는 것보다 더 낫지 않습니까?

우리 성도들은 우리가 그리스도를 위한 노력을 하다가 실패하는 것을 두려워하지 않는다는 사실을 알아야 합니다. 만약 우리가 실패를 두려워하는 삶을 산다면, 그 이유는 우리가 비판을 두려워하기 때문일 가능성이 가장 큽니다. 우리는 성공한 사람으로 보이기를 바랍니다. 우리의 성도들이나 동료 목회자들이 우리의 약점을 보게 되는 것을 원치 않습니다. 그러나 현실은 우리에게 실패가 필요하다는 것입니다. 우리의 교회도 마찬가지입니다. 실패는 영적인 성장에 있어서 중요한 요소입니다. 우리는 실패를 통해 현실에 뿌리를 내리게 됩니다. 실패는 우리를 겸손하게 하고 우리의 연약함과 우리에게 그리스도가 필요하다는 사실을 상기시켜 줍니다. 실패는 자기기만의 신기루에 갇혀 있는 우리의 교회들을 구원해 줍니다. 실패를 두려워하지 않는 교회는 일반적으로 비판을 두려워하지 않는 교회입니다. 그러니 하나님께서 여러분의 실패조차 사용하셔서 여러분의 교회를 그리스도를 닮은 겸손으로 치장하실 것이라는 사실을 알고 큰 계획을 세우십시오.

인내를 계발하라

여러분이 그리스도를 설교하고 계속해서 기도하며 잘못을 인정하고 플랫폼을 제공하며 큰 계획을 세울 때, 여러분의 교회 성도들 가운데서 일하시는 하나님의 역사에 대해 큰 기대감을 가지고 바라보아야 합니다. 인내심이 필요할 것입니다. 건설적인 비판에 열려 있는 문화는 하룻밤 사이에 만들어지지 않습니다. 하지만 그런 공동체의 표지가 되는 다른 사람을 향한 사랑과 관심은 여러분의 남은 인생 전체에 걸쳐 온 힘을 다해 추구할만한 가치가 있습니다.

제4부

•

비판을
다루는
신학적인
비전

9. 관점의 방향을 재설정하라

나이가 지긋한 여러분의 친구가 이 책을 한 권 받았다고 상상해 보십시오. 그는 이 책을 훑어보고는 많은 단어가 있다는 사실을 알 수 있습니다. 하지만 시력이 나빠서 안경을 쓰기 전까지는 이 책을 읽을 수가 없습니다. 그러다 안경의 도움을 받게 되면 이 책에 있는 내용을 그대로 읽고 그 내용에서 유익을 얻을 수도 있게 됩니다. 이 예시를 든 사람은 칼빈이었습니다. 그는 성경이 우리의 삶에서 어떤 기능을 하는지 설명하기 위해서 이 예시를 들었습니다. 비록 죄로 가려진 시각을 가지고 있지만, 성경은 우리가 세상과 우리 자신과 하나님을 참되게 볼 수 있도록 해 줍니다. 이와 같은 렌즈가 없으면 하나님의 영광이 도처에 펼쳐져 있지만, 그것을 볼 수 있는 눈이 없는 상태로 이 세상을 살아가야 합니다. 우리는 마치 태양 앞에 서 있는 시각장애인과 같습니다. 하지만 믿음으로 이 안경을 쓸 때 우리는 바르

고 분명하게 보게 됩니다.[128]

목사인 우리들은 언어적인 비판을 받게 되면 우리를 비판하는 이들과 그들의 말을 잘못 이해하는 흐릿한 눈을 가진 노인처럼 됩니다. 하지만 하나님은 그 풍성한 은혜로 우리에게 우리의 시각을 새롭게 하고, 우리로 하여금 어떤 것이 가장 중요한지를 보게 만들어 주는 렌즈, 곧 하나님의 영감을 받은 렌즈를 우리에게 제공해 주셨습니다. 성경은 성령의 축복을 통해서 우리의 눈을 들어 우리 안에 있는 적대감을 넘어 인생보다 더 거대한 진리를 보게 합니다. 하나님의 숨결이 스며있는 이와 같은 이중초점은 우리의 초점을 우리 자신에게서부터 옮겨 하나님과 그분의 교회와 심판날과 영원으로 향하게 합니다. 우리의 시각을 발전시켜주는 이러한 진리를 통해서 비판은 우리의 삶에서 제자리를 찾게 됩니다. 사도 바울에게는 이와 같은 관점의 개혁(reformation of perspective)에 대해서 우리에게 가르쳐줄 내용이 많았습니다. 그러므로 우리는 주로 바울이 가졌던 목회 사역적 비전에 초점을 맞추면서 이 책을 마치도록 하겠습니다.

하나님을 영화롭게 하는 비전

우리 목회 사역의 제일 되는 목적은 하나님의 영광을 증진하는 것입니다. 목회가 우리에 대한 것이 아니라는 사실은 아무리 강조해

---

128 John Calvin, *Institutes of the Christian Religion,* trans. Ford Lewis Battles, ed. John T. McNeill (Philadelphia: Westminster Press, 1960), 1.6.2.

도 지나치지 않습니다. 바울은 자신의 사도적 사역이 "그[그리스도] 의 이름을 위한" 것이라고 기록했습니다(롬 1:5). 그가 에베소 교회 장로들에게 하는 마지막 연설에서, 그는 이렇게 고백합니다. "내가 달려갈 길과 주 예수께 받은 사명 곧 하나님의 은혜의 복음을 증언하는 일을 마치려 함에는 나의 생명조차 조금도 귀한 것으로 여기지 아니하노라"(행 20:24). 언어적이고 육체적인 반대는 바울을 움직이지 못했습니다. 그는 그러한 것들에는 꿈쩍도 하지 않았습니다. 왜 그랬을까요? 그 이유는 그가 자신의 삶을 귀하게 여기지 않았기 때문입니다. 사도는 자신이 그리스도의 종, 곧 자신의 주인에게서 엄청난 청지기 직분을 위임받은 자라는 사실을 이해하고 있었습니다. 그에게는 이 청지기 직분을 기쁨으로 성실하게 수행하고자 하는 불타는 열정이 있었습니다.

그리스도의 이름을 높이고자 하는 마음을 동여매는 힘은 그리스도와의 깊고 친밀한 교제에서 나옵니다. 바울은 삼위일체 하나님과의 교제라는 학교에 갓 들어온 신입생이 아니었습니다. 그는 하나님을 경외하는 사람이었습니다. 존 머리(John Murray)는 하나님을 경외하는 영혼이란 그 영혼 안에 "하나님이 우리의 생각과 이해에 있어서 항상 중심적인 위치를 차지하고 계시고, 인생의 곳곳에 하나님에 대한 의존의식과 그분에 대한 책임의식이 스며있는 사람"이라고 묘사합니다.[129] 하나님께서 언제나 우리의 비전에 가장 앞자리에 계십니

---

129 John Murray, *The Epistle to the Romans, New International Commentary on the New Testament*

까? "하나님에 대한 의존의식과 그분에 대한 책임의식이 인생의 곳곳에 스며있다"라는 말의 의미가 무엇인지 아십니까?

바로 사도의 영혼이 이와 같았습니다. 그는 하나님의 영광에 대한 비전으로 불타올랐습니다. 그는 자신이 하나님께 전적으로 의존하고 있으며, 하나님께 깊은 책임이 있다는 사실을 인식했습니다. 그가 섬겼던 삼위일체 하나님은 그가 하는 모든 것의 중심에 자리 잡고 계셨습니다. 존 플라벨(John Flavel)은 이와 같은 하나님에 대한 경외심이 "육신적인 두려움을 집어삼켰다"라고 썼습니다.[130] 예수 그리스도의 신적인 아름다움과 능력 속에서 보았던 그리스도에 대한 바울의 비전은 인간의 두려움을 삼켜 버렸습니다. 바울은 자아라는 우상에서 자유롭게 되었습니다. 그는 인간의 찬사와 승인이라는 굴레에서 벗어났습니다. 그가 자신의 삶과 사역이 자신에 대한 것이 아니라는 생각에 지배당하고 있었기에 엄청난 저항에 직면했습니다.

바울은 예수 그리스도를 높이는 일을 기뻐했습니다. 예수 그리스도만 높아진다면, 그는 자신이 가장 큰 고난을 당하는 것도 즐거워했습니다. 빌립보에 있는 교회에 편지를 쓰면서 그는 자신이 감옥에 갇히는 것을 통해서라도 복음이 전해지는 것을 즐거워한다고 말했습니다(빌 1:12-14). 하나님은 용기 있게 그리스도를 설교하는 많은 사람을 일으켜 세우셨습니다. 이들을 통해서 복음은 능력있게 전진해 나

(Grand Rapids: Eerdmans, 1965), 1:105

130 John Flavel, *A Practical Treatise on Fear: Its Varieties, Uses, Causes, Effects and Remedies*, in *The Works of John Flavel* (repr., Edinburgh: Banner of Truth Trust, 1968), 3:252.

갔습니다. 하지만 이런 설교자들 가운데 어떤 이들은 바울에 대한 나쁜 의도를 가지고 설교했습니다. 왜냐하면, 자신을 높이고 사도 바울에게는 공개적인 모욕을 주고 싶었기 때문이었습니다(빌 1:16). 여기서 어떤 일이 일어났는지 우리는 정확하게 알 수 없습니다. 하지만 바울이 이처럼 나쁜 의도를 가진 설교자들 가운데서도 기뻐하고 있다는 사실만큼은 확실합니다. 왜 기뻐할까요? 바로 그리스도께서 전파되고 있기 때문입니다(빌 1:18). 한 주석가는 다음과 같이 설명합니다. "그리스도께서 선포되는 한, 바울은 다른 설교자들과 비교했을 때 자신의 지위나 명성이 어떠한지에 대해서는 관심이 없습니다. 그러므로 그리스도의 설교자로서 자신을 바울보다 더 높이기 위해 바울에게 해를 입히려고 했던 이들은 실제로는 그를 기쁘게 했던 것입니다. 왜냐하면 그리스도께서 전파되고 있었기 때문입니다… 바울이 기뻐했던 근본적인 이유는 자신의 출세 때문이 아니라 이 메시지가 전진해 나가고 있었다는 사실 때문이었습니다."[131]

이 얼마나 우리를 깨우는 말입니까! 개인적인 출세가 아니라 복음의 확산이 사도를 더욱 기쁘게 했습니다. 그는 그들이 그리스도를 위하고 있는 한 자신을 대적하는 이들의 사역을 통해서도 기뻐할 수 있었습니다. 우리도 그렇다고 말할 수 있습니까? 우리의 비전이 우리의 보잘것없는 자아를 넘어서 이 세상의 구세주께서 가지신 장엄한

---

131 G. Walter Hansen, *The Letter to the Philippians, Pillar New Testament Commentary*, ed. D. A. Carson (Grand Rapids: Eerdmans, 2009), 75.

영광을 보고 있습니까? 하나님에 대한 경외심이 사람들이 나를 어떻게 생각하느냐에 몰두해 있는 우리의 마음을 집어삼켰습니까?

형제여, 매일 성령께 의지하여 그분의 말씀 속에 있는 영광, 곧 마음을 새롭게 하는 하나님의 영광이라는 광활한 비전을 구하기 위해서 노력하십시오. 하나님께서 여러분을 예수 그리스도를 높이려는 열정으로 불타오르는 사람이 되도록 만들어 달라고 기도하십시오. 하나님의 신적인 영광 안에서 하나님을 위한 이 열심을 계발하십시오. 이때 여러분은 사람들이 여러분에게 하는 비판적인 말과 그들의 해로운 의도에 대한 바른 시각을 가질 수 있게 될 것입니다.

교회를 세우는 비전

하나님을 영화롭게 하는 비전은 교회를 세우는 비전과 항상 결합하게 되어 있습니다. 왜냐하면 하나님께서 이 세상 가운데 가장 높임을 받으시는 일은 바로 교회를 강하게 하고 교회를 확장하는 일을 통해서 성취되기 때문입니다. 존 파이퍼(John Piper)가 기독교 설교의 목적이라고 선언했던 것은 기독교 사역의 모든 측면에도 적용됩니다. "목적은 하나님의 무한하신 가치와 아름다움이 피 값을 주고 산 그리스도의 신부, 곧 모든 민족과 언어와 족속과 국가에 있는 신부로부터 드려지는 영원하고 뜨거운 예배 가운데서 높임을 받게 되는 것이다"[132] 우리는 목사로서 하나님께서 부여하신 임무, 곧 성령이 역사하

---

132 John Piper, *Expository Exultation: Christian Preaching as Worship* (Wheaton, IL: Crossway, 2018),

시는 하나님께 대한 예배를 장려해야 하는 임무를 가지고 있습니다. 이런 예배는 언제나 교회라는 환경 속에서 일어납니다. 왜냐하면 "피 값을 주고 산 그리스도의 신부"만이 하나님의 이름에 합당한 영광을 하나님께 드리고 있기 때문입니다. 그러므로 우리들은 바로 이 일에 몰두해야 합니다.

그러므로 목회는 우리들을 위한 것이 아닙니다. 목회는 그리스도 의 교회의 영적인 안녕을 위한 것입니다. 이 사실은 쉽게 확증될 수 있습니다. 하지만 만약 하나님께서 우리 영혼의 가장 깊숙한 곳을 훤 히 드러내신다면, 우리가 이에 대해서 경험적으로 알고 있는 것이 얼 마나 비참할 정도로 적은지 놀라게 될 것입니다. 루이스 알렌(Lewis Allen)은 일반적인 목사들이 추구하는 목회의 주요한 목적 가운데 몇 가지를 다음과 같이 말합니다. "일에 대한 만족, 영향력, 지적인 자 극, 개인적인 감사, 조용한 삶(혹은 시끄럽고 복잡한 삶), 동료들의 인정 혹 은 교회 회중의 칭찬"[133]이 그것입니다. 만약 여러분도 우리와 같다 면, 이러한 동기들 중 최소한 몇 가지 속에는 여러분들이 더 열심히 목회 사역을 감당하도록 잠재력을 가진 것들이 있습니다. 하지만 그 런 비전은 결코 내 자신을 넘지 못합니다.

사도는 다시 더 좋은 방법을 우리에게 보여줍니다. 비록 고린도 교회의 안녕을 위해서 바울이 대단한 고난을 감수했음에도 그들은

21.

133 Lewis Allen, *The Preacher's Catechism* (Wheaton, IL: Crossway, 2018), 120.

거짓된 교사들에게 영향을 받아 바울을 향해 적대적으로 비판했습니다. 고린도후서는 이와 같은 비우호적인 상황에 대한 바울의 놀라운 대답입니다.[134] 그는 다음과 같이 쓰고 있습니다. "내가 너희 영혼을 위하여 크게 기뻐하므로 재물을 사용하고 또 내 자신까지도 내어 주리니 너희를 더욱 사랑할수록 나는 사랑을 덜 받겠느냐"(고후 12:15). 고린도 교회 성도들에 대한 그의 아낌없는 사랑이 의미하는 바가 자신이 그들에게 사랑을 덜 받게 될 것이라는 의미라 할지라도, 그는 그들을 위하여 계속해서 헌신할 것입니다. 이 사실에 대해서 생각해 보십시오. 만약 여러분이 자신을 내어주는 사랑으로 사랑하는데도 사람들이 여러분을 점점 더 멸시한다면, 그럼에도 불구하고 여러분은 계속해서 사랑하겠습니까? 도대체 바울은 어떻게 이런 말을 할 수 있을까요? 그 이유는 바로 바울의 가장 큰 관심이 그들의 영혼이 잘 되는 것이었기 때문입니다. 바울을 움직였던 것은 조용한 삶이나 사람들의 찬사나 인정이나 만족이나 영향력이 아니라, 그리스도의 양들의 영적인 선이었습니다. 바울이 그의 관심을 자신에게로 돌리고, 자기연민에 빠지며, 고린도 교인들에 대해서 분노와 상처를 주는 말을 쏟아놓더라도 누가 무엇이라고 할 수 없는 상황에서조차, 그는 그 같은 고린도 교인들의 반응에도 불구하고 그들을 섬기는 일에 자

---

134 목회 사역 중에 만나게 되는 비판에 대한 구체적인 적용을 포함하여 고린도후서에 대해서 충분히 다루는 글을 보려면, 존 맥아더가 T4G에서 했던 통찰력있는 강의를 보라. "Criticism: A Pastor's All-too-Common Experience," 2018 seminar, https://t4g.org/resources/john-macarthur/criticism-pastors-common-companion/.

신의 모든 영혼을 바칠 것을 재천명합니다.

갈라디아 지역의 교회에서도 비슷한 상황에 처해 있었을 때, 바울은 "내가 너희에게 참된 말을 하므로 원수가 되었느냐"라고 물었습니다(갈 4:16). 그는 개인적으로 큰 희생을 치루면서도 사랑하는 마음으로 그들에게 진리를 선포했습니다. 하지만 거짓 교사들의 영향으로 말미암아 지금 갈라디아 성도들은 사도와 그가 전한 메시지에 대해서 적대적으로 돌변했습니다. 이때 바울의 반응도 역시 놀랍습니다. 그는 온유한 아버지로서 계속해서 그들의 안녕을 구하고 있습니다. 그는 이렇게 기록합니다. "나의 자녀들아 너희 속에 그리스도의 형상이 이루기까지 다시 너희를 위하여 해산하는 수고를 하노니"(갈 4:19). 바울은 괴로움 가운데 기도하며 선포하는 일에 자신의 삶을 바치고 있었습니다. 불의한 비판도 바울이 교회를 위해서 헌신하고자 하는 마음을 방해하지 못했습니다. 바울의 비전은 자신의 이름이 아니라 그들의 영적인 활력에 대한 열정으로 사로잡혀 있었기 때문입니다.

20세기 개혁파 그리스도인이자 신학자이며 변증가였던 코넬리우스 반 틸(Cornelius Van Til)은 자신의 사역 내내 혹독한 비판에 시달렸습니다. 수많은 세월 동안 세실 드 부어(Cecil De Boer)가 편집자로 있었던 칼빈 포럼(Calvin Forum)은 반 틸을 반대하는 학문적인 플랫폼의 역할을 했습니다. 불행하게도 그들이 했던 많은 비난은 학문적이지 않았고 반 틸의 사상에 대하여 중대한 오해가 담긴 내용을 발표했습니다. 심지어는 그가 기독교의 옷을 입은 일종의 철학적 이상주의를 가르쳤다고 잘못된 비판을 하기도 했습니다. 반 틸의 친구이자 동료 성경

신학자였던 필립 에드그컴비 휴지스(Philip Edgcumbe Hughes)는 이 논쟁의 한 가운데서 반 틸에게 다음과 같은 편지를 썼습니다.

> 나는 당신이 다음의 사실을 알기를 원합니다. 그것은 바로 당신의 수고가 하나님의 은혜로 말미암아 내 삶과 사상에 있어서 열매를 맺고 있다는 믿음이 나에게 있다는 것입니다. 나는 당신의 주장이 근본적으로 옳다고 확신합니다. 다시 말하면, 성경적이라는 말입니다. 당신이 감당해야 할 임무는 다른 사람들에게도 이를 확신시키는 것입니다. 하지만 이 일에 있어서 가장 중요한 문제는 다른 그리스도인들이 그렇게 깊고 근본적으로 생각하기를 원하지 않는다는 현실입니다. 하지만 우리는 믿음을 가지고 그리스도인들 가운데 새로운 생각의 개혁이 일어나기를 위해서 수고해야 합니다. 이 목적을 성취하기 위해서 하나님께서 우리를 흥왕하게 하실 것이라는 사실을 의심하지 마십시오. 당신을 반대하는 사람들이 제기하는 비판과 그들이 가진 오해에 관하여, 그들은 대부분 피상적이며 어떤 때는 처량하기까지 합니다.[135]

휴지스는 이 편지를 통해 무엇을 하고 있습니까? 그는 반 틸의 시선이 거짓된 고소 너머에 이르게 하기 위해서 노력하고 있고, 또 그의 수고가 실제로 열매를 맺고 있다는 사실로서 그를 격려하고 있습니다. 그는 반 틸이 엄청난 반대에도 불구하고 교회를 바르게 세우

---

135 John R. Muether, *Cornelius Van Til: Reformed Apologist and Churchman* (Phillipsburg, NJ: P&R, 2008), 164에서 인용.

기 위한 개혁을 일으키는 일을 밀고 나가도록 격려하고 있습니다. 만약 여러분의 신실함이 하나님의 백성들의 삶 속에서 열매를 맺고 있다면, 여러분이 반대에 부딪히더라도 무슨 문제가 됩니까? 계속해서 그 길을 가십시오. 여러분의 눈을 들어 여러분과 여러분이 처한 환경 너머를 보시고, 가장 먼저 왜 그리스도께서 여러분에게 그 목회 사역을 감당하라는 임무를 주셨는지 기억하십시오. 바로 그분의 백성들을 섬기고 그들을 세우기 위함이 아닙니까!

교회를 세우는 이런 비전을 가지게 되면 교회의 안녕뿐만 아니라 복음 전파를 위한 수고를 통해 교회가 확장되기를 원할 것입니다. 바울은 감옥에서 불의하게 고난을 당하는 중에서도 다음과 같은 편지를 썼습니다. "그러므로 내가 택함 받은 자들을 위하여 모든 것을 참음은 그들도 그리스도 예수 안에 있는 구원을 영원한 영광과 함께 받게 하려 함이라"(딤후 2:10). 이처럼 우리도 잃어버린 자들에 대한 사랑과 그리스도의 왕국이 전진해 나가는 것을 보고자 하는 열정으로 말미암아 가장 큰 반대도 헤쳐 나갈 수 있을 것입니다.

잠재적으로 우리에게 찾아올 수도 있는 비난을 두려워한 나머지 다른 이들에게 그리스도에 대해서 말하지 못하는 경우가 얼마나 많습니까! 우리는 우리 주위에서 멸망해 가는 수많은 사람보다 우리 자신의 생명을 더 사랑합니다. 우리가 편할 수만 있다면 그들이 영원한 멸망을 향해서 가고 있음에도 만족하며 살아갑니다. 하지만 바울은 자기 자신을 뛰어넘는 비전을 가지고 있었습니다. 바로 모든 나라와 민족과 방언에 속한 택자들을 바라보는 비전이었습니다. 이 비전으로 인해서 바울은 모든 불신자들을 선교의 대상으로 보았고 자신에게 가해지는 가장 심각한 언어적 비난이나 육신적인 박해도 인내할 수 있는 담대함을 가지게 되었습니다. 그 남성들과 여성들이 그리스도를 붙잡고 그분 안에 있는 영생을 누릴 수만 있다면 말입니다.

목사들이여, 여러분에게는 교회를 세우고자 하는 이와 같은 비전이 있습니까? 반대에도 불구하고 여러분의 성도들이 영적으로 성숙하게 자라는 모습을 보고, 또 잃어버린 자들이 구원 얻는 진리에 대한 지식을 얻게 되는 모습을 보기 위해서 수고하고 있습니까?

심판날에 대한 비전

세실 드 부어(Cecil De Boer)의 죽음과 함께 칼빈 포럼(Calvin Forum)은 출판사역을 철수했습니다. 이는 반 틸을 공격하는 그 대단한 플랫폼이 무너졌다는 것을 의미했습니다. 이에 대해서 반 틸은 어떻게 반응했을까요? 당연히 자신에 대해 지속적으로 가해지던 비난의 세례가 이제는 더 이상 주어지지 않을 것이라는 생각에 안도했을 것입니다. 그에 대한 주요한 공적인 대적의 입이 닫혔습니다. 하지만 그가 큰 위로를 느꼈던 것은 이 때문이 아니었습니다. 반 틸은 자신의 일기장에 자신이 경험했던 안도감이 전혀 다른 이유 때문이라고 기록했습니다. 이 모든 일에 대해서 언급하면서, 그는 이렇게 썼습니다. "내가 그의 폭력에 대해서 온화한 표현으로 대응했던 것이 지금 생각하면 얼마나 감사한지 모릅니다. 우리는 항상 언제라도 해명의 요청을 받을 수 있는 사람들처럼 말해야 합니다."[136] 반 틸은 칼빈 포럼이 자신을 대적하던 세월 내내 주님께 대하여 변함없이 겸손하고 순종하는 모습을 보였습니다. 바로 이 사실이 그에게 안도감을 주었던 것입니다. 자신의 대적이 마침내 잠잠해졌기 때문이 아니라, 하나님의 은혜로 말미암아 자신이 드 부어에게 그가 보여주었던 그 적대감으로 대응하지 않았기 때문이었습니다. 왜 이것이 그에게 안도감을 주었을까요?? 그는 언젠가 그리스도의 심판대 앞에 서게 될 것을 알았기 때문입니다. 그는 마지막 날에 대한 깨어있는 감각을 가지고 있었습니다.

심판날에 대한 이와 같은 비전은 우리가 우리의 비판자들을 대할 때 하나님 앞에서 부끄럽지 않은 양심을 유지할 수 있는 용기를 줍니다. 이는 우리가 눈에는 눈, 이에는 이, 미움에는 미움으로 반응하지 않고 반 틸처럼 오히려 우리의 비판자들을 사랑하고 섬기는 방식으로 대응할 수 있도록 해 줍니다. 형제 여러분, 언젠가 우리는 그리스도 앞에 서서 목회 사역을 하는 가운데 했던 모든 말과 행위에 대하여 심판을 받게 될 것입니다. 목사인 우리는 더 엄격한 기준을 적용받게 될 것입니다. 우리는 사랑에 있어서 우리의 비판자를 향하여 본이 되고 있습니까? 우리의 양심을 망가뜨리거나 심판날에 수치를 당하는 일이 없도록 그들을 향한 우리의 말과 행동에 주의를 기울입시다.

---

136 Meuther, 173에서 인용.

마지막 날에 대한 비전을 가지게 되면 우리는 우리가 행하는 것에 대하여 거룩한 주의를 기울이게 될 뿐만 아니라 비판도 합당한 관점에서 볼 수 있게 될 것입니다. 고린도 교인들의 반대에 대하여 바울은 다음과 같은 글로 반응했습니다. "너희에게나 다른 사람에게나 판단 받는 것이 내게는 매우 작은 일이라"(고전 4:3). 우리 가운데 얼마나 많은 이들이 이렇게 말할 수 있을까요? 다른 사람에게 판단을 받거나 중상모략을 당하거나 정죄를 받는 것은 "매우 작은 일"에 불과할 뿐입니다. 우리는 사람들의 법정에서 선고되는 판결로 말미암아 모든 에너지를 소진합니다. 하지만 바울은 그렇지 않았습니다. 그는 그런 문제에 대해서는 거의 아무런 영향을 받지 않았습니다. 그는 계속해서 이렇게 말합니다. "나도 나를 판단하지 아니하노니 내가 자책할 아무것도 깨닫지 못하나 이로 말미암아 의롭다 함을 얻지 못하노라"(고전 4:3,4). 바울에게는 자신의 깨끗한 양심마저도 자신이 가진 확신의 근거가 될 수는 없었습니다. 그렇다면 누가 바울에게 중요한 궁극적인 판결을 하실까요? 바로 하나님입니다. 바울은 인간들의 법정이 아니라 하나님의 법정에 지대한 관심을 가지고 있었습니다. "다만 나를 심판하실 이는 주시니라"(고전 4:4).

그렇다면 이는 양심이 중요하지 않다는 의미일까요? 절대 그렇지 않습니다.[137] 바울은 자신의 대단한 확신을 바로 이 내적인 법정에서

---

[137] 바울의 가르침에는 양심의 중요성이 가득 스며들어 있다. 사도행전 23:1, 24:16, 로마서 2:15, 9:1, 13:5, 고린도전서 8:7, 10:25-29, 고린도후서 1:12, 4:2, 디모데전서 1:5, 19, 3:9, 4:2, 디모데후서 1:3, 2:15을 보라. 비판과 관련된 양심에 대해 더 구체적인 내용을 원하면 이 책 6장

가져왔습니다. 그는 자신을 대적하는 어떤 것에 대해서 인식하지 못했습니다. 이것은 그에게 큰 위로가 되었습니다. 하지만 그는 자신의 판단이 왜곡될 수 있고 자신의 양심에도 오류가 있을 수 있다는 사실을 인정했습니다.

이 사실이 인간 동료들의 비판에 귀를 기울이는 일이 전혀 중요하지 않다는 의미일까요? 아닙니다. 바울은 자신이 비판과 판단을 완전히 무시했다고 말하는 것이 아니라 인간 법정의 고발은 자신에게 "매우 작은 일"이라고 말하고 있습니다. 그는 다른 사람이 자신을 어떻게 생각하든지 그것에 집착하지 않았습니다. 비판으로 인해서 몇 주 동안 밤잠을 못 자는 일이 없었습니다.

이사야 54장 17절에 기록된 약속을 요구하십시오. "너를 치려고 제조된 모든 연장이 쓸모가 없을 것이라 너를 대적하여 송사하는 모든 혀는 내게 정죄를 당하리니 이는 여호와의 종들의 기업이요 그들이 내게서 얻은 공의니라 여호와의 말이니라." 이 얼마나 귀중한 성경 본문입니까? 사면초가의 형편에 처한 그리스도의 종인 우리들을 의롭게 하는 것은 우리 자신의 의가 아니라 그리스도의 의입니다.

저의 목회 사역 여정에서 가장 어려운 비판에 처했던 시절을 지났을 때, 이 진리가 제 양심에 깊이 각인되었습니다. 저는 이사야 54장 17절을 수개월에 걸쳐서 매일 여러 번씩 반복해서 암송했습니다. 가끔은 하나님의 보좌 앞에 나아가 눈물을 흘리며 이 구절을 읽으면서

을 보라.

애원했습니다. 다른 때는 기쁨과 승리의 환희를 느끼며 이 구절을 크게 소리 내어 암송했습니다. 하지만 문제는 나아지기는커녕 더 나빠졌고 저는 제가 속한 교단에서 제명당했습니다. 그러나 그때 하나님께서는 저를 위한 특별한 일을 행하셨습니다. 그분은 제가 가슴이 찢어지게 슬픈 시간을 보낸 지 채 두 주일이 지나기 전에 네 명의 장로와 친구들로 하여금 저에게 편지를 쓰거나 전화를 걸도록 하셔서 그들이 저에 대해서 생각하고 저를 위해서 기도할 때 바로 이 본문이 그들의 마음과 생각에 떠올랐다는 사실을 알려주셨습니다. 이 반복되는 확증이 제 영혼에 주는 위로는 인간의 말과는 비교할 수 없었습니다. 이 사실은 저의 제명으로 인하여 겪었던 극심한 고통을 제가 이길 수 있도록 하였고, 하나님께서 저를 더 유용하고 더 훌륭한 결실을 맺는 사람으로 만들기 위해서 예비해 놓으셨다는 사실을 믿는 데에도 도움이 되었습니다.

　결과적으로 중요한 것은 하나님의 심판입니다. 우리의 비전이 최후의 심판이 가지는 기념비적인 중요성과 하나님의 판결에 의해서 좌우될 때, 우리는 양심과 우리 인간 비판자들의 판단을 바르게 인식할 수 있는 능력을 가지게 될 것입니다. 이와 같은 종말론적인 관점은 우리 자신이 종종 인간 법정에 사로잡히는 것을 막아줄 것입니다. 하나님의 심판에 비추어 볼 때 사람의 심판은 무엇일까요?

다른 세상의 비전

　잘 쓴 소설을 읽는 독자들은 페이지를 넘길 때마다 수천 가지 감정과 의문을 가지게 됩니다. 주인공을 대적하는 적이 승리를 거둘 것인가? 문제는 해결될 것인가? 그 이야기 속에 전개된 갈등과 긴장은 엄청난 긴장감과 놀라움을 주기 위한 것입니다. 하지만 여러분이 그 소설을 두 번째로 읽게 된다면, 그 전과 같은 감동을 받기는 어려울 것입니다. 왜 그럴까요? 그 소설의 결말을 여러분이 알고 있기 때문입니다. 그 소설에 등장하는 많은 위기 상황을 읽을 때, 여러분은 주인공이 결국에는 승리하게 될 것이라는 사실을 알고 있습니다. 최종 결말을 알면, 여러분이 그 이야기를 대하는 방식이 달라집니다.

하나님은 우리 이야기의 결말을 우리에게 알려주셨습니다. 하나님은 그리스도인들이 이 땅에서 일시적인 고난을 당한 후에 받게 될 영광을 설명하기 위해서 특별히 수고하셨습니다. 이 사실을 통해 비판을 바라보는 우리의 시각은 변해야 합니다. 우리는 마지막을 알고 있습니다. 우리의 소망은 복음에 있습니다. 그리스도 안에 있는 축복에 대한 이와 같은 미래지향적인 기대가 있으면, 우리에게 주어진 하늘의 유산을 상기하게 되고, 이는 우리의 평판과 우리의 위로와 우리의 현재 삶에 대한 집착을 놓게 됩니다. 이 사실은 우리가 순례자이며, 이 땅에서는 고난과 반대를 기대해야 하지만, 동시에 다가올 영광도 기대해야 한다는 사실을 우리에게 말해 줍니다. 이에 따라 우리는 그리스도와 같이 말씀할 수 있게 됩니다. "나로 말미암아 너희를 욕하고 박해하고 거짓으로 너희를 거슬러 모든 악한 말을 할 때에는 너희에게 복이 있나니 기뻐하고 즐거워하라 [왜?] 하늘에서 너희의 상이 큼이라"(마 5:11-12). 그러므로 동료 인간의 욕설이 우리에게 그처럼 치명적인 영향을 미치는 한 가지 이유는 우리가 현세에 너무 집착하기 때문입니다.

바울이 인내한 극심한 반대와 환난에 대해 읽어 보십시오(고후 6:4-10, 11:23-29). 그러나 하나님의 은혜를 위하여 그처럼 강력한 환란 아래서 목회 사역을 지속하기는 쉬운 일이 아닙니다. 하지만 바울은 자신이 경험했던 침체와 영적인 고통과 계속되는 고난을 "경하고," "잠시"라는 말로 묘사합니다(고후 4:17). 어떻게 그럴 수 있었을까요? 그 이유는 그가 복음을 위한 자신의 고난이 "지극히 크고 영원한 영광의 중한 것"(고후 4:17)에 합당하다는 사실을 알고 있었기 때문입니다. 그는 감각할 수 있고 시간 속에 있는 세상을 바라보고 있었던 것이 아니라, 보이지 않고 영원한 세상을 바라보고 있었습니다(고후 4:18). 이를 통해 그는 사역을 감당하면서 당하는 고난을 바른 시각으로 볼 수 있었습니다.

이와 같은 다른 세상적인 관점을 가지지 못한 결과, 우리는 얼마나 많은 현재의 위로와 능력을 잃어버리고 있습니까? "만일 그리스도 안에서 우리가 바라는 것이 다만 이 세상의 삶뿐이면 모든 사람 가운데 우리가 더욱 불쌍한 자이리라"(고전 15:19). 하지만 우리는 그렇지 않습니다. 우리는 그리스도 안에서 끝없는 영원에 이르는 소망을 가지고 있습니다. 우리의 소망은 완전한 사랑의 나라에 있습니다. 비판이 없는 나라 말입니다. 조나단 에드워즈는 하늘에 계신 삼위일체 하나님을 높이면서 경배하는 마음으로 이렇게 주장합니다. "천국에는 이 사랑의 샘, 곧 한 분으로 계시는 이 영원한 세 분에게 접근하지 못하게 방해하는 어떤 장애물도 없이 활짝 열려 있습니다. 이 영광스러운 하나님은 그곳에서 완전한 영광을 사랑의 광선으로 나타내시고 빛을 발하십니다. 거기 샘은 사랑과 기쁨의 시냇물과 강으로 넘쳐 모든 사람이 물을 마시고 수영하기에 충분하며, 참으로 마치 사랑의 홍수처럼 세상에서 넘치게 될 것입니다."[138] 하나님께서 우리에게 맞춰준 세상은 측량할 수 없는 하나님의 사랑이 스며들어 있고 그 사랑에 잠겨있는 세상입니다.

우리의 신실하신 구세주는 요단강 건너편에서 우리를 기다리고 계실 것입니다. 우리는 예수 그리스도로 말미암아 삼위일체 하나님과의 완전한 우정은 물론이고, 성부와 성자와 성령을 영원토록 알며, 사랑하고, 또 함께 교제를 나누게 될 것입니다. 자신이 막 낳은 신생아를 품에 안고 있는 여인이 출산의 고통을 잊어버림같이 목회 활동 가운데 경험하는 여러분의 시련은 임마누엘의 품 안에서 즉시 잊혀지게 될 것입니다. 그는 여러분의 눈에서 모든 눈물을 닦아 줄 것이며, 형제보다 더 가까운 곳에서 여러분과 함께 하는 친구로 드러나게 될 것입니다.

우리는 하나님과 완전한 교제를 나누는 것은 물론이고, 우리 서로도 함께, 완전한 교제 가운데 있게 될 것입니다. 우리는 거룩한 천

---

138 Jonathan Edwards, *The Sermons of Jonathan Edwards: A Reader*, eds. Wilson H. Kimnach, Kenneth P. Minkema, and Douglas A. Sweeney (Yale University Press, 1999), 245. 목사들이 목회자로서 적대감이라는 감정에 휩싸일 때 "천국, 사랑의 나라"라는 에드워즈의 이 유명한 설교를 읽으면 도움이 될 것이다.

사들과 교제를 나눌 것이며, "온전하게 된 의인들의 영들과"(히 12:23)도 교제를 나누게 될 것입니다. 그곳에는 교단도 없고, 분열도 없고, 불화도 없고, 오해도 없으며, 신학적인 논쟁은 물론이고 무지한 자도 없을 것입니다. 성도들 사이에는 머리카락 굵기 만한 차이점도 존재하지 않을 것입니다. 루터와 칼빈, 그리고 요한 웨슬리와 조지 윗필드도 모든 교리에 대해서 완전히 동의할 것입니다. 완성되고 완전하며 눈에 보이며 친밀한 하나됨이 이루어질 것입니다. 우리 안에는 비판을 받을만한 그 어떤 것도 존재하지 않을 것이며, 불의하게 다른 사람을 비판하는 능력을 가진 자도 없을 것입니다. 모든 비판은 영원히 잠잠할 것입니다.

오, 복된 날이여, 이 죽을 것이 죽지 않을 것을 입고, 우리가 주님과 영원토록 함께 있게 될 그 날이로다. 우리의 주권적인 하나님께서 무한한 지혜 가운데 이 세상을 살아가는 우리에게 견디도록 명하신 모든 비판은 우리가 비판이 없는 영광의 나라를 더욱 그리워하도록 할지어다. 우리의 비전이 이 사랑의 나라에 대한 열망으로 불타고, 또 여기 하늘 아래에서 우리가 직면하는 사랑 없는 역경도 달콤하게 여겨질 수 있게 하십시오.

이 비전을 성도들에게 본으로 보여주라

존 뉴턴이 자신의 동료 목회자인 존 릴랜드의 아내가 죽기 직전에 그에게 썼던 편지에 나오는 내용으로 결론을 내리겠습니다. 그의 조언에 귀를 기울이십시오.

지금까지 우리가 얼마나 자주 우리의 충만하시고 신실하신 주님께서 모든 부족함과 상실을 선하게 만드실 수 있으며 또 만드실 것이라고 우리의 회중들에게 말해 왔었는가! 우리는 얼마나 자주 그분의 얼굴빛이 모든 고난에 대한 온전한 보상이요 현세의 시련이 지극히 풍부하고 영원한 영광의 중한 것과 비교할 수 없다고 말하여 왔던가! 그러므로 우리는 때때로 우리가 말한 것들이 가진 힘을 보여 주고, 또 우리가 책과 사람에게서만 배운 실감하지 못한 진리를 그들에게 제시한 적이 없었다는 것을 우리 백성들에게 보여주도록 부름을 받았다는 사실에 대해서 의문을 품지 말게나. 자네는 영예로운 자리에 있음을 기억하게. 많은 이들이 자네를 주시하고 있다는 것도 말이네. 자네가 주님을 영화롭게 하도록 자네에게 힘을 주시기를 원하며, 그분의 뜻에 순종하는 자네의 모습을 통하여 성도들을 격려하시기를 바라네.[139]

형제여, 언어적으로 제기되는 반대 속에서 우리의 성도들에게 우리가 진정으로 우리가 선포하는 실재들을 믿고 있다는 사실을 보여 줍시다. 하나님을 영화롭게 하고 교회를 세우며 심판날과 다른 세상에 대한 성경이 가진 비전이 진실로 우리의 비전입니다. 이런 것들은 우리의 머리에서 우리의 심장으로 전달된 적이 없는 "실감하지 못한 진리"가 아닙니다. 우리는 이와 같은 성경적 이중초점 렌즈를 소유하고 있습니다. 우리가 직면한 목회적 적대감이라는 환경 속에서 하나

---

[139] "A Letter from the Rev. Mr. Newton to a Baptist Minister, Whose Wife Was at the Point of Death" (Jan. 23, 1787), in *The Baptist Magazine for 1821* (London, 1821), 152.

님은 우리가 이와 같은 놀라운 교리가 가진 능력을 보여주는 본보기가 되라고 우리를 부르고 계십니다.

그러므로 목회에서 물러나지(resign) 마시고, 우리 믿음의 시작이자 마침이 되시는 예수님을 바라보며 재계약하십시오(re-sign). 쟁기를 붙잡고 뒤를 돌아보지 마십시오. 왜냐하면 뒤를 돌아보는 사람은 하나님의 나라에 합당하지 않기 때문입니다. 하나님의 싸움을 싸우십시오. 그러면 그분이 여러분의 싸움을 싸우실 것입니다. 그리고 항상 하나님의 약속을 붙들어야 한다는 사실을 기억하십시오. 특히 이사야 54장 17절을 기억하십시오. "너를 치려고 제조된 모든 연장이 쓸모가 없을 것이라 너를 대적하여 송사하는 모든 혀는 네게 정죄를 당하리니 이는 여호와의 종들의 기업이요 이는 그들이 내게서 얻은 공의니라 여호와의 말씀이니라"

Appendix

·

부록

신학교 시절에 비판의 불을 준비하기

닉 톰슨

이 글을 쓰고 있는 지금 저는 신학교의 마지막 학기를 앞두고 있으며, 목사고시를 위한 준비에 여념이 없고, 복음 사역에 참여하게 될 날을 손꼽아 기다리고 있습니다. 그리스도의 양을 치는 목동이 된다는 사실에 흥분되어 있다고 말하는 것은 오히려 절제된 표현일 것입니다. 하지만 목회에 대한 저의 열망은 상당한 영적인 두려움과 혼재되어 있습니다. 솔직히 말하면, 때때로 그 두려움은 저를 무력하게 만듭니다. 목회를 잘 해내지 못하면 어떡할 것인가? 내가 감당할 수 없을 정도로 많은 반대와 언어적인 비판이 주어지면 어떻게 감당할 것인가? 목회 사역을 그만두고, 심지어 자살하는 경우도 많습니다. 때때로 저는 제 목회가 목회 실패의 또 다른 예가 되지는 않을지 궁금하기도 합니다.

현실은 목사 후보생들이 학술적인 강의와 연구 논문을 가지고 비판의 불화살에 대응하는 것은 분명한 한계가 있다는 것입니다. 하지만 여러분이 알아야 할 사실은 하나님의 선한 계획으로 말미암아 신학교 환경이야말로 목회적 반대라는 용광로 속에서 살아남을 뿐만 아니라, 성공하기 위해 필요한 영혼의 내적 능력을 기르기 위한 이상적인 토양이라는 것입니다. 물론 이를 위해서는 엄청난 수고가 필요한 것도 사실입니다.

제가 신학생들을 위한 십계명을 제공하는 것은 바로 이를 위한 것입니다. 신학생들을 위한 십계명이란 복음 사역을 오랫동안 인내하며 감당하기 위한 준비로서 신학교에서 피해야 할 열 가지를 의미합니다. 왜 해야 할 것이 아니라 하지 말아야 할 것에 초점을 맞추었을까요? 그것은 하나님께서 진짜 십계명을 주실 때 거의 대부분을 금지하는 형태로 주신 것과 같은 이유입니다. 싱클레어 퍼거슨은 시내산에서 주어진 돌판을 통하여 "하나님은 인생을 위한 자신의 원래 청사진을 다시 공포하셨다. 하지만 이제 이것은 상황화되었거나 우리 삶의 자리(sitz im leben), 곧 죄인들의 현실에 적용되었다. 십계명의 부정적인 어투는 그들이 더 이상 자신을 망가뜨리는 일을 하지 못하도록 막기 위한 것이다"라고 말했습니다.[140] 21세기 신학생들의 마음이 고대 이스라엘 백성들의 마음보다 덜 우상숭배적이라고 말할 수는 없습니다. 죄악된 신학생들의 삶의 자리를 고려하는 가운데, 저는 주의를 기울이기만 한다면 목회에서의 비판에 대비하는데 큰 도움이

---

140 Sinclair B. Ferguson, *Devoted to God: Blueprints for Sanctification* (Edinburgh: Banner of Truth Trust, 2016), 167.

될 수 있는 신학교 생활에 대한 열 가지 금기사항을 제안합니다.

1. 영혼을 방치하지 말라

우리의 논의를 이 사실에서 출발하는 것은 당연해 보입니다. 하지만 지나치게 이 점이 강조되는 것은 좋지 않습니다.[141] 사람들이 신학교(seminaries)를 공동묘지(cemeteries)에 빗대며 조롱하는 것은 안타까운 현실이긴 하지만, 많은 경우에 사실과 크게 다르지 않습니다. 만약 우리가 그리스도와 그리스도를 닮는 일을 부지런히 추구하지 않는다면, 성경과 신학에 대한 학문적인 연구 자체만으로는 우리의 영혼에 치명적인 결과를 가져올 수 있습니다. 신학교 시절 동안 여러분의 영혼이 시들어 가도록 방치한다면, 여러분은 목회 사역의 십자가를 지기에 합당한 사람이 되기는 어려울 것입니다. 강하게 단련된 영혼은 하나님과 그분의 말씀을 경험하여 익숙해진 영혼입니다.

매일 말씀과 기도 가운데 하나님과 교제하도록 시간을 따로 떼어 두십시오. 그리고 힘을 다해 이를 지키십시오. 신학교 생활의 압박이 주님을 추구하려는 여러분의 마음을 방해하도록 내버려 두지 마십시오. 여러분이 감당하는 짐이 너무 무겁다고 생각되면, 사역을 시작할 때까지 기다리십시오. 그 비밀스러운 장소에 최고의 가치를 두는 법을 배워야 합니다. 하나님께서 매일 여러분의 눈을 열어 여러분이 말씀

---

141 David Mathis and Jonathan Parnell, *How to Stay Christian in Seminary* (Wheaton, IL: Crossway, 2014).

속에서 그분의 영광을 더 많이 볼 수 있도록 해 달라고 간구하십시오.

한 사람의 학생인 저에게 가장 강력했던 유혹은 말씀과 기도에 대한 묵상적 연구를 철저하게 무시하라는 유혹이 아니라 신학교가 이러한 경건한 훈련에 스며들어 그 시간을 차지해버리는 것입니다. 말라기 1장에 대한 주해 페이퍼를 작성하라는 숙제가 주어졌습니다. 갑자기 그 후 두 주 동안 매일 하는 경건 시간(devotions)은 이 소선지서의 상세한 히브리어 내용을 연구하는 시간이 되어 버렸습니다. 이처럼 되어서는 안 됩니다. 여러분은 다른 목적이 아닌 여러분의 영혼을 위하여 하나님의 말씀을 많이 먹어야 합니다. 여러분의 경건 시간을 리포트나 프로젝트나 설교를 완성하기 위한 목적으로 사용해서는 안 됩니다. 이 비밀장소의 목적은 하나님과의 친밀한 교제입니다. 마치 여러분의 영혼이 하나님과의 교제에 의존하여 살아가는 듯이 그것을 구하십시오. 실제로 그렇기 때문입니다. 신학교에서 실패하면, 목회 사역에서 경험하게 될 언어적인 비난을 견뎌내기 위해 반드시 필요한 하나님을 경외하는 겸손한 모습이 부족할 수밖에 없습니다.

2. 육신을 방치하지 말라

하나님은 우리를 육신이 없는 영으로 만들지 않으셨습니다. 존 머리(John Murray)는 우리 각 사람이 "정신적이고 육체적인 존재"라고 말합니다.[142] 우리는 몸과 영혼이 신적으로 구성되고 신비하게 결합된

---

142 John Murray, "Trichotomy," in *Collected Writings of John Murray* (Edinburgh: Banner of Truth

결과물입니다. 육신과 영혼이 이렇게 결합되었다는 말은 "육신의 건강이 영혼의 건강에 영향을 끼치며, 그 반대도 마찬가지"라는 의미입니다.[143] 달리 표현하면, 우리가 형상을 가진 피조물로서 육신과 영혼으로 이루어졌다는 것을 고려하면, 우리는 육신적인 건강도 게을리해서는 안 됩니다. 왜냐하면, 육신적 건강이 없으면 정신적으로도 영적으로도 심각하게 부정적인 결과를 얻게 되기 때문입니다.

육신적인 건강을 추구하고 유지하기 위한 세 가지 핵심적인 요소가 있습니다. 첫째, 여러분의 몸에는 일정하고 방해받지 않는 수면시간이 필요합니다. 일곱 시간에서 여덟 시간 정도의 취침시간이 권장됩니다. 이를 위해서 잠자리에 드는 시간과 일어나는 시간을 항상 일정하게 유지하는 훈련을 하십시오. 시험을 준비하느라 밤새도록 잠을 자지 않고 공부하려는 유혹을 이겨내야 합니다. 시험은 그만한 가치가 있는 일이 아닙니다. 혹시 수업시간에 깨어 있기 위해서 커피에 의존하는 경우도 마찬가지입니다. 충분한 수면을 취할 수 없을 것입니다. 둘째, 여러분의 몸을 위해서 영양 균형이 잘 잡힌 식단이 필요합니다. 금전적으로 여유가 없는 신학생들은 식사를 대충하는 경향이 있습니다. 물론 모든 음식을 유기농과 가공되지 않은 식품으로만 섭취하는 것은 현실적이지 않을 것입니다. 하지만 할 수 있는 대로 건강한 음식을 먹어야 합니다. 라면이나 과당 함유량이 높은 옥수수 시럽은 더 이상 먹지 않는 것이 좋습니다. 셋째, 여러분의 몸은 운

Trust, 1977), 2:33.

143 David Murray, *Reset: Living a Grace-Paced Life in a Burnout Culture* (Wheaton, IL: Crossway, 2017), 41.

동을 해야 합니다. 공부하느라 하루에 열 시간씩 앉아 있는 일이 없도록 서서 사용할 수 있는 책상을 만드세요. 자전거를 타고 강의실로 이동하는 것이 가능하면, 차를 운전하는 것보다 자전거를 이용하십시오. 그뿐만 아니라, 매주 일주일에 3-4일 정도는 땀을 흘리며 운동할 수 있는 방법을 찾으십시오. 특별한 장치나 체육관 회원권이 필요 없는 원격 웨이트트레이닝 프로그램을 이용하면 좋습니다.

신학교에는 우리 육신의 건강을 위태롭게 하는 유혹들이 많습니다. 하지만 그런 유혹에 져서는 안 됩니다. 좀 낯설게 들릴 수도 있겠지만, 만약 여러분이 자신의 몸을 돌보지 못하면, 목회 사역 가운데 주어질 비판을 견뎌낼 수 있는 힘을 얻지 못할 것입니다. 만약 제 말을 못 믿겠다면, 한 주일 동안 밤에 네 시간 혹은 다섯 시간 이상 자지 않고, 정크 푸드만 먹어 보십시오. 이것이 주님과 함께 하는 여러분의 삶과 여러분의 감정과 삶의 문제를 다루는 여러분의 능력에 어떤 영향을 미치는지 보십시오.[144]

3. 지역교회를 가볍게 여기지 말라

교회를 섬기기 위한 훈련을 받는 사람들이 종종 신학교 시절 동안 교회를 등한히 여기며 보낸다는 사실은 참 모순적입니다. 교회가 없는 신학생이라는 말은 모순적인 용어입니다. 여러분이 목회를 준비

---

144 이 주제를 전체적으로 다루면서 도움이 되는 자료를 원하면, Albert N. Martin, *Glorifying God in Your Body: Whose Is It-Yours or His?* (Montville, NJ: Trinity Pulpit Press, 2015)보라.

하는 신학생 기간에 지역교회와 진지하게 연결되어 있지 않으면, 우리는 미래의 목회 사역에서 살아남아 번창하는 데 필요한 적합한 능력을 갖출 수가 없습니다. 데니 버크(Denny Burk)는 다음과 같이 기록합니다. "목회 사역을 감당하다가 갑자기 기운이 꺾이는 신학생들은 지역교회와의 연결이 아주 느슨한 사람들이다."[145]

신학교에 입학하기 위해서 우리가 그랜드 래피즈로 이사했을 때, 제 아내와 저는 그 지역에 있는 모든 다양한 교회를 일 년 안에 방문하려고 했는데, 우리는 그 일을 간단하게 생각했습니다. 하지만 첫 달이 지난 후에, 우리는 하베스트 정통 장로교회(Harvest Orthodox Prebyterian Church)에 마음을 두게 되었고, 두 달 후에 그 교회의 회원이 되었습니다. 우리가 그렇게 했다는 사실에 대해서 저는 감사했습니다. 왜냐하면 신학교 시절 동안 이 교회 저 교회를 옮겨 다니면서 누구에게도 가까이 가지 못하고 교회 멤버십을 가지고 하나님께서 정하신 지도자들에게 순종하며 일정하게 한 교회를 섬기지 못하며 보내는 것은 미래의 목회자가 이 시기에 저지를 수 있는 가장 심각한 실수 중의 하나이기 때문입니다. 지역교회에 속하지 못한 것에 대해 변명할 수 있을 것입니다. 아마 여러분은 고향 교회의 회원일 수도 있습니다. 아니면 여러분의 교회론적인 지평을 넓히기 위해서 다양한 교회를 방문하는 것이 더 도움이 된다고 생각할 수도 있습니다. 하지만 신학생이 지역 신자들의 교회에서 활동하는 회원으로 헌신하

---

145 Denny Burk, "Don't Do Seminary Without the Church," April 1, 2012, https://www.dennyburk.com/dont-do-seminary-without-the-church/.

지 못하는 것에 대한 합당한 이유가 과연 있을지 의문입니다.

교만한 신학생들의 거품 가득한 자아의 바람을 빼기 위해서 하나님께서 사용하시는 가장 위대한 수단 중에 하나는 바로 지역교회입니다.[146] 여러분이 하나님의 백성들을 섬기기 위해서 은사를 사용하고자 한다면, 많은 사람이 여러분에게 고마움을 느낄 것입니다. 하지만 그렇게 생각하지 않는 사람들도 있을 가능성이 아주 큽니다. 또한 여러분이 성장해야 하는 영역이 무엇인지 볼 수 있도록 도움을 줄 만큼 여러분을 사랑하는 사람들도 있을 것입니다. 어떤 사람은 친절하게 도움을 주겠지만, 무뚝뚝하게 도움을 주는 사람도 있을 수 있습니다. 하지만 이 모든 것은 여러분이 겸손한 가운데 성장하도록 역사하고 있습니다. 여러분이 목회적 비판 속에서 살아남으려면, 바로 이와 같은 겸손이 필요합니다.

4. 자신이 누구인지 잊지 말라

제가 신학교 시절 경험했던 것 중에 많은 것들이 나의 자아상이 복음의 특권이 아닌 제가 성취했던 것들에 뿌리를 두고 있었다는 고통스러운 깨달음과 깊은 관계가 있습니다. 저는 제가 하는 것을 통해서 자존감을 얻기에 바빴습니다. 제가 얻은 점수, 제가 성취한 지위,

---

146 만약 여러분이 스스로 교만하지 않다고 생각한다면, C. S. Lewis의 말에 귀를 기울이세요. "여러분이 스스로 속이지 않는 사람이라고 생각한다면, 그렇게 생각하는 것이 바로 여러분이 매우 속이는 사람이라는 것을 의미한다." (*Mere Christianity* [New York: Harper Collins, 2001], 128).

제가 읽은 책, 제가 받은 사람들의 인정과 같은 것들이었습니다. 저는 무슨 일이 있으면 곧장 제 자신을 동료 학생들과 미래의 목회자들과 비교했습니다. 이를 통해 저는 제가 더 나은 설교자이거나 더 나은 사상가이거나 혹은 무엇이든 더 나은 존재라는 헛된 생각 위에 저의 가치를 세워나갔습니다. 하지만 만약 제 가치가 이 세상의 성공과 사람들의 칭송에 달려 있다면, 제가 실패하고 제가 사람들의 반대에 부딪힐 때 과연 어떤 일이 일어나겠습니까? 동료 학생이 저보다 더 뛰어난 지적 능력을 가지고 있거나 설교에 대한 은사가 더 뛰어날 경우 어떤 일이 발생할까요?

이처럼 자만심에 의해서 유발되고 사람들로 말미암아 부풀려진 정체성은 스스로 자멸할 수밖에 없습니다. 그렇게 되도록 하신 하나님을 찬양하십시오. 우리 스스로 구축한 자신의 이미지가 회복될 수 없도록 깨지고 난 후에 우리는 복음 안에서 우리의 정체성을 찾고 싶어 하게 될 것입니다. 아니 반드시 그렇게 되어야 합니다. 제가 삼 년간 보냈던 신학생 시절을 회상해 보면, 이 교훈은 제가 배웠던 그 어떤 교훈보다 더 중요했습니다. 오직 예수 그리스도 안에서 매일 저의 정체성과 가치와 목적을 발견하는 것 말입니다. 이것은 전투이며, 따라서 자신을 향한 끊임없는 복음전파가 필요합니다.

하나님의 아들 안에서 우리의 정체성에 대해서 생각한다면, 우리는 그리스도와의 연합을 통해서 우리에게 주어지는 모든 구원의 축복을 생각할 수밖에 없습니다. 하지만 아마 양자의 축복은 우리가 구축한 우상숭배적인 정체성을 가장 철저하게 무너뜨릴 것입니다. J. I. 패커(J. I. Packer)는 양자를 "복음이 선사하는 최고의 특권"이라고 불렀습니다.[147] 이 얼마나 놀라운 진술입니까! 왜 패커가 이처럼 말했는지를 깨닫는 데에는 오랜 시간이 걸리지 않습니다. 하나님을 알되 단순히 자신의 의가 만족된 재판관으로 알 뿐만 아니라 자신의 영원한 사랑을 우리에게 아낌없이 주시는 따뜻한 마음을 가진 아버지로도 아는 것은 놀라운 사실이 아닐 수 없습니다. 양자교리에 대해서 연구하십시오. 하나님의 아들로서 여러분이 가진 특권에 대해서 묵상하십시오. 웨스트민스터 신앙고백은 이와 같은 가족적인 축복 가운데 여러 축복을 제시합니다. 아래에는 성경의 증거 구절과 함께 그 축복들이 인격화된 형태로 나타납니다.

- 나에게는 하나님의 이름이 있다(렘 14:9, 고후 6:18).
- 나는 양자의 영을 받았다(롬 8:15).
- 나는 담대하게 은혜의 보좌로 나아간다(롬 5:2, 엡 3:12).
- 나는 "아빠 아버지"라고 부를 수 있게 되었다(갈 4:6).
- 나는 내 아버지로부터 불쌍히 여김을 받고(갈 4:6), 보호받으며(잠 14:26), 공급받는다(마 6:30, 32, 벧전 5:7).
- 나는 내 아버지께로부터 책망을 받지만(히 12:6), 결코 쫓겨나지는 않는다(애 3:31).
- 나는 구속의 날까지 인치심을 받으며(엡 4:30), 영원한 구원의 상속자로서(히 1:14, 벧전 1:3,4) 약속을 상속받는다(히 6:12).

---

147 J. I. Packer, *Knowing God* (Downers Grove, IL: InterVarsity Press, 1973), 206.

그리스도 안에 있는 아들됨에 대한 이와 같은 지식은 "'어떤 사람'이 되고자 하는 세상적인 불안한 탐구(quest)에서 여러분을 구해줄 것입니다."[148] 여러분은 이미 어떤 사람입니다. 여러분이 그리스도 안에 있다면, 여러분은 영원토록 사랑받는 하나님의 자녀입니다. 이는 여러분의 은사나 여러분이 이룬 성취 때문이 아니라, 하나님의 기뻐하심과 값없는 은혜 때문입니다.

5. 4.0 A 학점을 얻기 위해서 살지 말라

하나님께서 그리스도 안에 있는 우리의 정체성을 상기시키기 위해서 우리의 실패를 사용하시는 일이 자주 있습니다. 칼빈의 성찬 교리에 대한 종교개혁사 과제를 마친 후에 그와 같은 경험을 했습니다. 저는 열정을 다해서 그 과제를 했습니다. 문장 하나하나에 신경을 썼고, 각주에는 1차 자료와 2차 자료를 충분히 반영했습니다. 저는 그 과제를 나중에 신학 저널에 싣겠다는 기대를 가지고 있었습니다. 하지만 한 가지 문제가 있었습니다. 칼빈의 입장에 대해서 제가 조금 잘못 생각한 부분이 있었던 것입니다. 그 결과 그 과목 점수가 A−로 낮아졌습니다. 평점 4.0으로 전 과목 A였던 제 성적이 3.98이 되었습니다. 이런 제 자신의 모습으로 어떻게 살 수 있을까요? 만약 중세교회사에서 A−를 받았더라면 그 정도로 당황하지 않았을 것입니다. 그

---

148 Sinclair B. Ferguson, *Children of the Living God: Delighting in the Father's Love* (Edinburgh: Banner of Truth, 1989), 51.

런데 종교개혁사였습니다. 그 과목은 저의 빵과 버터가 되어야 했던 과목이었습니다. 그런데 바로 그 과목에서 제가 가졌던 전 과목 A라는 완벽주의적인 꿈이 산산이 부서졌던 것입니다.

저는 제가 범했던 실수가 하나님께서 은혜로 개입하신 결과라는 것을 깨달았습니다. 그것은 제 마음에 있었던 감춰진 교만을 드러냈습니다. A-라는 성적이 왜 그렇게 저에게 충격적이었을까요? 저는 저의 학급에서 최고라는 위치를 차지하고 싶었던 것입니다. 교수님들의 인정도 받고 싶었고 동료 학생들의 부러움도 사고 싶었습니다. 에이미 베이커(Amy Baker)는 "우리는 인정이나 거절과 실패에 대한 두려움을 통제하기 위해서 완전을 갈망한다"라고 말했습니다.[149] 저에게 완벽한 평점이란 다른 사람들에게 실패한 멍청이로 비치는 것에 대한 내적인 두려움을 통제하기 위한 수단이었습니다. 이런 완벽주의와 실패에 대한 두려움이 죽지 않으면, 미래의 목회 사역에서 치명적인 문제를 만나게 될 것입니다.

여러분과 저는 목사로서 실패를 경험할 것입니다. 형편없는 설교를 할 때도 있을 것입니다. 우리는 새로운 것을 시도하지만 실패를 경험할 것입니다. 상담을 지혜롭게 하지 못할 때도 있을 것입니다. 그런데 이런 것들을 피할 수 있는 방법은 없습니다. 흠이 없는 유일한 목자는 예수 그리스도뿐입니다. 여러분들이 복음 사역에 뛰어들기 전에 이 교훈을 배우십시오. 지금 여러분의 실패를 감싸 안으세

---

149 Amy Baker, *Picture Perfect: When Life Doesn't Line Up* (Greensboro, NC: New Growth Press, 2014), 38.

요. 그 실패로 말미암아 겸손해지고, 그 실패를 통해 불완전한 죄인들을 위한 완전한 구세주께로 달려가십시오. 신학교에서 완전을 추구하는 삶에 초점을 맞추게 되면, 미래에 우리에게 주어질 교회 성도들이 우리가 완전하지 못하다는 것을 느끼고 그것을 말할 때 우리는 절망하게 될 것입니다.

6. 모든 것을 알고 있다고 여기지 말라

이 사항은 방금 위에서 말씀드린 것과 밀접한 관계를 가지고 있습니다. 하지만 따로 주의를 기울여야 합니다. 여러분이 신학교에 있는 이유는 여러분에게 모르는 것이 있기 때문입니다. 모든 것을 아는 척하지 마십시오. 저는 너무나 자주 오웬의 성령론과 반 틸의 변증적 방법론과 뉴턴의 목회상담과 보스의 종말론, 이 모든 것에 대한 전문가가 되고 싶어 했습니다. 제가 잘 알지 못하는 주제를 중심으로 이루어지는 토론을 회피했던 적도 아주 많았습니다. 그 이유는 제가 지적인 면에서 부족해 보이기 싫었기 때문이었습니다. 바보처럼 보이는 것을 두려워한 나머지 저는 수업시간에 질문을 하지 못했던 적도 얼마나 많은지 모릅니다. 그리고 "나는 모르겠어"라는 두려운 단어를 피하기 위해서 온 힘을 쏟았습니다.

여러분이 이러한 단어들을 품을 수 있도록 제가 용기를 줄 수 있을까요? 신학교는 여러분이 이런 단어를 안심하고 자주 사용해도 되는 장소입니다. 누구도 학생인 여러분이 모든 것을 알 것이라고 기대하지 않습니다. 하지만 여러분이 목사라면 여러분이 거의 전지한 존재가 되리라 기대하는 이들도 있을 것입니다. 지금 여러분이 자신의 무지함을 인정하는 법을 배우지 못한다면, 미래의 사역에서 큰 어려움에 봉착하게 될 것입니다. 조만간 여러분이 무지가 드러날 것이기 때문입니다.

7. 건설적인 비판으로부터 도망치지 말라

신학교 시절은 건설적인 비판을 적극적으로 수용할 수 있는 황금기입니다. 이런 비판을 피해서는 안 됩니다. 오히려 비판을 구하십시오. 수업마다 다른 학생이 설교 한 편을 합니다. 이어서 교수들과 동료 학생들의 비판이 이어집니다. 저는 이 수업을 통해서 비약적인 발전을 이루었는데, 이는 설교 때문이 아니라 그 설교에 대해서 주어진 비판 때문이었습니다. 설교에 대한 책이나 일반적인 설교학 과목도 도움이 되었습니다. 하지만 숙련된 설교자가 여러분의 설교문을 찢어 버리는 것만큼 도움이 되는 것은 없습니다. 비판이 고통스럽기는 하지만, 그것이 주님이 우리를 성장시키고 가르치기 위해서 사용하시는 주요한 수단 중에 하나라는 사실을 부인할 수는 없습니다. 그러므로 신학생 시절에 비판을 수용하는 법을 배우기 바랍니다.

여러분이 다니는 교회 안에서 기꺼이 여러분의 멘토가 되어 줄 경건한 어른을 찾으십시오. 여러분이 듣고 싶어 하는 말을 해 줄 사람을 구하지 말고, 여러분이 들어야 하는 말을 해주는 이를 찾으십시오. 여러분이 성장할 수 있도록 사랑으로 도전할 사람을 찾으십시오. 그리고 그에게 마음을 열고 여러분의 단점까지도 다 말하십시오. 그에게 조언을 구하고 기도를 요청하십시오.

8. 작은 일에 타협하지 말라

신학교는 지적인 훈련장을 넘어서 도덕적인 시험의 장입니다. 장로의 자격을 얻기 위해서 요구되는 모든 것을 포괄하는 윤리적 특징은 "흠이 없음"입니다(딤전 3:2, 딛 1:7). 이를 마음에 새기십시오. 모든 면에서 하나님의 은혜로 책망 받을 것이 없게 되기를 구하십시오. 훗날 찾아올 언어적인 반대를 이겨낼 능력을 가지려면, 반드시 지금 하나님 앞에서 깨끗한 양심을 유지해야만 합니다.[150]

찰스 핫지(Charles Hodge)는 자신이 섬기던 신학교 학생들에게 다음과 같이 경고했습니다. "양심에 충격을 주거나 평판을 위태롭게 하지는 않을 정도로 자신의 정직성을 위반하여 현재의 만족을 누릴 수 있을 때, 우리는 주저함 없이 유혹에 무릎을 꿇게 된다."[151] 핫지의 말은 설득력이 있을 뿐만 아니라 사실이기도 합니다. 우리의 내적인 경고등(양심) 혹은 외적인 경고등(다른 사람들)이 울리지 않고서도 큰 문제없이 일해 나갈 수 있을 때가 바로 도덕적 타협에 가장 취약한 때입니다. 이런 죄악된 만족은 여러 가지 모습으로 나타납니다. 자신의 주장을 정당화하기 위해서 약간 과장을 한다거나, 성의 없이 수업과제

---

150 나는 여러분이 다시 제6장으로 가서 비판과 관련된 양심에 대하여 더 광범위하게 다룬 내용을 읽기를 권면한다.

151 Charles Hodge, "The Character Traits of the Gospel Minister," in *Princeton and the Work of the Christian Ministry*, ed. James M. Garretson, vol. 2 (Edinburgh: Banner of Truth Trust, 2012), 134.

를 하는 행위, 티가 많이 나지 않게 하는 표절행위, 부적절한 광고에 두 번 눈길을 주는 것, 그리고 피자를 혼자 너무 많이 먹는 것 등이 이에 해당합니다. 이런 것들이 우리 삶에 들어와서 자리 잡지 않도록 우리는 반드시 그리스도의 성령께 의지하려고 노력해야만 합니다.

하나님의 율법을 거울로 삼아 여러분 자신을 점검해 보십시오. 사소하더라도 여러분의 삶 속에 타협하고 있는 부분이 있습니까? 이런 것들을 멈추겠다고 결심하십시오. 그뿐만 아니라, 그리스도의 보혈로 깨끗해진 양심을 가지고 하나님의 미소 아래서 살아갈 때 성령의 역사로 말미암아 주어지는 담대함을 기르겠다고 결심하십시오. 여러분이 인터넷 브라우저에서 클릭하는 것들, 여러분이 시간과 돈을 사용하는 방식, 그리고 여러분의 말이 가진 정직성은 모두 훗날 여러분이 목회 사역에서 반대를 어떻게 다룰 것인가와 밀접하게 관련되어 있습니다.

9. 복음을 부끄러워하지 말라

예수 그리스도의 복음은 현재 정치적으로 올바르지 않습니다.[152] 이처럼 북아메리카의 문화는 점점 더 복음에 대하여 적대적으로 변해가고 있습니다. 리코 타이스(Rico Tice)는 기독교적 메시지를 "선동적"이라고 묘사합니다.[153] 이 말이 어떤 의미인지 모르는 사람이 있을

---

152 역자주: 현재 전 세계적으로 유행하는 정치적 올바름(Political Correctness)라는 사상이 기독교 신앙에 대해 적대적인 입장을 취하는 것을 의미한다.
153 Rico Tice with Carl Laferton, *Honest Evangelism: How to Talk about Jesus Even When It's Tough*

것입니다. 저도 그랬습니다. 사전은 "선동적"이라는 말을 "불을 일으키려고 계획된"이라고 정의합니다. 복음은 하나님의 완전히 지혜로운 계획으로 말미암아 불을 일으킵니다. 복음은 소요를 일으키고 화나게 합니다. 가족을 분열시킬 것입니다. 또한 폭력적인 증오의 불꽃을 일으키기도 하고 친구를 원수로 만들기도 할 것입니다. 그러므로 복음을 설교하는 일은 의를 위하여 언어적으로 적대적인 비난을 당할 놀라운 기회를 우리에게 제공합니다.

이웃들에게 복음이 충만한 호의를 베풀지 않거나, 동료 형제들과 함께 거리로 나가서 사람들에게 진리를 전하지 않아도 되는 핑계를 찾는 것이 너무나 쉽다는 사실을 발견했습니다. 정말이지 너무 바쁘다고 자신에게 말합니다. 신학교는 인생 가운데 바쁜 시절입니다. 만약 여러분이 결혼을 했고 다른 부업이 있다면 특히 더 그렇습니다. 하지만 만약 내가 복음을 전하기에 너무 바쁘다면, 감당해야 할 것은 전도가 아니라 다른 것입니다. 나는 복음 사역자가 되기 위하여 훈련받고 있습니다. 복음 사역을 위해서 준비되고 있는 사람이 복음을 전할 수 없을 정도로 바쁠 수가 있단 말입니까? 사실 내가 바쁘다는 핑계를 댈 때는 대부분 마음 저 깊은 곳에 있는 두려움을 덮기 위한 변명에 불과합니다. 저의 이웃은 제가 이상하다고 생각할 수 있습니다. 길거리에 다니는 사람들은 제 이름을 알고 부를 수도 있을 것입니다. 반대에 대해 어떻게 답해야 할지 제가 모를 수도 있습니다. 그래서 바보처럼 보일지도 모릅니다. 이러한 두려움은 제 자신과 다른 사람

(Epsom, UK: The Good Book Company, 2015), 17.

들이 저를 어떻게 생각할 것인가에 대한 강박을 드러냅니다.

다른 사람들이 "나로 말미암아 너희를 거슬러 거짓으로 너희를 거슬러 모든 악한 말을 할 때에"(마 5:11) 이 모든 것을 즐거이 여기는 법을 배우십시오. "하나님의 능력을 따라 복음과 함께 고난을"(딤후 1:8) 나누는 방법을 배우십시오. 복음을 전할 때 우리가 직면하는 반대를 통해서, 하나님은 우리가 안수를 받은 후 직면하게 될 것에 대한 면역을 길러주고 계십니다.

10. 왜 이곳에 있는지 잊지 말라

먼저 우리가 신학교에 왜 와 있는지를 분명하게 인식해야 합니다. 신학생 시절 동안 공부하는 일에 헌신하라고 하나님께서 우리를 부르신 목적이 무엇일까요? 이 질문에 대한 확실한 대답은 바로 그분의 교회를 세우기 위한 것입니다. 여러분이 목동(under-shepherd)이 되도록 훈련받고 있는 이유는 "성도를 온전하게 하여 봉사의 일을 하게 하며 그리스도의 몸을 세우려 하심이라 우리가 다 하나님의 아들을 믿는 것과 아는 일에 하나가 되어 온전한 사람을 이루어 그리스도의 장성한 분량이 충만한 데까지"(엡4 :12-13) 이르도록 하기 위한 것입니다.

이 사실을 잊어버리기가 쉽습니다. 제 자신을 포함하여 얼마나 많은 사람이 교회를 위해 복음 사역에 전념할 마음으로 신학교에 왔지만, 결국에는 박사학위와 교수직에 대한 환상에 빠져 버리는지 모릅니다. 신학교의 주요한 목적을 분명히 하자면, 석박사 학위와 교수가 되기 위한 역할도 있지만, 목회자를 양성하는 것입니다. 그러니 이 길에서 쉽게 벗어나지 마십시오. 목사직이란 그리스도의 몸을 세우고 온전하게 하기 위한 직분이라는 사실을 잊어서는 안 됩니다. 신학교에서 여러분은 혹독하게 공부하고 있습니다. 이는 여러분의 이름을 내기 위한 것이 아니고, 베스트셀러 작가가 되거나 컨퍼런스의 유명강사가 되기 위한 것도 아닙니다. 교회를 섬기기 위한 것입니다.

이 진리는 해방감을 줍니다. 이 진리를 붙들면 인정받고 찬사를 들으며 존경받고 영예를 누리고자 하는 본성적인 욕망이 더 이상 우리를 사로잡지 못합니다. 이것은 우리에 대한 것이 아닙니다. 우리는 존재하고, 신학교에 있으며, 주님께서 원하시면 우리는 그리스도의 신부를 위하여 혼신을 다하겠다는 일념으로 목회를 시작하게 될 것입니다.

결론

1651년 스코틀랜드 교회(the Church of Scotland)는 "스코틀랜드 사역의 죄악에 대한 겸손한 인정"(A Humble Acknowledgement of the Sins of the Ministry of Scotland)이라는 문서를 출간했습니다. 죄와 17세기 스코틀랜드 장로교회 목사들이 타협했던 것들에 대한 진실되고 겸손한 고백입니다. 하지만 이 문서는 목회 사역 가운데 있는 목사들에 대한 죄악들에 대한 고백일 뿐만 아니라 목회를 준비하는 이들에 대한 것도 포함되어 있습니다. 그중에 하나는 다음과 같은 고백입니다. "자기 부인을 배우지 않고 그리스도의 십자가를 지기로 결심하지 않았습니다."[154] 이들은 목사직을 위해서 훈련받는 자들이 겸비하여지신 그리스도에게서 자신의 정체성을 찾는 법을 배우고 있지 않다는 사실을 슬퍼했습니다. 그들은 십자가를 배우고 있지 않았던 것입니다.

어떤 식으로든 위에 주어진 열 가지 금기사항은 하나의 긍정적인 교훈으로 요약될 수 있습니다. "자기를 부인하고 자기 십자가를 지고 그리스도를 따르라." 이것 말고 미래 목회에서 대면할 비판의 불을 인내하며 하나님을 영화롭게 하는 다른 방법은 없습니다.

---

154 Horatius Bonar, *Words to Winners of Souls* (Pensacola, FL: Chapel Library, 2000), 16에 인용되어 있음.